Profit Lesson
프로핏 레슨

프로핏 레슨 Profit Lesson

최고의 이익을 만드는 23가지 경영수업

Adrian Slywotzky 지음
유정식 감수 · 조은경 옮김

The Art of Profitability

이 책은 이렇게 읽으세요.

일주일에 한 장씩만 읽으세요. (제 친구 자오는 일주일에 한 번 만나는 것만으로도 충분합니다.) 천천히 음미하면서 읽은 것을 깊이 생각하고 연구한 다음 거기에서 나온 아이디어를 가지고 재미있게 놀아봅시다. 그런 후에 다음 장으로 넘어가세요.

그리고 여러분이 몸담고 있는 기업과 어떻게 관계가 있는지에 초점을 맞추면서 책을 읽고 메모하세요. 책에서 발견한 쟁점들은 동료들과 논의해보면 더욱 좋습니다.

다음은 여러분이 염두에 두어야 할 질문들입니다.

- 우리 비즈니스에 맞는 이익모델은 어떤 것인가? 다른 이익모델과 구별할 수 있는가?

- 경쟁사는 어떻게 이익을 창출하는가?
- 우리 비즈니스가 좀 더 많은 이익을 창출하도록 다음 석 달 동안 무슨 일을 할 수 있는가?
- 어떤 이익모델을 사용해야 올해의 이익을 최대로 창출할 수 있는가?
- 현재 조직이 우리의 비즈니스에 맞는 새로운 이익모델을 사용하기에 적합한 상태인가?

이익을 얻기 위한 길이 무엇이냐고요? 완전히 고객을 이해하는 것이 그 해답입니다.

프롤로그

　스티브 가드너는 맨해튼 시내에 위치한 건물의 46층 사무실에 조용히 앉아 있었다.

　토요일 아침 8시 15분. 스톰 앤 펠로Storm and Fellows사의 사무실에는 사람이 거의 없었다. 보통 토요일 이 시간에 스티브는 소호에 있는 자신의 비좁은 아파트에서 잠을 자고 있거나 커피를 마시며 〈타임지Times〉를 훑어보고 있을 터였다. 다국적 기업 본사에서 4년 반이나 일을 했지만 스티브는 여전히 대학 시절의 올빼미족 생활을 떨쳐내지 못하고 있었다.

　하지만 오늘은 달랐다. '이익 창출의 대가' 데이비드 자오를 만날 수 있는 유일한 시간은 오로지 토요일 이른 아침뿐이기 때문이다. 스티브는 그를 만나기 위해 많은 노력을 해왔고 운 좋게 자오와 선이 닿는 사람을 만나 오늘 여기까지 올 수 있었다.

갑자기 사무실 문이 열렸고 스티브는 자리에서 일어섰다.

"반갑군, 스티브. 내가 데이비드 자오야. 내 스케줄에 맞춰 이른 아침에 나와 줘서 고맙군. 참 조용하지? 여기서 바깥 구경을 하며 생각을 하면 아주 좋아. 자네도 좋아할 것 같군. 참, 내가 말 놓아도 괜찮겠지?"

"물론이죠. 그렇다면 진 선생님이라고 부르겠습니다."

"좋을 대로."

자오는 화려한 장식이 새겨진 책상 옆 의자를 돌려 창 밖 풍경이 보이도록 놓고 스티브에게 손짓으로 의자에 앉으라고 권했다.

스티브는 미소를 지었다. 금세 이 사람을 좋아하게 될 것 같은 생각이 들었다. 자오는 자그마하고 마른 체격이었다. 갈색 체크무늬 자켓과 주름으로 약간 구겨진 카키색 바지를 입고 있었다. 신발도 오래되고 낡은 단화였다. 차림으로만 보면 노련한 사업가라기보다는 작은 대학의 역사 교수처럼 보였다. 자오의 얼굴은 동그랗고 머리는 약간 길며 희끗희끗하고 다듬기 힘들어 보이는 더벅머리였다. 미소를 짓기 전까지는 주름이 거의 없는 것 같았지만 그가 웃자 가느다란 주름들과 함께 짙은 갈색 눈동자가 반짝거렸다.

"경치가 아주 멋집니다. 그런데 여기 스톰 앤 펠로에 사무실을 가지고 계시다니 놀라운데요? 전 선생님이 변호사인 줄은 몰랐습니다."

자오가 웃었다.

"어쩌다 보니 그렇게 된 거지. 법학 학위를 받긴 했지만 더 이상 변호사 일은 하지 않아. 내가 스톰 앤 펠로에 해 주는 일은 업계 구조와 반독점법 관련 사업에 대한 컨설팅이지. 스톰 앤 펠로에서 이렇게 멋진 사무실을 내주고 월급도 상당히 많이 주면서도 대부분의 시간을 내 임의대로 사용하게 해주고 있어. 회사에서 나를 보자고 하는 경우도 한 달에 한두 번 정도지. 하지만 그만큼 아주 일을 잘해야 해. 수천만 아니, 때로는 수억 달러가 왔다 갔다 하는 일이니까 말이야."

스티브는 이런 자오의 개방적인 태도가 흥미로웠고 그와 함께 있는 것이 아주 편안했다.

'한 달에 한두 번만 일한다면 아마 나도 그럴 거야. 얼마나 기막힌 조건이야?'

스티브는 그렇게 생각했다.

"놀랍다는 표정이군. 하지만 그럴 필요는 없어. 난 내가 가장 재미있어 하는 일에 집중하며 시간을 보낼 수 있을 정도로 운이 좋았던 것 뿐이니까 말이야."

"선생님께 제일 재미있는 일이 뭡니까?"

"아, 몇 가지가 있지. 투자도 그중 하나야. 본격적으로 시작한 건 경제연구소를 떠날 때 거기서 상당한 퇴직금을 받으면서였어. 그걸로 아내와 아이들을 위해 무언가를 할 수 있겠다고 생각했지. 그래서 투자 공부를 시작했고 최근에야 공부를 끝냈지. 이제야 어느 정도 투자에 대해 안다고 할 만한 수준이 됐어. 내가 예상했던 것보다 훨씬 더 어려웠지만 그만큼 보람도 컸지. 좀 이상하게 들리겠지만 난 지금 돈 이야기를 하는 게 아니야."

"얼마 동안이나 헤맨 거죠?"

"투자 공부에 쏟아부은 10년 세월 중 처음 9년은 무척 헤맸지."

"왜 그렇게 오래 걸렸지요? 투자 역시 비즈니스 분석과 같은 기술을 사용하지 않습니까?"

"좋은 질문이야."

자오는 스티브에게 마음이 가기 시작했다.

"자, 아주 뛰어난 실력을 가진 실험실 연구원이 있다고 가정해 보자고. 이 사람은 심장을 연구하지. 그런데 마침 당신이 '삼중 관상 우회 수술'을 받아야 한다면 이 실험실 연구원에게 수술을 맡기겠어?"

"절대 그럴 수 없지요. 수술은 실력 좋은 외과 의사가 해야죠. 경험이 많은 의사일수록 좋고요."

"그렇지. 그런데 이 연구원이 의사가 되고 싶어 한단 말이야. 그가 외과 의사가 되기까지 얼마나 걸릴 것 같아?"

스티브는 곰곰이 생각해 봤다.

'인턴에서 레지던트까지 끝내는 데 보통 얼마나 걸리지?'

잘 기억이 나지 않았다.

"5~6년 정도 걸리지 않나요?"

"내가 보기엔 10년 이상 걸려. 위험을 감지하고 완전하게 피할 줄 알게 되기까지 말이야."

"그렇군요……."

스티브는 이 주제가 앞으로 어떤 방향으로 뻗어 나갈지 궁금해졌다.

"그렇다면 투자같이 새로운 기술을 완전하게 습득하는 데 있어 중요한 요소가 뭡니까?"

"터무니없다 싶을 정도의 엄청난 끈기지."

그렇게 대답하고 자오는 화제를 바꾸려는 듯 잠시 말을 멈췄다가 책상 앞쪽으로 몸을 기울였다.

"스티브, 오늘 나를 찾아온 이유가 뭔지 말해 봐."

'어디서부터 시작해야 하지?'

"칵테일파티에서 누군가 저에게 오토 케르너라는 분을 소개시켜 줬습니다. 그 분에게 '수익성profitability(본래 '이익성(利益性)'이라고 해야 하나 흔히 통용되는 수익성이란 말로 옮김-역주)'에 대해 좀 배워야 겠다는 말을 했죠. 그러자 케르너 씨가 수익성을 알려면 선생님을 만나야 한다고 했습니다."

자오는 미소를 지었다. 케르너는 자오의 절친한 친구였다. 스톰 앤 펠로의 공동 사장인 오토 케르너는 자오와 스톰 앤 펠로를 연결시킨 장본인이었다. 케르너는 나이가 85세지만 여전히 사무실에 출근을 했다. 오후의 절반 이상을 자오와 이야기하는 데 보낸다하더라도 말이다.

"오토의 소개로 만난 분들이야 늘 우선 1순위지. 그건 그렇고, 왜 수익성을 배우려는 거지?"

스티브는 잠시 말을 멈추고 생각했다.

'왜냐고? 그거야 어느 조직에서건 이익이 생명이니까, 사업의 궁극적 목표는 주주들을 위한 이익 창출이기 때문이지⋯⋯.'

야간 경영대학에서 수없이 반복한 말들이 떠올랐지만 왠지 자오에게는 이런 상투적 표현이 통할 것 같지 않았다.

"제가 하는 일과 관련이 있기 때문입니다. 저는 델모어^{Delmore}의 전략기획팀에서 일하고 있습니다. 델모어는 오랜 역사를 자랑하는 대기업이지요. 그런 기업의 전략기획팀에서 일한다는 것은 다양한 업종을 자세히 살펴 볼 수 있어서 마치 경영자 수업을 받는 것 같아 저에게는 정말 좋은 기회입니다. 하지만 아시다시피 요즘 들어 상황이 좋지 않습니다. 이익은 계속 제자리걸음이고 주가도 거의 18개월째 정체 상태에 있습니다."

"정확하게 말하면 18개월이 아니라 2년이지."

"네, 맞습니다. 주식 동향을 읽고 계시군요."

"델모어에 흥미가 가는군. 전략기획팀에서 자네는 어떤 기획을 하지?"

'자오가 눈을 반짝이는 것은 흥미롭다는 의미일까?'

스티브는 생각했다.

"제가 하는 일은 연구와 비슷합니다. 잠재적 합병이나 인수, 스핀

오프spinoff(주식회사 조직의 재편성 방법으로 모회사에서 분리·독립한 자회사의 주식을 모회사의 주주에게 배분하는 것)를 연구하는 거죠."

그런데 왠지 너무 뻔한 대답을 한 것 같다는 생각이 들어서 이렇게 덧붙였다.

"하지만 전 그보다 더 기여하고 싶습니다. 어떻게 하면 회사를 정체된 상태에서 벗어나게 할 수 있을지를 배우고 싶어요. 이해가 되십니까?"

"암. 이해되고말고. 하지만 델모어는 1904년 창립 이후 계속해서 사업을 해오고 있지. 40개의 계열사에서 매년 180억 달러의 매출을 올리면서 말이야. 그러니 회사를 운영하는 현명한 분들은 분명 어떻게 이익을 창출하는지 알고 있을 거야. 그런데도 자네는 델모어가 아니라 내게 이익 창출을 알려달라고 하는 군. 혹시 자네가 그들에게 뭔가를 가르쳐야 한다고 생각하는 거야?"

스티브는 얼굴이 빨개졌고 잠시 아무 말 없이 가만히 앉아 있었다. 스티브는 지난 여섯 달 동안 델모어의 사무실에서 보고 들은 것들을 떠올렸다. 두 번이나 스케줄이 바뀌었던 전사 전략회의가 합당한 이유도 없이 무기한 연기되었던 일부터 시작해서 여러 가지 소문이 뭉게뭉게 피어오르고 있었다. 모두 불편하고 거슬리는 것들이었다. 3개월 안에 중역 중 세 명이 사임할 거라는 소문이 돌았고, 월 스트리트 분석가들이 델모어에 대해 내놓은 비난조의 논평과 그에 대응한 회사의 공식 반응도 심상치 않았다. 그리고 바로 지난주에는 오래 전부터 계획되어온 3개 사업 부문에 대한 정리해고 규모가 예상보다 클 것이라고 사원들이 수군거리는 걸 들었다. 스티브가 처음 델모어에 입사했을 때와 비교하면 근래 회사의 분위기는 사뭇 달랐다.

스티브는 깊은 한숨을 쉬었다.

"전 델모어를 경영하는 현명한 분들이 이익에 대해 잘 알고 있다고 생각하지 않습니다."

결국 그렇게 말하고 나서 스티브는 자오의 눈을 쳐다봤다. 그가 어떻게 반응할지 궁금했다. 자오는 머리를 약간 돌려 스티브를 좀 더 자세히 바라보기만 했다. 그렇게 시간이 약간 흘렀다.

"정직함은 요샌 쉽게 찾아보기 힘든 덕목이지……."

이 말만 하고서 자오는 또 아무 말 없이 창밖을 응시하다 스티브를 향해 몸을 돌렸다.

"정말 수익성을 배우고 싶다면, 내가 가르쳐 줄 용의가 있어. 하지만 몇 가지 조건이 있어.

우선 지금부터 시작해서 내년 5월까지 매주 토요일에 만나도록 하지. 수업은 매번 한 시간 정도가 될 거야. 수업 전에 읽고 준비해야 할 것이 있어. 준비하는 데 아마 4시간 정도 걸릴 거야. 할 수 있겠나?"

스티브는 고개를 약간 숙였다.

"네, 좋습니다."

"좋아. 조건이 하나 더 있어. 내가 수업료를 받는다고 오토가 말해주었나?"

"아니요. 그런 말씀은 안 하시던데, 얼마나 내야 합니까?"

"매 수업 당 1,000달러야."

스티브는 깊은 한숨을 쉬었다. 머리를 세게 얻어맞은 것처럼 멍해졌고 조금 화가 나기도 했다. 속에 있는 말을 할까 말까, 아니면 그냥 사무실을 박차고 나올까? 하지만 스티브는 조용히 말했다.

"그건 제가 감당하기 힘든 금액입니다."

"지금 당장 내라는 게 아니야. 자네가 낼 수 있을 때 내면 돼."

스티브는 안도감을 느껴야 할지 부끄러워해야 할지 아니면 죄책감을 느껴야 할지 알 수가 없었다. 갑자기 1,000달러쯤 남아 있는 자신의 통장 잔고가 떠올랐다.

"앞으로 5, 6년 동안은 수업료를 못 낼 것 같습니다. 더 길어질 수도 있고요."

"알아, 스티브. 하지만 나는 자네에게서 수업료를 받을 수 있을 것 같은데?"

이렇게 말하며 자오는 재미있다는 듯 싱긋 웃었다.

스티브는 어리둥절하면서도 약간 언짢았다. 왠지 자오가 짐짓 겸손한 척하면서 자기를 가지고 노는 것 같았다.

'이 사람은 무슨 근거로 내가 수업료를 낼 거라고 생각하는 거지? 수업을 다 듣고 이 사람의 아이디어를 몽땅 내 걸로 만든 다음에 내

가 도망간다면……'

스티브는 그렇게 생각했다.

"어때? 그렇게 할 거야?"

"아, 예……."

자오가 손을 뻗었고 둘은 악수했다. 순간 스티브는 생각했던 것처럼 간단히 자오를 떠나지 못할 기라는 느낌이 들었다. 그리고 자오의 말처럼 정말 수업료 전액을 낼 것이라는 느낌도.

자오는 모든 것을 이해한다는 듯 미소를 지었다.

"좋아, 그럼 시작해볼까!"

Profit
Lesson
차례

제품이 아니라
솔루션을 제공하라

고객 솔루션 이익모델

자오와 스티브는 사무실 한쪽 구석에 있는 작은 탁자를 사이에 두고 앉았다. 자오는 책상 서랍에서 노란색 괘선 노트를 꺼내 탁자 중앙에 놨다.

"이 노트는 모두 해서 40장인데, 수업이 끝나면 아마 두 장이 남을 거야."

자오는 자켓 주머니에서 은으로 장식한 필기도구를 꺼내 아래그림과 같이 간단하게 선 3개를 그리고 숫자 '0'을 썼다. 그러고는 스티브에게 노트를 넘겨주고 말을 하기 시작했다.

"난 수년 동안 수익성을 생각하면서 실제 이익을 내는 방법을 찾은 기업들을 연구했어. 수백 군데 회사가 있었지만 똑같은 방법을 쓰는 곳은 하나도 없었지. 그래서 각 회사가 이익을 창출하기 위해 사용하는 독특한 방법을 잘 이해하는 것이 중요해. 자네도 알겠지만 실제 사업들은 제각기 특별해서 '이렇게 하면 이익이 분명히 늘어난다'는 식의 말을 함

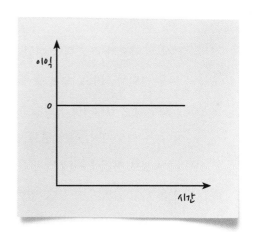

부로 내뱉어서는 곤란해. 그러니 우리가 할 일은 실제 사업에 꼭 들어맞을 만한 확실하고 일반적인 법칙을 찾는 것이라고 생각하면 돼. 운 좋게도 나는 지난 30년 동안 일하면서 몇 가지 유용한 법칙들을 찾아냈지.

몇 달 동안 자네와 나는 회사가 이익을 만들어 낼 수 있는 23가지 방법을 알아볼 거야. 난 그걸 이익모델이라고 부르지. 23이라는 숫자에 무슨 대단한 의미가 있는 건 아니니 신경 쓰지 마. 사실 24가지 모델이 될 수 있고 30가지가 될 수도 있지만 일단 특별히 흥미롭고 중요하다고 여겨지는 모델 23개를 알려주지. 그 중 오늘 이야기할 이익모델은 '고객 솔루션 이익모델'이야."

"그게 뭐죠?"

스티브가 물었다.

자오는 금방 대답을 할 것 같이 굴다가, 이렇게 타일렀다.

"서두를 필요는 없어."

잠시 후 자오가 바로 말을 이었다.

"아주 간단한 사업을 하는 팩세트^{Factset}사 이야기를 해 주지. 팩세트는 금융자산 관리자에게 금융 정보를 제공하는 회사야.

이야기는 1989년, 내가 경제 연구를 하고 있을 때의 일이야. 당시 나는 정보 사업에 이제 막 발을 들여 놓은 소프트웨어 회사와 함께 일을 하고 있었지. 거칠 것 없이 잘나가는 회사였어. 이들은 작은 회사를 인수해 데이터하우스^{Data House}라고 이름을 붙였지. 데이터하우스 사는 금융, 기업 그리고 경제 정보를 금융자산 관리자, 투자 은행, 기업 도서관, 상업 은행, 그리고 전문 서비스 기업에 팔았어. 나쁜 아이디어는 아니지만 지속적으로 이익을 내려면 운영을 잘해야 했지.

하지만 안타깝게도 실행이 잘 되지 않았어. 2년 동안은 30퍼센트 정도 매출이 늘었지만 그 후엔 판매 성장이 벽에 부딪쳤지. 고객들이 우왕좌왕하기 시작했고 이익은 곤두박질쳤어. 나중엔 계산할 필요도 없이 이익이 제로로 떨어지고 회사 내 분위기는 침울해지고 말았어. 그런데도 경영자들은 아무 소용없는 싸움만 계속해댔지.

난 그런 분위기가 참 불편했어. 갈등을 싫어하거든. 한 번은 의견이 다른 사람들을 모아놓고 중재하는 역할을 한 적이 있었는데, 사람들은 팔짱을 끼고 서로를 무시하며 나하고만 이야기를 하려고 하더군. 상대방을 비난하기만 하면서 말이야. 혹시 그런 미팅에 참석해 본 적 있어, 스티브?"

스티브는 지난 주 화요일 있었던 예산 회의를 생각하며 몸을 옴죽거렸다. 그날도 다른 것이 없었다.

"몇 번, 아니 너무 많이 해봤죠."

"유감이군. 난 그런 회의가 정말 싫어.

그런데 한 번은 전략회의를 하는데 한 마케팅 매니저가 내 관심을 끌었지. 그 매니저는, 어떻게 팩세트 사가 정보 사업에서 데이터하우스보다 나은 실적을 보이는지 궁금하다고 했어. 데이터하우스는 400명이 달라붙어 4,000만 달러의 매출을 내는데, 팩세트는 겨우 36명인데도 매출이 2,400만 달러나 된다는거야.

난 자세를 고치고 똑바로 앉아서 속으로 생각했지. '어떻게 그런 차이가 생겼지? 저 질문에 답할 수만 있다면 데이터하우스의 문제도 해결할 수 있을 거야.' 나는 곧바로 팩세트의 고객 수십 명을 인터뷰하여 정보를 수집했어. 그랬더니 팩세트가 어떻게 사업을 꾸려나가는지 그림이 확실하게 그려지더군.

내가 배운 건 바로 이거야. 팩세트와 내 고객인 데이터하우스가 활동하는 경영 정보 시장은 수천 명의 고객과 긴밀하게 연계돼 있었지. 그 영역 안에서 계속 성장을 하려면 고객들을 얼마나 확보하느냐가 관건인데 팩세트는 새로운 고객사를 1년에 20개만 유치해도 높은 성장률을 유지할 수 있는 방법을 개발해 냈어."

"어떻게 말입니까?"

"팩세트는 잠재 고객이 될 만한 회사를 발견하면 두세 명으로 구성된 팀을 그 회사에 보내. 그 팀은 거기서 한두 달, 필요한 경우 그보다 더 오래 머무르면서 회사 경영이 어떻게 되고, 시스템은 어떻게 돌아가는지(또는 제대로 돌아가지 않는 때는 언제인지) 정말 관심을 두는 것이 무엇인지 등, 고객에 대해 배울 수 있는 것은 모두 배운다고 하더군. 그렇게 수집한 실질적인 고객 정보를 토대로 그 회사만의 특성과 예산에 맞춘 정보와 서비스 상품을 개발하는 거야. 그 후 거래를 트면 개발한 상품을 고객의 시스템에 통합시키지. 이렇게 되면 팩세트가 얻는 대가는 별로 없고 지출되는 비용은 어마어마하지 않겠어? 월 단위로 손익계산서를 살펴보면 초기에는 엄청난 손실을 본다는 걸 알 수 있지. 3,000달러를 벌기 위해 빠져나가는 비용이 10,000달러 정도였으니 말이야."

자오는 노트를 집어 들어 자신이 그린 표를 스티브에게 가리켰다.

"여기 이 선이 보이지? 2개의 축과 손익 분기선이지."

스티브는 골똘히 생각하다가 말했다.

"그러니까 가로축은 시간이고 세로축은 이익을 나타내는 거군요."

"맞았어."

스티브의 말에 동의하며 자오가 스티브에게 연필을 건네줬다.

"새로운 거래를 텄을 경우 처음 3개월 동안 팩세트의 이익 곡선이 어떨지 한 번 그려봐."

스티브는 곡선을 그렸다. 아주 간단했다.

자오가 고개를 끄덕였다.

"바로 그거야. 하지만 곧 상황이 바뀌기 시작해. 시간이 지날수록 팩세트의 상품은 고객의 운영체계와 꼭 맞게 돌아가게 되지. 고객은 자신들의 니즈에 꼭 맞는 소프트웨어에 매우 만족하고 말

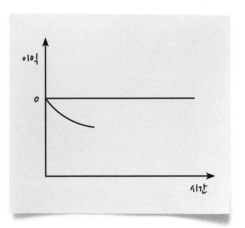

이야. 팩세트는 이제 이 일에 세 명이나 투입할 필요가 없어져 단 한 명, 그것도 시간제로 고용해도 충분히 시스템을 유지할 수 있게 되지. 게다가 고객사 직원들이 팩세트의 자료가 얼마나 유용하고 가치 있는지를 알게 되면 점점 더 많이 팩세트의 정보를 이용하게 되겠지? 그러면 팩세트의 월별 비용은 10,000달러에서 8,000달러로 떨어지고, 매출은 증가해서 월 3,000달러에서 5,000달러로, 나중에는 12,000달러로 올라가게 돼.

스티브, 지금까지 설명한 내용을 그래프로 그려봐."

스티브는 잠시 생각하다 곡선을 연결해서 그렸다.

"잘했어, 스티브. 바로 그게 팩세트의 비결이야. 멋지지만 너무 간단하지 않아?

"그러네요. 그래서 데이터하우스 쪽에 이런 사실을 말씀하셨나요?"

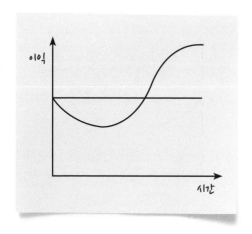

"물론이지."

"데이터하우스는 팩세트의 모델을 따라했나요?"

"노력하긴 했어."

"효과가 있었나요?"

자오는 한숨을 쉬었다.

"그렇다고 할 수 있지. 손해를 보다가 10퍼센트의 이익을 얻었으니까 말이야."

"그러면 이익이 0에서 400만 달러가 됐겠네요?"

"정확하게 맞췄어."

"그렇다면 팩세트의 이익은 얼마였습니까?"

"얼마였을 것 같아? 자네가 직접 계산해 봐."

"음……. 계산기 좀 줘 보세요."

"아니, 계산기 없이 해봐."

"종이와 연필은 써도 됩니까?"

자오가 고개를 끄덕였다.

스티브는 연필을 쥐고 숫자를 적어나가기 시작했다.

'가만 있자, 40여 명의 직원으로 매출이 2,400만 달러가 나온다면, 직원들의 인건비가 얼마가 되지? 아마도 고급 인력들이니 인건비가 비쌀 거야. 연봉을 6~7만 달러 받는 사람들도 있겠지만 10만

팩세트의 이익

- 매출 2,400만 달러
- 비용 - 인건비 40명X20만 달러 = 800만 달러(매출의 약 34%)
  - 간접비(매출의 10%) = 240만 달러
  - 라이센스료(매출의 10%) = 240만 달러
  - 자질구레한 비용 = 120만 달러
- 매출 - 비용 = 영업이익
  2,400만-(800만+240만+240만+120만)
  팩세트의 영업이익 = 1,000만 달러(매출의 약 40%)

달러 이상 받는 사람들도 꽤 있겠지. 여기에 보너스는 보통 연봉의 50퍼센트 정도가 된다고 들었으니, 액수가 아무리 크다고 해도 인건비는 1인당 20만 달러가 안 될 거야.'

스티브는 숫자를 곱했다. 그러자 급여로 나갈 돈의 총액은 800만 달러가 나왔다.

"간접비는 얼마나 되죠?"

스티브가 큰소리로 물었다.

"매출의 10퍼센트로 잡으면 어떨까?"

"좋습니다, 그럼 간접비로 매출의 10퍼센트인 240만 달러가 지출됩니다. 또 팩세트가 사용하는 정보의 라이센스료도 대략 매출의

10%라고 가정하면 역시 240만 달러가 될 테고……. 자질구레한 비용을 대충 120만 달러라고 잡으면, 영업이익은 대략 매출의 40퍼센트인 1,000만 달러가 됩니다."

자오가 미소 지었다.

"거의 정확해."

"데이터하우스의 이익률(전체 매출액에서 이익이 차지하는 비율. 수익성을 분석하는 지표. 이익/매출액×100%)은 10%라고 했으니 팩세트의 이익률인 40%에는 훨씬 못 미치는 거군요."

"그래, 맞아."

"이해가 안 됩니다. 선생님이 데이터하우스를 위해서 전략을 세우셨잖아요? 설마 데이터하우스는 선생님이 제시한 '이기는 전략'을 채택하지 않았다는 소린가요?"

"그렇다고 볼 수 있지."

스티브는 머리를 갸우뚱했다.

"저런, 선생님은 최악의 기업과 일하는 기분이 드셨겠어요."

"사실, 이런 건 비일비재한 일이야. 내가 자네에게 맛있는 소스를 만드는 법을 알려 줘도 자네가 사용하지 않을 가능성이 높아."

"그것 참 이상하네요. 기껏 의사를 찾아가놓고 의사의 조언을 무시하다니요?"

"확실히 좀 불가사의한 부분이 있지. 사람들이 성공보다는 실패를 선호하는 듯한 성향이 있는 것 같아. 논리적으로 설명할 수는 없지만. 사람들은 가끔 변화를 두려워하지. 아마 이게 부분적으로나마 대답이 될 것 같군.

데이터하우스는 기존 모델을 유지하는 것보다 팩세트 모델을 따르는 것이 훨씬 더 많은 노력이 필요할 거라고 겁을 먹은 것 같았어. 하지만 이것도 어디까지나 부분적인 답이지. 근본적인 이유는 사실 아주 간단해. 사업에서 성공하려면 정말로 이익에 진정한 관심을 가져야 하는데 데이터하우스는 그러지 못한 거지. 마찬가지로 대부분 사람들도 그렇게 못해.

자오가 뒤로 기대며 손을 넓게 뻗었다.

"그게 전부야."

스티브는 얼굴을 찡그렸다.

'믿기 어려운데 정말일까……'

의구심이 든 스티브는 델모어를 떠올렸다. 과연 델모어의 중역들이 이익에 관심을 가지고 있을까? 한번은 델모어 제지 사업부의 중역들과 함께 회사 밖에서 열린 회의에 참석한 일이 있었다. 제지 사업부는 1년 넘게 천천히 하강곡선을 그리고 있었고 경쟁사의 상품이 서서히 시장을 장악해 가고 있는 상황이었다.

스티브가 판단하건대 대부분의 중역들은 회의 내내 제지 사업부에서 이미 잘 돌아가고 있는 부분에만 초점을 두고 있었다. 그런 부분들은 사업부 전체의 이익에 미치는 효과가 미미한 영역들이었는데 말이다. 중역들은 품질 개선과 적정한 생산 효율성에 초점을 맞출 뿐, 고객의 요구를 면밀하게 파악할 필요성을 느끼지 못하는 것 같았다. 그 회의는 애초에 스티브가 자오의 가르침을 받으러 찾아오게 만든 불편하고 석연치 않은 경험이었다. 스티브는 자오가 맞을지도 모른다고 생각했다. 그 사업부 사람들 중 수익성에 관심이 있는 사람은 정말 없을지도 모른다.

자오는 자신이 스티브가 하루에 소화할 수 있는 양 이상을 밀어붙였다고 생각했다.

"여기까지 하지. 오늘 이야기한 이익모델은 아주 간단한 것이었어. 스티브 자네가 한번 말해 봐. 그게 뭐였지?"

스티브는 잠시 생각을 하다가 대답했다.

"'고객을 알기 위해 시간과 에너지를 투자해 배울 수 있는 것은 모두 배운다. 그리고 그 지식과 정보를 이용해 고객을 위한 해결 방안을 만들어낸다. 초기엔 돈을 잃을 수 있지만 길게 보면 돈을 번다.'는 내용이었습니다."

자오는 미소를 지었다.

"맞아. 그러면 스티브, 질문이 하나 있어. 고객을 알지 못하는데도 이익을 낼 수는 있을까?"

스티브는 주저했다. 그는 텔모어의 제지 사업부를 생각했다. 제지 사업부의 중역들은 고객에 대해 잘 모르는 것 같았지만 제지 사업부는 이익을 거두고 있었다. 최소한 지금은 말이다.

"그런 것 같습니다만 확신은 못하겠어요."

"그 점을 좀 더 생각하도록 해. 다음 주 같은 시간에 오도록 하고. 내가 아침 식사를 준비해 놓을 생각이야. 베이글이랑 주스, 그리고 커피 어때?"

"좋습니다."

"그래, 다음 주엔 피라미드에 대해 이야기하도록 하지."

"피라미드요? 이집트에 있는 피라미드 말입니까?"

"그건 아니야. 다음 주에 오면 다 알게 돼. 참, 숙제가 있어. 팩세트의 이익 곡선에 대해 생각해 오도록 해. 어떤 분야의 사업에 '고객 솔루션 이익모델'을 적용할 수 있을지도 생각해 보고 목록으로 정리해 와."

"알겠습니다. 네 시간 정도면 충분히 만들 수 있겠는 걸요"

이 말에 자오가 싱긋 웃었다.

"그럼, 알겠습니다. 다음 주에 뵙죠."

"좋아."

스티브가 사무실을 떠났다. 자오는 자신의 책상으로 돌아가 의자에 앉아 조용히 창밖을 응시했다. 9시가 넘었고 사무실 바깥에서는 회사 직원들 몇 명이 바쁘게 지나다니는 소리가 들려왔다.

경쟁사가 넘보지 못하게
방화벽을 구축하라

피라미드 이익모델

9월 28일. 비가 내리고 있었다. 억수 같이 쏟아지는 비는 가을 한기와 함께 뉴욕을 더 우울하게 만드는 것 같았다. 동이 트고 세 시간이 지났지만 거리는 거의 텅 비어 있었고 여전히 밤처럼 어두웠다. 8시 10분 전, 흠뻑 젖은 스티브가 추위에 떨며 자오의 사무실 출입구로 고개를 내밀었다. 사무실은 어두웠고 자오의 책상 옆에 놓인 황동 전기등에서 원을 그리며 퍼져 나오는 노란색 빛만이 책상 주변을 따뜻하게 밝히고 있었다. 자오는 2주 전에 본 체크무늬 자켓을 입고 책상 앞에 앉아 있었다. 그는 고개를 숙이고 노란 괘선 노트를 바라보며 무언가를 적고 있었다. 한껏 집중한 눈으로 한 줄 한 줄 꼼꼼하게, 그리고 찬찬히, 쉼 없이 적어 내려가 노트 한 페이지를 모두 채웠다. 완전히 몰입해 조용히 일하는 모습이 참 흥미로웠다.

자오는 페이지의 맨 밑줄에 도달하자 그 다음 페이지로 넘기고 다시 써 내려가기 시작했다. 시간이 지날수록 스티브의 눈은 사무실 어둠에 익숙해졌다. 사무실의 커다란 창문이 스티브의 눈에 들어왔다. 거기엔 빗줄기가 만들어 낸 물길이 작은 시내처럼 계속 흘러내리고 있었다. 자오 뒤에 걸린 벽시계의 문자반文字盤에는 어스레한 빛이 희미하게 어린 채 재깍재깍 소리를 내며 움직이고 있었다. 스티브는 어쩔 줄을 몰랐고 또 약간은 민망스럽기도 했다. 언제 자오가 고개를 들고 한숨을 돌릴까 싶었다. 얼마나 더 일하려는 것일까? 자오가 하는 일을 중단시켜야 할까? 여기 서서 내내 자신을 보고 있었다는 걸 자오가 알면 언짢아할까?

갑자기 부드럽게 알람소리가 들렸다. 스티브는 그제야 자오의 책상 한쪽에 알람시계가 있다는 걸 알았다. 자오는 고개를 들고 알람을 껐다. 그러면서 스티브를 알아봤다.

"반갑군, 스티브. 어서 와."

자오는 스티브에게 인사를 하고 일어서서 벽에 있는 조명 스위치를 켰다. 그러자 사무실이 시원한 형광등 빛으로 가득해졌다. 어스름해 보이던 커다란 창문은 자오와 스티브의 그림자를 흐릿하게 반영하는 불투명한 벽으로 변했다. 그리고 사무실도 식별하기가 어려워졌다.

"일하시는 걸 방해하고 싶지 않았습니다."

"무슨 소리, 전혀 방해되지 않았어."

그렇게 말하며 자오는 웃었다.

"제가 와 있는 줄 모르셨어요?"

스티브가 정말 심각하게 물었다. 자오는 입술을 오므리고 어깨를 으쓱대며 대답 같지 않은 대답을 했다.

"팩세트와 '고객 솔루션 이익모델'에 대해 생각해 봤어?"

"네."

"어디에 적용할 수 있을 것 같아?"

"어디에나 적용할 수 있을 것 같은데요."

자오는 미소를 지었다.

"맞았어. 어디 만들어 온 목록을 좀 볼까."

자오는 스티브의 목록을 꼼꼼히 살펴봤다. 거기에는 다섯 가지 사업 분야가 있었다.

'고객 솔루션 이익모델'을 잠재적으로 적용 가능한 사업 분야

- 플라스틱
- 통신장비
- 주식 시장
- 자동차 부품
- 소비자 금융 서비스

"음, 주식 시장에는 이 모델을 적용할 수 없어. 주식 시장은 경매가 이뤄지는 곳이기 때문이야. 관계 형성은 일어날 수 없지."

스티브가 반론을 제기하려 했지만 자오는 조용히 하라는 표시로 손을 들어 스티브를 제지했다.

"잘했어, 스티브. 고객 솔루션 이익모델에 대해 좀 더 생각해 보고 다음 주에는 이 모델을 적용하기 힘든 분야를 알아오도록 해. 그런데, 스티브. 이 목록에 델모어의 사업 분야도 들어가 있어?"

"물론이죠. 맨 처음에 나온 세 가지 플라스틱, 자동차 부품 그리고 통신장비 사업 부문이 델모어에 있습니다. 그래서 목록을 만들 수 있었던 걸요."

"그렇군. 각 분야에서 델모어의 실적은 어떤데?"

스티브는 수치에 밝았다.

"지난 한 해 플라스틱과 자동차 부품 분야는 판매 실적이 계속 하향세였고 이익도 마찬가지였습니다. 경영진들은 그저 경기 변동때문이라고 말하고 있죠. 내년 초 경기가 좋아지면 이익이 다시 늘어날 거라고 믿고 있습니다. 통신장비 분야는 눈부신 이익을 내며 상당히 가파르게 성장하고 있어요. 지난 5년 동안 연간 25퍼센트 이상씩 성장했습니다. 아시겠지만 최고 경영자인 톰 케네디는 델모어의 커다란 성공 일화로 통신 분야의 성과를 꼽는 걸 좋아합니다."

"스티브, 당신 생각도 같아?"

한참 동안 생각하다 스티브가 대답했다.

"솔직히 말하면 경영진들이 무슨 근거로 그런 낙관론을 갖는지 이해가 안 됩니다."

이 말에 자오가 눈썹을 올리며 물었다.

"왜 그런 거지?"

스티브는 델모어 내부의 일을 외부 사람과 이야기하지 말라는 교육을 받아왔다. 자오가 신중하고 분별 있는 사람이라는 걸 의심하는 것은 아니지만 자신이 회사에 대해 품는 불안감을 거리낌 없이 이야기한다는 게 왠지 불편했다. 자오는 스티브가 망설인다는 것을 간파했다.

"물론, 공개된 정보에 한해서만 말해보라는 거야."

"저도 알아요. 그래서 그런 게 아닙니다. 그저 회사에 충실하지 못한 행동을 하는 것 같아 마음에 걸려요. 델모어 사람들은 저에게 아주 잘 해주거든요."

자오는 살짝 고개를 끄덕였다.

"충분히 이해해. 불편하다면 델모어 이야기는 않도록 하지."

"아니, 이야기를 할 수 없다는 의미가 아닙니다. 그게 아니라 뭐랄까, 전 이러지도 못하고 저러지도 못하는 입장에 놓인 것 같아요."

"왜 그런 생각이 들지?"

스티브는 잠시 생각을 하고 깊게 심호흡을 한 번 했다.

"사실 제가 델모어에 대해 느끼는 감정이 그런 상태입니다. 거기 사람들은 좋아요. 정말 좋은 사람들입니다. 하지만 경영진에 대해서는 그렇게 말하기가 힘드네요."

"특별한 이유라도 있어?"

"음, 통신 사업이 좋은 예지요. 말씀드렸듯이 계속해서 성장하고 있고 이익도 여전히 높습니다. 하지만 지난 몇 달간 작은 경쟁사들이 시장을 조금씩 잠식해오고 있습니다. 그런데 제가 들은 바로는 우리 통신 사업부 사람들은 그런 상황에 어떻게 대처해야 할지를 잘 모르고 있는 것 같아요. 제가 통신 분야 전문가는 아닙니다만 그쪽 분야에서 일하는 사람과 2주에 한 번씩 점심을 하곤 합니다. 그 사람 말로는 통신 사업부의 주요 관심사는 부품 제조업자를 닦달해서 제품 제조단가를 낮추고 생산 비용을 줄이는 데 있답니다."

"그건 중요한 게 아닌데 말이야."

"그렇죠. 하지만 제 친구 프랭크가 제품 제조단가와는 다른 문제, 예를 들면 고객 서비스를 확장하는 것과 같은 방안을 제기할 때마다 그의 의견은 무시당한다고 합니다. 그동안 경쟁사들은 단순한 장비 이상의 것을 팔고 있는데도 말입니다. 새로운 경쟁사들은 작은 금융회사처럼 고객사에 컨설턴트를 보내 정보시스템을 다시 설계하는 것을 도와주는데, 델모어는 그런 일들을 하찮게 여기고 있습니다. 하긴, 델모어가 맞는지도 모르겠어요. 아무튼 계속 성장은 하고 있으니 말입니다. 아마 통신 사업부 사람들은 사업을 다시 정의해야 한다는 게 불편한 모양입니다. 비용 절감이 제일 중요하다는 듯 그 부분에만 주력하고 있죠. 이런 상황의 끝이 어떻게 될지 모르겠습니다."

자오는 스티브의 말을 듣고 잠시 생각에 빠졌다. 그러더니 이렇게 말했다.

"참 재미있는 경우로군. 첫 수업 이후 프랭크와 이 문제에 대해 이야기해 봤어?"

"아니요. 하지만 다음 주 수요일 날 프랭크와 점심을 먹기로 했습니다."

"프랭크가 델모어의 통신 사업부도 '고객 솔루션 이익모델' 쪽으로 전환해야 한다고 생각할지 궁금하군."

"저도 모르겠어요. 그 문제에 대해 프랭크와 이야기를 좀 해봐야겠어요."

"그래야 할 것 같군. 자, '고객 솔루션 이익모델'은 이쯤에서 마무리하고 다른 이익모델에 대해 이야기해 보자고. 오늘 배울 모델인 '피라미드 이익모델'은 아주 제한된 경우에만 적용시킬 수 있는 모델이야."

"흠, 그렇다면 꼭 배워야 하는 건가요?"

"참을성이 없군, 스티브. 이렇게 생각해 봐. '피라미드 이익모델'은 50개 시장 중 오직 1개 시장에만 효과가 있어. 만약에 자네의 회사가 그 1개의 시장에서 활동한다면 이 이익모델로 수십억 달러를 벌어들일 수 있지. 어때, 아직도 배울 가치가 없다고 생각해?"

"수십억 달러요? 그렇다면 배워야겠네요."

스티브가 싱긋 웃었다.

"자네가 새로운 이익모델을 배울 때 염두에 둬야 할 전제가 있어.

'마음을 열라. 원칙을 파악하라. 그리고 다른 사람이 개발해 놓은 사고방식을 흡수하라.' 이 세 가지를 숙지하고 있으면 혼자 생각해야 할 때 도움이 될 거야."

자오는 서랍을 열어서 첫 번째 수업에 사용했던 것과 같은 노란 괘선 노트를 꺼내 책상 가운데, 스티브와 자기 사이에 가볍게 던졌다.

"10년 전 난 오리건 주 포틀랜드에 있는 어느 소프트웨어 회사의 마케팅 회의에서 강연을 한 적이 있어. 청중이 한 200명 정도 있었지. 나도 꽤 강연을 잘했지만 다른 초청 연사가 나보다 더 잘했지."

"그 사람이 누구였는데요?"

"마텔Mattel사의 수석 부사장이었어. 원래 최고 경영자가 강연을 하기로 예정돼 있었는데 피치 못할 사정으로 그가 대신 왔다고 하더군. 기업을 경영하는 입장, 즉 '실험실 직원'이 아닌 '심장 전문의'가 되면 그런 일이 흔히 생기게 마련이지. 아무튼 사장 대행으로 온 '실험실 직원'인 부사장의 이름은 게리였어. 게리는 슬라이드도 없이 1시간 정도를 이야기했는데 난 마법에 걸린 줄 알았지. 가능한 한 그의 이야기를 정확히 필기하려고 애를 썼어.

강연이 끝나고 사람들은 커피를 마시러 강연장 바깥으로 나갔지. 난 잔뜩 흥분해서 사람들에게 그의 강연이 어땠냐고 물었어. 근데 다들 아주 싫어하더군. '바비 인형이라니!' '우리 회사는 소프트웨어를 만든다고요!' 콧방귀를 뀌면서 말이야. 난 깜짝 놀랐어. 그 사람들은 전혀 요점을 파악하지 못하고 있었거든."

"요점을 파악하지 못하다니요?"

"피라미드 말이야."

"피라미드요?"

"그래, 피라미드. 잘 들어봐. 마텔은 바비 인형 하나를 20달러에서 30달러 정도에 팔아. 하지만 곧 다른 회사에서 만든 모조품들이 시장에 쏟아져, 그렇지? 그래서 마텔은 10달러짜리 바비 인형을 출시해서 일종의 방화벽firewall을 쌓는 방법을 쓰지. 물론 이익은 20~30달러 짜리를 팔 때보다는 적지만 마텔이 고객과 쌓아온 관계에 다른 회사가 비집고 들어오는 걸 방지하는 효과가 있어. 그리고 처음에 10달러짜리 바비 인형을 산 아이들도 곧 액세서리나 그보다 비싼 바비를 사고 싶어 할 거야. 그렇지 않겠어? 마텔은 이런 식으로 사업을 해. 그렇게 이익으로 이어지도록 하지.

하지만 그게 다가 아니야. 획기적인 시스템을 마련하기 위해 마텔은 다른 방향을 모색했어. 바로 100달러, 200달러짜리 바비 인형을 만드는 거였지."

스티브는 미심쩍었다.

"하지만 과연 부모들이 6살짜리 딸아이에게 200달러짜리 인형을 가지고 놀게 할까요?"

"물론, 그렇지 않지. 마텔 역시 의도한 대상은 아이들이 아니었어. 여자 어린이가 아니라 엄마들이 타겟이었지. 아이의 엄마도 20~30년 전엔 바비 인형을 가지고 놀았을 거 아니야? 그 엄마들

역시 어릴 때 바비 인형을 좋아했던 기억이 남아있는 거지. 그때는 돈이 없었지만 이제는 돈이 있어. 아마도 엄마들은 특별하게 디자인된 바비를 원할 거야. 정교하고 아름답게 만들어진 인형 말이야. 바비는 가지고 노는 장난감이 아니라 찻잔 세트나 귀한 우표같이 많은 돈을 지불하고 소유하고 싶은 소장품인 거지. 200달러 짜리 바비를 통해 고객은 무한한 만족감을 느끼고 마텔은 엄청난 이익을 남기는 것, 이것이 '피라미드 이익모델'의 핵심이야."

"베이비 붐 세대가 인형에게서 느끼는 향수를 이용한 것이군요. 하지만 다른 사업에 어떻게 적용하지요?"

"마텔에게 바비 인형은 그저 단순한 인형이 아닌 하나의 시스템이야. 정교하게 만들어진 통합 시스템, 즉 피라미드의 밑바닥에 방화벽 역할을 하는 방어용 제품을 깔고, 꼭대기에는 높은 이익을 창출하는 고高이익 제품을 개발해 포진하는 거지. 마텔의 아이디어가 빛을 발하는 부분은 바로 이거야. 어때? 정말 굉장한 아이디어지?"

자오는 자신의 은색 펜을 집어 들고 그림을 그렸다. 맨 밑에 커다란 직사각형을 그리고 그 위로 층층이 직사각형 3개를 더 그렸다.

그는 펜을 던져 내려놓고는 스티브에게 물었다.

"스티브, 마텔이 고객을 이해하지 못했다면 이런 피라미드를 만들 수 있었을까? 현 고객은 물론 잠재 고객까지 말이야."

"만들지 못했겠죠."

그렇게 대답하는데 갑자기 2주 전 자오가 물은 고객에 대한 질문이 생각났다.

"그럼 스티브, 이 경우 말고 또 어디에 '피라미드 이익모델'을 적용할 수 있을까?"

스티브는 잠시 생각을 하다가 다음과 같이 대답했다.

"저도 잘 모르겠습니다. 제품 가격대를 한 가지 이상으로 설정하는 회사는 많지 않나요? 하지만 그렇다고 해서 모두 다 '피라미드 이익모델'을 따른다고 할 순 없는데요."

"스티브, 운전하지? 그렇다면 최소 1주일에 한 번은 '피라미드 이익모델'을 눈앞에서 목격할 거야. 무엇인지 알겠어?"

갑자기 생각에 불이 켜졌다.

"주유소요, 주유소. 일반, 고급 그리고 최고급으로 여러 가지 종류가 있습니다. 이거 맞죠?"

"제대로 맞혔어. 하지만 안정적인 피라미드라고 말할 수는 없지."

"어째서요?"

"생각해 봐, 스티브, 자네는 주로 어떤 기름을 넣지?"

"잘 모르겠어요. 아마 제일 싼 걸로 넣을 겁니다."

"제일 싼 걸 고르는 이유가 뭔데?"

"그건 생각해 본 적이 없는데요."

"바로 그거야! 봐, 그 경우 피라미드는 이렇게 생겼어."

자오는 노트의 페이지를 넘겨 재빨리 그림을 하나 그렸다.

"이 피라미드는 맨 윗부분이 아주 빈약한데요."

"그게 바로 문제야. 높은 이익을 내는 제품인데도 판매가 전혀 안 되는 거 말이야. 소비자는 특별히 그 제품을 살 이유가 없다고. 이렇게 아무리 좋은 아이디어라도 실행을 제대로 하지 못하면 그냥 폐기되는 거야."

"그런 차이를 만들어 내는 것은 뭐죠?"

"좋은 질문이야, 스티브. 몇 가지 요소가 있는데, 그 중 하나는 피라미드를 그저 단순히 가격만 다르게 나열해서는 안 된다는 거야. 진정한 피라미드 모델은 가격을 저렴하게 매긴 상품을 효율적으로 판매해서 경쟁사가 제품 가격을 낮춰 시장점유율을 잠식해오지 못하게 막는 거지. 그래서 피라미드의 최저층을 방화벽이라고 부르는 거야."

"이해가 가네요."

"하지만 가장 중요한 요소는 고객의 특성을 설정하는 거야."

"어떻게요?"

"생각을 해봐. 마텔이 효과적인

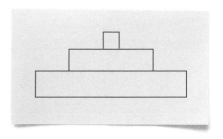

피라미드를 구축하고 유지하는 데에 바비 인형을 사는 고객들이 어떤 역할을 하는 것 같아?"

"고객도 일종의 피라미드인 게 아닐까요?"

자오도 동의한다는 의미로 힘차게 고개를 끄덕였다.

"바로 그거야. 고객들 자신도 가격대별로 제품을 대하는 태도나 기대를 다르게 가져. 그렇기 때문에 그에 따른 계층을 형성하는 거야. 마텔의 인형을 사는데 10달러 이상의 돈은 지출하지 않는 고객이 있는 반면, 큰돈을 쓰는 고객도 있는 거지. '피라미드 이익모델'은 이 두 가지 종류의 고객 모두를 놓치지 않아야 해. 하지만 모든 시장에 이런 식의 계층이 형성되는 건 아니니까 유의해야 해."

"그럼 다른 피라미드엔 어떤 것이 있나요?"

"스티브, 자네가 이야기하는 게 어때? 지금 말고 다음 주에 말이야. 목록을 만들어 와."

하나의 상품을
다양한 방식으로 팔아라

다중요소 이익모델

10월 5일. 뉴욕의 가을엔 종종 일어나는 일이지만 지난 한 주 동안 날씨가 아예 딴판으로 변했다. 이 날 바깥 풍경은 정말 장관이었다. 거의 초자연적인 현상이라고 여겨질 정도로 강렬한 햇볕이 자오의 사무실로 쏟아져 내렸다. 스티브가 사무실에 도착했을 때 자오는 책상에서 일어서고 있었다.

"어서 와, 스티브. 전등을 끄려던 참이었어. 이렇게 햇볕이 좋으니 불은 켤 필요가 없잖아, 그치?"

자오가 명랑하게 말하며 스위치를 내렸다. 불을 껐지만 아침 햇살이 너무도 강렬해 조금도 어두워지지 않았다. 스위치를 내린 순간 사무실 안은 뭐라 표현하기 어려운 영롱한 빛으로 가득했다. 사무실

구석구석을 채우는 햇빛이 만들어 내는 놀라운 광경에 흠뻑 젖어 두 사람은 아무 말도 하지 않고 가만히 앉아만 있었다. 스티브는 물로 채워진 수족관이 아니라 햇빛으로 채워진 초현실적인 수족관 속을 유영遊泳하고 있는 듯한 느낌이 들었다.

"물고기가 된 것 같지?"

자오가 묻자 스티브는 놀라서 그를 쳐다봤다.

"네, 하지만 보통 물고기는 아니지요."

스티브가 대답했다. 그러면서 자신의 오른손을 천천히 들어 햇볕을 흠뻑 머금은 손을 바라봤다.

"햇빛 물고기로군."

자오가 말했다.

"그렇네요."

미소를 지으며 스티브가 대답했고 그 말에 자오도 미소로 화답했다. 두 사람은 한동안 그런 분위기를 만끽했다.

자오가 침묵을 깨고 말을 시작했다.

"자, 이제 수업을 시작해볼까. 이렇게 앉아서 찬란하고 멋진 햇빛 감상만 하려고 수업료를 지불할 건 아니니까 말이야. 스티브, '피라미드 이익모델'에 해당하는 사업 분야가 뭔지 목록으로 만들어 왔겠지?"

스티브는 주머니에서 종이를 꺼냈다.

'피라미드 이익모델' 적용 제품

- 노키아 휴대폰
- 아메리칸 익스프레스 카드
- GM 자동차

자오는 뭔가 마뜩치 않은 듯 약간 얼굴을 찡그렸다.

"잘했어, 스티브. 아주 잘했군."

스티브에게 목록을 돌려주며 자오가 말했다.

"노키아^{Nokia}는 '피라미드 이익모델'이 맞아. 방화벽에 해당하는 저가 휴대폰을 포함해서 다양한 가격대의 휴대폰을 보유하고 있지. GM^{Gerneral Moter}(제너럴모터스) 역시 1920년대 알프레드 P. 슬로언 경영 체제하에 꼭대기에는 캐딜락, 맨 아래에는 쉐보레를 둔 '피라미드 이익모델'을 구축했지."

스티브는 속으로 스스로에 대해 아주 뿌듯해했다. 이 주제에 대한 대화가 계속 이어갔으면 하고 바랐다. 그러면서 자오에게 물었다

"아메리칸 익스프레스 카드를 포함시킨 건 제가 너무 앞서 나간 건가요?"

"아니, 그렇지 않아. 피라미드의 특성이 많지는 않지만 그런 카드, 골드 카드 그리고 플래티넘 카드로 나눴으니 '피라미드 이익모델'에

속하지. 그리고 지금은 거의 모든 신용카드 회사가 그 전략을 따라하고 있어."

자오는 분위기를 전환했다.

"목록을 좀 더 늘려 보면 어때? 예를 들면 스위스 시계 회사인 스와치Swatch 같은 기업 말이야. 스와치도 '피라미드 이익모델'에 해당하거든. 이제 오늘의 수업을 시작해 볼까? 오늘은 '다중요소 이익모델'에 대해 알아보자고."

자오는 의자에 기대앉아 양 손가락으로 아치 모양을 만들고 천정을 바라보았다. 잠시 후 조용히 이야기를 하기 시작했다.

"한 가지 사업은 여러 부분으로 분할할 수 있어. 그렇게 분할한 모든 부분이 똑같이 이익을 내는 건 아니지. 사실, 이익이라는 것은 대부분 상당히 불규칙하고 뭉뚱그려지는 경향이 있어. 어떤 때는 높고, 어떤 때는 낮고, 또 아예 없을 때도 있는 식으로 말이야.

코카콜라를 생각해 봐. 상품은 하나지만 그 하나를 가지고 벌이는 사업은 여러 가지야. 코카콜라는 마트용, 레스토랑용, 그리고 자판기 판매용이 있어. 그런데 대부분의 이익은 레스토랑과 자동판매기 쪽에서 나오지."

스티브가 의문스러워하며 얼굴을 찡그렸다.

"스티브, 자판기에서 콜라를 사면 100밀리리터 당 얼마나 하지?"

스티브는 머릿속으로 계산을 했다.

"음, 400밀리리터짜리 캔이 80센트니까, 100밀리리터 당 20센트가 되겠네요."

"그럼 레스토랑에서는?"

"아마 100밀리리터 당 50센트가 되겠지요."

"그러면 마트에서는 어때?"

"1달러 19센트에 2리터짜리 콜라를 살 수 있으니, 100밀리리터 당 6센트네요."

스티브는 머리를 크게 흔들었다.

"우와."

"코카콜라는 같은 상품으로 여러 가지 사업을 벌이는 거야."

순간, 스티브가 얼굴을 찡그렸다.

"잠깐만요. 그러면 지난 시간에 배운 '피라미드 이익모델'과 무슨 차이가 있는 거죠?"

"그게 무슨 말이지? '다중요소 이익모델'이랑 '피라미드 이익모 델'이 비슷하다고 생각하는 거야?"

"음, 둘 다 가격을 차별화해서 상이한 그룹의 고객들에게 판매하는 것 아닌가요? 그렇게 해서 이익을 보고요."

"꼭 그런 건 아니야. 스티브 자네는 코카콜라의 소비자 집단에서 어디에 속하는 것 같은데?"

"전 보통 사내 자판기에서 콜라를 삽니다."

"다른 곳에서는 전혀 사먹지 않고?"

"음, 가끔 레스토랑에서 콜라를 마실 때가 있지요. 지난달에는 1주일 정도 햄프턴에서 지냈는데 거기 슈퍼마켓에서 두 다스를 샀습니다. 아, 무슨 말씀을 하시려는지 알겠어요. 상황에 따라 저는 거의 모든 가격대의 콜라를 사 마시고 있는 거군요."

"바로 그거야."

자오가 고개를 끄덕였다.

"같은 제품이지만 여러 가지 방식으로 사업을 하는 것이 바로 '다중요소 이익모델'이야. 하지만 바비 인형을 파는 '피라미드 이익모델'은 달라. 피라미드는 기본적으로 서로 다른 고객 집단에게 서로 다른 제품을 팔자는 개념이니까 말이야."

"잘 알겠습니다."

"좋아. 이번엔 호텔을 예로 들어볼까? 호텔 룸이라는 하나의 상품을 가지고 고객들은 여러 가지로 이용하지. 예를 들어, 혼자서 하룻밤을 묵을 수도 있고, 1박 2일 동안 20명이 숙박을 할 수도 있고, 3천 명이 3일 동안 호텔을 빌려 회의를 열 수도 있어. 각각 소요되는 비용과 거기에서 얻는 이익을 생각해 봐. 동일한 호텔 룸이지만 파는 방법은 수십 가지가 있지.

그리고 서점에 대해서도 생각해봐. 서점을 직접 찾아오는 고객, 독서클럽 회원 고객, 온라인 구매 고객 그리고 기업 구매 고객 등 여러 고객들에게 같은 책을 다양한 경로로 팔 수 있어. 각 판매방식은 서로 다른 이익을 내지.

이제 버튼 이야기를 해야겠구먼. 버튼은 내가 경제 연구소에서 일할 때 만난 오랜 친구야. 버튼은 명민하고 내성적이면서도 통찰력 있는 사람이지. 게다가 이 친구는 기업들의 행동을 읽어내는 놀라운 재능을 가지고 있어. 모름지기 최고 경영자가 될 만한 사람이야.

나와 다른 친구들은 버튼을 항상 응원했어. 결국 버튼은 일반적인 최고경영자들도 쉽게 할 수 없는 일을 해냈지. 굉장한 책을 저술했던 거야. 기업의 조직 체계와 수익성의 관계에 관한 책이었어. 버튼은 이 주제를 15년 동안 생각해왔고 케이프코드의 작은 오두막에서 4개월 동안 집필해서 완성했다고 하더군.

버튼은 운이 좋았어. 버튼의 책을 낸 출판사가 아주 열심히 책을 홍보했거든. 책을 홍보하면서 버튼은 서적 판매상들과 체인 소속이 아닌 소규모 개인 서점주들이 모인 자리에서 강연을 하게 되었어. 강연을 들은 몇몇의 서점주들은 버튼의 책에 관심을 가졌어. 자신들 사업에 적용시킬 수 있다고 생각한 거지. 대형서점 체인 때문에 사업이 거의 죽어가고 있어서 빠른 시일 내에 이익을 낼 수 있는 방법을 모색해야 했거든. 그때 마침 버튼의 책이 그들에게 희망을 안겨 준 거지.

서점주들 중 몇 명이 버튼에게 새로운 사업 전략을 세워달라고 부탁했지만 처음에 버튼은 거절했어. 이미 많은 의뢰인이 있어서 감당할 수 없는 상태였거든. 하지만 서점주들의 모임 중 하나인 미드 애틀랜틱Mid-Atlantic 서점연합은 포기하지 않고 계속해서 버튼에게 부탁했어. 정말 끈질겼지. 결국 버튼도 승낙할 수밖에 없었어. 덕분에 버튼은 서적 유통사업의 실상을 좀 더 면밀히 관찰할 수 있게 됐지. 그에게 그건 아주 특별한 경험이었어.

버튼은 코카콜라가 유명해지기 전부터 거의 15년 동안 코카콜라의 전략을 심도 있게 연구했어. 그러면서 버튼은 코카콜라가 다중요소(하나의 제품을 다양한 방식으로 판매하는 방식)를 가지고 엄청난 잠재 이익의 차이를 이끌어 낸다는 것을 알았지. 그는 소규모 개인 서점 사업에도 코카콜라와 똑같은 방식을 적용할 수 있다고 생각했어."

"어떻게 말입니까?"

"버튼은 서점들이 기업, 독서 클럽, 개인을 모두 상대하여 사업할 수 있다는 것을 깨달았어. 그것이야말로 새로운 이익을 창출할 수 있을 거라 생각했지. 몇 달 동안 서점연합과 함께 일하면서 버튼은 서점 외부의 판매 활동을 급격하게 신장시킬 수 있는 프로그램을 개발했어.

사실 아주 간단한 건데, 버튼은 고객 관리자 두 명에게 기업들의 사내 도서관과 인사부서를 방문해서 가장 최근에 출판된 경영 서적을 홍보할 것을 제안했지. 그 다음엔 지역 독서 클럽이 필요로 하는 서비스를 제공하고, 도서 구매를 많이 하는 개인 고객을 상대로 판촉 활동을 하게 했어. 어떻게 보면 너무 뻔한 것이었어. 하지만 서점 주들은 우수 고객들이 1년에 거의 500달러 이상 책을 구매한다는 걸 알고 있으면서도 그 고객들을 대상으로 판매를 끌어올릴 수 있다고 생각하지 못했지. 그런 고객들이 그들 사업의 구성 요소를 형성하고 있는 건데 말이야. 간단하지만 아주 강력하고 효과적인 식견을 버튼이 가르쳐준 거지.

서점연합 회원들이 버튼의 프로그램을 실천한 결과는 상상 이상이었지. 인건비는 고객관리자 두 명에게 주는 임금 8만 달러 이외엔 거의 증가하지 않았고 부동산과 같은 자산이 증가한 것도 아닌데 소규모 서점들이 환골탈태를 했으니 말이야. 간신히 살아남을 정도로 이익을 올리다가 엄청난 이익을 내는 사업으로 변모했지. 다음 수치를 한번 보라고.

이게 3년 동안 일어난 현상이야. 그동안 서점은 200개의 기업고객(기업, 법률 회사, 회계사 등), 100~200개의 독서 클럽, 그리고 500명 이상의 다량 구매 고객들을 확보할 수 있었어. 그 결과 판매 실적이 엄청나게 신장했고 고객 만족도 역시 훨씬 높은 수준으로 상승

	전통적인 모델	전통적인 모델 + 외부판매강화모델
매　출	$10.0	$12.0
비　용	9.9	11.0
이　익	0.1	1.0
이　익　률	1%	8%
자　산	3.0	3.0
자산이익률	3%	33%

＊금액 단위 : 백만 달러

했지. 그리고 고객들이 이미 구매한 책과 구매하길 원하는 책에 대한 정보도 전보다 많이 확보할 수 있었어.

서점주들의 바뀐 모습을 보면 아주 재미있어. 전에는 책을 팔아 간신히 생계를 연명하던 사람들이 이제는 '자 다음 계획은 뭡니까?'라고 물으며 버튼을 쫓아다니게 됐으니 말이야."

"구하라, 그러면 찾을 것이다! 이런 건가요?"

"맞아, 바로 그거야. 열심히 찾는 사람들을 버튼이 도와준 거지. 그 친구는 내성적이긴 하지만 끈기 하나만큼은 정말 대단하거든. 결국 버튼은 역사상 가장 치열한 경쟁에서 서점들이 살아남도록 도와 줬지. 그들을 모두 부자로 만들어 줬어. 이익이 100만 달러라니, 서점같이 작은 사업체에서는 정말 엄청난 액수야."

"그렇다면 버튼 씨는요? 그 분도 많은 돈을 버셨습니까?"

스티브가 말했다.

"글쎄, 버튼은 좀 모차르트 같은 면이 있거든. 아주 창의적이긴 하지만 돈에는 어두워. 자신의 식견을 거의 무상으로 줘 버리지. 그래서 버튼의 부인과 아이들은 미칠 지경이었어. 상상이 가? 하지만 이번에 달랐어. 다 캐롤 우드워드 덕분이었지."

"그 분이 누군데요?"

"캐롤은 작은 서점을 경영하는 서점연합 회원이었어. 고객과 책, 서점을 무척 좋아했지만 경영엔 좀 서툴렀지. 다행히 서점 경영에 필요한 새로운 비즈니스 모델을 버튼이 가르쳐주리란 점은 알고 있었어. 그녀의 '바위로 계란치기(적군의 가장 취약한 허점을 파악하고 그 빈곳에 강한 힘을 집중시킨다는 의미)' 같은 태도로 버튼에게 서점연합의 사업전략을 의뢰했지. 사실 캐롤이 아니었다면 버튼이 서점연합을 도울 일은 없었을 거야."

"바위로 계란치기요?"

"아, 미안. 《손자병법The Art of War》에 나오는 말인데, 그건 나중에 이야기하지. 아무튼 캐롤은 서점연합을 설득해서 버튼에게 사업 전략을 의뢰하자고 맨 처음 나섰던 사람이야. 프로젝트 진행 역시 그녀를 중심으로 진행됐지.

프로젝트를 성공적으로 진행하고 3년 후, 캐롤은 서점주 20명이 모이는 자리를 마련했어. 그 서점주들은 이제 모두 1년에 100만 달러 이상의 매출을 올리고 있었는데 캐롤은 그들에게 놀라운 제안을 했지. '어제 우릴 도와준 버튼에게 10만 달러 짜리 수표를 보냈어요. 사실 나는 여러분 모두가 얼마나 버는지 알고 있어요. 또 10만 달러 정도는 아무 것도 아니라는 것도 잘 알고요. 그러니 여러분도 우릴 도와준 버튼 씨에게 수표를 보내세요. 맹세하는데 안 그러면 제가 가만 있지 않을 겁니다!'라고 했다는군.

다들 항복할 수밖에 없었어. 버튼 덕분에 엄청난 이익을 올리게 된 게 사실이었으니까. 그 다음 주부터 몇 주에 걸쳐 등기우편 20장이 버튼에게 배달됐어. 모두 10만 달러짜리 수표가 들어 있었지. 버튼의 집 분위기가 어땠을지 상상이 가? 생애 최고의 크리스마스를 맞이한 것처럼 그의 부인과 아이들이 무척 기뻐했다지, 아마?"

스티브는 놀라서 말문이 막힐 정도였다.

"정말 일어나기 힘든 일인데……"

"음, 일어날 가능성이 아주 낮지."

"버튼 씨는 어떻게 됐습니까?"

"바로 은퇴했어. 갑작스럽게 쏟아진 수입은 버튼이 버는 봉급보다 훨씬 컸거든. 예전 봉급은 정말 형편없었어."

"버튼 씨가 다른 책도 썼습니까?"

"은퇴하자마자 다른 책을 쓰는데 착수하긴 했지. 하지만 그 책은 결국 끝내지 못했어."

"왜요?"

자오는 어깨를 으쓱거리며 말했다.

"압력을 받지 않으니 결과물도 잘 나오지 않았던 거야. 찰스 디킨스가 쓴 소설 30~40개 중에 제일 좋은 것들은 대부분 마감에 임박해서 쓴 것이라지? 버튼 역시 누군가가 그에게 기대하는 바가 없으니 뭔가를 만들어 낼 수가 없었던 것 같아."

"애석하네요."

스티브가 말했다.

"그렇지 않아, 스티브. 버튼은 은퇴할 만했어."

"아무튼 버튼 씨는 '다중요소 이익모델'을 알아내 잘 적용했고 덕분에 부자가 되었군요. 은퇴 후 안락하고 행복한 생활을 할 수 있을 정도로 말입니다. 그렇다면 이 모델을 어디에 적용시킬 수 있을까요?"

스티브가 질문했다.

"아주 좋은 질문이군. 그게 바로 이번 주 숙제야. '다중요소 이익모델'을 실행할 수 있는 상황 세 가지를 찾아봐. 물론 음료수나 서점은 빼고. 아, 그리고 호텔도 빼는 거야. 알았지?

그리고 읽어올 것도 있어.《확실한 아담스Obvious Adams》[1] 라는 책이야. 1916년에 출간한 오래된 책이지.

사람들은 그 책의 메시지가 구식 같다고 하지만 자네가 명석하다면 절대 그렇게 생각하지 않을 거야. 자, 여기. 내 걸 빌려가게."

"고맙습니다. 그런데, '다중요소 이익모델' 그림은……?"

"아, 그래, 그림."

자오가 손을 뻗어 노트와 은색 펜을 잡았다. 그리곤 빠르게 그림을 그려냈다.

"왼쪽에 있는 커다란 상자가 주력 사업이고 오른쪽에 있는 작은 상자들은 요소 사업들을 말해."

자오는 잠시 동안 생각에 잠겨 자신의 그림을 주의 깊게 살펴봤다.

"자, 스티브 이 모델은 뭘 말하는 건지 한번 이야기 해보겠어?"

스티브는 잠시 생각했다.

"하나의 사업을 구성하는 각 요소의 이익은 현저하게 다를 수 있다는 것입니다."

"고객은?"

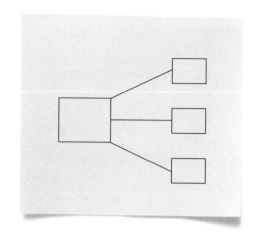

"아, 고객도 제품을 구매하는 상황에 따라 다르게 행동합니다."

"그게 무슨 의미지?"

"그러니까, 제품 가격에 영향을 받는 정도가 모두 다르다는 의미입니다."

"맞았어. 바로 그거야."

자오도 동의했다.

스티브가 자리에서 일어서려 하자 자오가 이를 붙잡았다.

"프랭크와 점심은 어떻게 됐어? '고객 솔루션 이익모델'과 통신 사업에 대해 프랭크와 이야기해봤어?"

"아, 잊어버리고 있었네요. 네, 이야기해봤습니다. 그렇지만 잘 모르겠어요. 아마 그 모델은 통신 사업에는 효과가 없는가 봅니다. 최소한 델모어에서는 안 되는 것 같아요."

"왜 그렇게 생각하지?"

"프랭크가 그러더군요. 마케팅 부서 사람들 말로는 가격을 계속 내리라는 고객들의 압력이 너무 커서 문제를 완전히 해결하려면 서비스를 더 제공할 여력이 없다고……."

"음, 그건 안 좋은 조짐인데."

"통신 사업을 말씀하시는 건가요?"

"아니, 델모어 사를 의미하는 거야."

"그게 무슨 말씀이십니까?"

"델모어의 통신 사업부가 고객 솔루션 이익모델이 됐든 뭐가 됐든 고객이 기꺼이 비용을 지불하게 하는 새로운 이익모델을 구축하지 못한다면 프랭크와 그 동료들은 회사를 떠나게 될 수도 있다는 말이야."

스티브의 눈이 커졌다.

"진심이십니까? 그러니까, 통신 사업은 여전히 성장하고 있잖아요? 그리고 품질이 좋으면서도 가격이 저렴한 통신장비를 팔 시장이 언제나 존재하고요. 기우가 너무 심하신 거 아닙니까?"

"그럴지도 모르지. 하지만 일단 이익이 제로인 영역으로 들어가면 돈을 불리는 건 고사하고 가지고 있는 것도 유지하기 힘들어져. 기초에 금이 가기 시작하면 전체 구조는 상상도 못할 정도로 빨리 무너지지."

자오가 자리에서 일어섰다.

"생각해 봐, 스티브."

수업은 끝났다. 자오가 노트를 책상 서랍에 집어넣었고 스티브는 자오의 사무실을 나왔다. 자오가 한 마지막 말이 스티브의 가슴에 꽉 박혔다.

'이익 제로 지역……. 전체 구조는 상상도 못할 정도로 빨리 무너진다. 이것도 자오가 가진 이익모델의 한 부분일까, 아니면 델모어

에 보내는 메시지일까?'

지하철역에 도달했을 때쯤 스티브는 프랭크에게 월요일 아침이 아닌 바로 그날 오후에 전화하기로 마음먹었다.

'누군가 델모어의 통신 사업부를 새로운 시각으로 살펴볼 시기가 된 것 같아. 그 사람이 누구든 나보다 명석한 사람이었으면 좋겠는데…….'

고객에게 패키지로
제공하라

스위치보드 이익모델

10월 12일. 스티브는 평상시와 같은 시간에 자오의 사무실에 도착했다. 자오는 눈을 감은 채 잠이 든 듯 의자에 기대앉아 있었다. 스티브는 잠시 문가에 서서 목소리를 또렷하게 가다듬었고 자오는 미동도 않은 채 한쪽 눈을 떠 스티브를 자세히 살펴봤다. 잠시 조용한 침묵이 깨지고 자오가 몸을 의자 앞으로 흔들며 밝은 목소리로 말했다.

"어서 와, 스티브!"

자오는 스티브에게 의자에 앉으라고 손짓했다.

"《확실한 아담스》 중 내가 제일 좋아하는 구절을 생각하고 있던 참이었어."

스티브가 싱긋 웃었다. 그 책을 다 읽었기 때문이었다.

"무슨 구절을 제일 좋아하시는지 제가 맞힐 수 있습니다."

"오, 그래? 그럼 한번 말해 봐."

자오가 명랑하게 말했다.

"네덜란드에는 산이 없다."

스티브가 읊자 자오는 탁자를 탁- 치며 껄껄 웃었다.

"맞았어!"

그러고는 둘 다 웃었다.

"물론 확실한 게 언제나 확실하지는 않지."

"무슨 말씀이세요?"

"네덜란드를 알아야 거기에 산이 없다는 것을 알 수 있다는 소리야. 물어보지도 않고 당연히 네덜란드에 산이 있을 거라고 간주하는 사람들이 너무 많다는 거지."

"아, 무슨 말씀인지 알겠습니다."

스티브가 웃으면서 말했다.

"자, 오늘은 '스위치보드 이익모델'에 대해 이야기해보자고."

"스위치보드요? 옛날에 구식 전화를 연결할 때 사용하는 스위치보드를 말씀입니까?"

스티브는 델모어의 통신 사업부가 계속 마음에 걸렸다. 지난주 일요일, 프랭크를 만나 이익 저하를 막기 위해 무엇을 해야 하는지 이야기를 나눴다. 그러나 이야기를 다 마칠 때까지 어떤 해결방안도

내지 못했다.

"아니, 그런 스위치보드가 아니야. 하지만 생긴 모양은 그것하고 비슷하지. '스위치보드 이익모델'은 내가 제일 좋아하는 모델이야. 다른 이익모델에는 없는 우아함이 있다고 할까."

스티브는 자오가 오랜 친구나 대단한 예술 작품을 이야기하는 것 같다고 느꼈다.

"지난 시간에 내 친구 버튼에 대해 이야기했지? 버튼이 코카콜라를 공부하고 있을 때 나는 마이클 오비츠Michael Ovitz를 연구했어."

"할리우드 최대의 에이전시를 경영했던 마이클 오비츠 말입니까?"

"그래. 지금은 마이클 오비츠가 아주 유명하지만 80년대는 그렇지 않았지. 나는 80년대 초부터 그 사람을 연구하고 있었는데 내겐 정말 쉽지 않았어. 연예지를 읽고 LA에 사는 사람들과 이야기를 해야 했거든. 하지만 꾸준히 하기만 하면 그 사람의 행적과 역사를 알아내는 건 문제가 아니지."

"마이클 오비츠가 어떤 일을 했습니까?"

"마이클 오비츠는 TV탤런트와 다른 인력들을 묶어서 TV프로그램 제작사에 소개하는 탤런트 에이전트를 시작했어. 일반적으로 할리우드는 영화를 만들기 위해 좋은 배우와 스텝을 섭외하는 데 공을 들이지. 영화 제작에 투자된 돈으로 섭외에 소요되는 비용을 자신들이 충분히 감당할 수 있기 때문이야. 하지만 TV프로그램은 비용의 압박으로 그런 호사를 누리지 못해. 그래서 에이전트는 주연배우는 물론이고 시나리오 작가, 감독, 그리고 조연배우를 TV프로그램 제작사에 소개해줌으로써 제작사의 섭외비용을 줄여 주지. 이렇게 하면 한 번에 모든 쇼핑을 끝내는 셈이니 에이전트와 그의 고객은 물론이고 제작사도 모두 이득을 보는 거야.

오비츠는 이러한 시스템을 TV 분야에서 완성하고 영화계로 가져갔어. 영화는 TV프로그램과 달라서 적용하기가 꽤 어려웠지만 결국 그 일을 해냈지."

"그러니까 스위치보드란 인력을 하나의 패키지로 묶어서 파는 것을 말하는 건가요?"

"아니, 아니야. 패키지로 묶는 것은 스위치보드를 만드는 첫 번째 단계일 뿐이야. 패키지만으로는 스위치보드에 가장 필요한 힘을 만들 수 없지.

오비츠가 '스위치보드 이익모델'을 만들기 위해 시도한 두 번째 단계는 좋은 스토리를 조달받는 것이었어. TV프로그램이든 영화든 좋은 스토리가 있어야 일이 잘 돌아가거든. 오비츠는 이 업계 기본이 바로 스토리인 걸 간파하곤 좋은 스토리를 공급받을 곳을 찾기 위해서 당시 뉴욕에서 활동하던 저작권 대리인 모트 잰크로우와 친분을 쌓았지. 그는 워낙 잘 나가는 사람이었기 때문에 친분을 쌓는다는 게 절대 쉬운 일이 아니었어. 오비츠는 매주 잰크로우에게 전화를 했지. 무려 1년 동안이나 말이야. 그런 노력 끝에 잰크로우와 인맥을 맺을 수 있었지. 한마디로 금광을 발견한 거였어. 잰크로우의 회사가 유명한 소설가, 언론인 등을 많이 대행하고 있었기 때문에 오비츠는 그들에게서 훌륭한 스토리를 공급받을 수 있게 되었거든.

그렇게 좋은 스토리를 보유하게 되자 영화계의 인력들에게 행사할 수 있는 영향력이 커졌고, 영화계 각 분야의 인력들을 많이 보유하게 되자 제작사에 가하는 영향력도 점차 커지게 됐지."

"어떻게 한 거죠?"

"오비츠는 우선 좋은 스토리를 잘 나가는 배우나 감독에게 보여줬어. 그들이 승낙하면 아이디어에 목마른 제작사에게 그들 전부를 소개하는 거지. 정말 기가 막힌 아이디어야. 정말 대단해."

"그게 스위치보드인가요?"

"아직 아니야."

"세 번째 단계가 있는 겁니까?"

"맞아. 스티브 이제 자네가 한번 맞혀보지그래?"

갑자기 자오는 자리에서 일어나 나가 버렸고 사무실에는 스티브 혼자 남겨졌다.

보아하니 자오는 금방 돌아오지 않을 것 같았다. 스티브는 자오의 질문에 답하기 위해 혼자 생각하기 시작했다. 처음에는 천천히 차분하게 생각하다가 점점 맹렬해졌다. 스티브는 자오의 보조 책상에 놓여 있던 노란 노트를 잡고 생각난 아이디어를 적어내려 갔다. 그러다 모두 지워버리고 다시 뭔가를 적었다. 그렇게 쓰고, 계산하고, 고치기를 계속해서 반복했다.

30분이 지나고, 1시간이 지났다. 스티브는 계속해서 문제에 열중했고 해결책을 곧 낼 수 있을 것 같았다. 처음에는 불확실했지만 점점 더 명확해졌다. 마침내 스티브는 자신이 답을 이해했다고 생각했다. 이제 그는 펜을 천천히 움직였다. '스위치보드 이익모델'이 돌아가는 구조가 눈에 보이는 것 같았다. 그때 자오가 돌아왔다. 손에는 종이 여섯 장을 들고 있었는데 손으로 쓴 메모와 숫자로 가득했다. 자오도 계산을 하고 있던 것이었다.

"답을 모두 알고 계셨던 것 아닙니까?"

자오는 손에 들고 있던 종이를 책상에 내려놓고 몸을 낮춰 의자에 앉았다.

"물론 알고 있어, 하지만 처음부터 다시 계산을 해봤지."

"왜요?"

"때론 선생이 학생과 똑같은 입장에 서는 것이 좋을 때가 있는 거야."

둘은 시선을 마주한 채 아무 말도 하지 않고 한동안 가만히 앉아 있었다. 자오가 말문을 열었다.

"자, 답이 어떻게 나왔는지 들어볼까?"

"스위치보드의 세 번째 단계는 바로 '임계질량'을 넘어서는 것입니다."

"계속해 봐."

"스토리를 공급받을 데가 있고 인력을 하나로 모아 묶을 수 있다는 것은 조절할 변수가 두 가지 밖에 없다는 말입니다. 하지만 '숫자'라는 제3의 변수가 있습니다."

"제3의 변수라……."

"네. 제3의 변수. 아주 열심히 일해서 인력을 하나로 묶을 수는 있겠지만 그렇게 하더라도 시장점유율은 기껏해야 3퍼센트 밖에 되지 않을 것입니다. 하지만 반응을 일으킬 수 있는 숫자, 질량을 갖추면 얘기가 달라지죠."

자오가 조용히 미소를 지었다.

"재미있군."

"전 할리우드를 잘 모르지만 당시 대형 제작사가 아마 10~12개 정도 있었을 것입니다."

"비슷해."

"그리고 연기자, 감독 그리고 시나리오 작가들이 아마 수백 명 있었을 것이고요. 제가 마이클 오비츠이고 영화계 인력을 24명 정도 대행한다고 가정하면, 제작사는 다른 에이전시, 다른 인력이 많이 있기 때문에 굳이 저와 거래를 할 특별한 이유가 없을 겁니다. 제작사 입장에서는 선택의 폭이 넓다고 할 수 있죠."

"그렇지."

"하지만 제가 대행하는 인력이 200명이라면 제작사가 선택할 수 있는 폭은 좁아집니다."

"그게 제작사의 선택에만 영향을 미칠까?"

"아닙니다. 에이전트에게도 적용이 됩니다. 그게 이 이익모델의

장점이죠. 24명보다는 200명일 때, 즉 에이전트가 대행하는 인력이 많으면 많을수록 좋은 인력을 묶어 제작사에 제공할 가능성이 높아지게 됩니다. 연기자, 감독, 작가 입장에서도 인력을 많이 보유한 제가 그들을 대행하는 것이 더 낫겠죠. 그래야 제작사와 계약을 맺을 가능성이 높으니까요. 이게 바로 상승효과죠."

"그 다음에는?"

"제작사도 잘나가는 연기자도 저를 상대해야 합니다. 당연히 저와 일을 하고 싶어 하겠죠."

"그렇다면 상승효과를 가능케 하는 임계질량은 어느 정도나 될까?"

스티브는 자신이 계산하고 메모한 노트에 손을 뻗었다.

"그게 계산하기 힘든 부분입니다. 영화계의 인력 모두를 다 대행할 필요는 없어요. 하지만 몇 퍼센트일 때부터 원하는 대로 일이 돌아갈까요? 3퍼센트는 아닙니다. 10퍼센트도 아니고요. 최대로 잡아보니 영화계 인력의 15~20퍼센트 이상을 보유하기 시작하면 상승효과가 나타날 것 같습니다."

자오가 고개를 끄덕였다.

"좋아, 아주 좋아. 그러면 이익은 얼마나 될까?"

스티브는 그 점을 생각해보지 않았다. 자오는 스티브가 당황했다는 것을 깨달았다.

"조금 있다 보도록 하지."

자오는 그렇게 말하고 다시 사무실을 나갔다. 하지만 이번에는 10분 만에 돌아왔다. 스티브도 새롭게 작성한 노란 노트를 준비하고 있었다.

이윽고 스티브가 말을 시작했다.

"영화 한 편당 500만 달러를 받는 스타 연기자가 있다고 가정해 보겠습니다. 1980년대는 메릴 스트립이나 로버트 레드포드, 1990년대엔 탐 크루즈나 니콜 키드만 같은 배우들이 해당되겠네요. 아마도 감독은 개런티로 150만 달러를 받고 시나리오 작가는 50만 달러 정도를 받을 것입니다. 전통적으로 할리우드에서 에이전트는 스타 1명을 대행할 때 그 스타가 받는 개런티의 10퍼센트를 받습니다. 즉, 50만 달러를 받게 되지요. 오비츠는 감독, 시나리오 작가, 배우들을 묶어서 제작사 측에 제공하기 때문에 그들의 개런티 전부를 합한 1,200만 달러의 10퍼센트인 120만 달러를 받게 됩니다. 예전보다 2배 이상의 수익을 내는 것이죠."

"그게 다야?"

"아니요, 아직 멀었습니다."

자오는 스티브를 바라보며 의자를 바싹 당겨 앉았다. 아주 탁월한 제자를 받아들였다는 생각이 들었다.

"개인이 아닌 하나의 팀을 대행하면 거래할 때의 교섭력이 강해집니다. 그러면 전체 개런티를 1,200만 달러가 아닌 1,500만 달러 아니, 그 이상으로까지 올릴 수 있습니다. 제작사는 대형 스타를 잡으려면 어쩔 수 없이 교섭에 응해야 하니까 말입니다."

"그래서 다음은 어떻게 되는 거지?"

"에이전트가 받는 대행 수수료도 당연히 150만 달러 이상으로 오르니 예전보다 3배 이상 이익을 올릴 수 있게 됩니다."

"흠. 이제 끝난 거야?"

"아니, 더 있습니다. 가장 중요한 요소는 거래를 체결할 확률이 올라간다는 것입니다. 보유하는 인력의 규모가 커질수록 거래 조건에 맞는 인력들을 묶을 수 있는 확률이 올라가게 됩니다. 당연히 제작사와 계약을 체결할 가능성도 올라가죠. 그러면 받는 대행비도 당연히 증가합니다. 특정 기간에 성사되는 계약의 수는 2배 내지는 3배가 될 것입니다."

"그러면 순수익(이익)은 얼마나 될까?"

"예전에 비해 단위시간당 이익률은 아마 7배에서 10배 정도 더 클 겁니다."

"우와 대단하군."

자오의 눈이 커졌다. 스티브는 입이 귀에 걸릴 정도로 크게 웃으며 의자에 앉았다.

'그래! 내가 이 양반을 엄청 감탄하게 만든 거야.'

스티브는 잠시 승리감을 맛보았다. 그때 갑자기 자오가 스티브 쪽으로 자신이 가지고 있던 노란 종이 뭉치를 내밀었다. 스티브는 그것을 집어 살펴보기 시작했다. 종이에는 엄청난 숫자와 메모가 빼곡

하게 들어차 있었다. 놀라울 정도로 명료하고 파악하기 쉬운 메모였다. 스티브는 한 장씩 넘기며 노트에 적힌 사항을 읽어갔다. 읽을수록 승리감에 고조되던 마음이 점차 가라앉았다. 노트를 보면서 스티브는 어떻게 문제를 풀어가야 하는지 깨달았다. 자오는 초기에 알아낸 사실, 논증의 개요, 몇 가지 가정들, 계산 과정, 장단점 분석부터 시작하여, 고려하거나 기각해야 할 옵션, 선택하거나 수정할 옵션들까지 모든 것들을 명료하고 확실한 논리로 서술하고 있었다.

스티브는 책상에 종이를 내려놓고 자오를 처다봤다. 자오는 웃지 않았다. 자신이 건넨 메모가 스티브와 같이 잠재력이 풍부한 학생에게 얼마나 충격적으로 느껴질지 잘 알고 있었다. 자오 역시 살면서 그런 순간을 몇 번이나 경험해보지 않았던가?

"이런 일 때문에 속상해하지 마, 스티브."

자오가 조용히 말했다.

한 15초 정도 침묵이 흘렀다. 스티브가 갑자기 말을 꺼냈다.

"선생님을 따라가려면 몇 달이나 걸릴까요?"

그러나 자오는 아무 말도 하지 않았다.

"아니, 몇 년인가요?"

스티브가 다시 물었다. 자오는 자신이 쓴 여섯 장의 종이를 책상 옆에 있는 쓰레기통에 집어넣었다.

"이건 잊어버려, 스티브. 산꼭대기를 올려다봤자 소용없다고. 그저 자네가 가야 할 다음 단계만 생각해."

스티브는 잠시 자신의 손을 내려다보며 한숨을 쉬었다. 그리고 자오를 바라봤다.

"'스위치보드 이익모델'의 예를 세 가지 들어봐, 스티브."

"음, 그러니까……."

"아니 지금 말고 다음 주까지 해오라는 소리야. 마이클 오비츠 말고 다른 사례 세 가지를 찾아와. '스위치보드 이익모델'을 만들기엔 좋지만 아직 개발되지 않은 기회를 알아내는 게 숙제야.

'스위치보드 이익모델'마다 이익을 만들어내는 과정이 모두 다르니 자네가 찾아낸 세 가지 사례가 각각 어떻게 이익을 발생시키는지 특징을 명확하게 조사하도록 해."

스티브는 열심히 메모했다. 그러자 조금 전 풀이 죽어 있던 기분을 떨쳐 내는데 도움이 됐다.

"그런데, 스티브. 에베레스트 산 높이가 얼마나 되는 줄 알아?"

"8,000미터에서 9,000미터 정도로 알고 있습니다."

"대충 그렇지. 정확하게는 8,847미터야. 어느 누구도 그 높은 에베레스트 산 정상에 곧바로 오를 수 없어. 일단 맨 아래에서부터 시작해야지. 우린 지금 에베레스트 산을 920미터 정도 올라왔어."

스티브는 자오가 하는 말의 속뜻을 이해하고 웃었다.

"하지만 정상에 가까워질수록 길은 점점 더 힘들어지겠죠?"

그 말에 자오도 웃었다.

"스티브는 지금 자신이 제대로 하고 있는지 아닌지 잘 모를 거야.

사실 다들 그렇게 비즈니스를 시작하지. 그게 힘들 줄 알았다면 절대 시작하지 않았겠지. 하지만 모든 것은 시작됐어. 자네는 정상을 목표로 하고 있지. 지금은 첫 번째 단계에만 초점을 맞추자고. 저절로 되는 것은 아니지만 단계를 밟다보면 다른 것은 다 따라오게 되어 있으니까."

스티브는 그 말을 곰곰이 생각했다. 그랬더니 점차 기분이 나아지는 것 같았다. 스티브가 말문을 열어 질문을 했다.

"그림은 어떻게 되나요?"

"아, 그렇지. 그림."

자오가 펜을 쥐고 생각에 잠겼고 사무실 안은 완전히 정적에 휩싸였다. 그러다 갑자기 번개처럼 자오는 노트의 다음 페이지를 넘기고

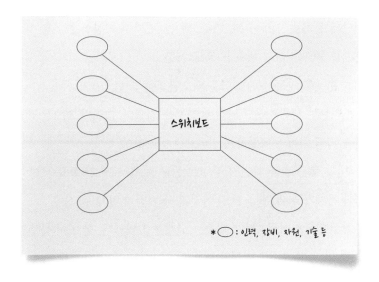

*◯ : 인력, 장비, 자원, 기술 등

펜으로 그림을 슥슥 그려냈다.

"이게 '스위치보드 이익모델'이야. 참, 읽을 것도 알려 줘야지.

이번 주엔 두 권이야. 하나는 오비츠에 대해 스티븐 싱귤러가 쓴 《파워 투 번Power to burn》[2]이란 책이지. 2장 그리고 6장부터 10장까지 읽도록 해"

"다른 책은요?"

"존 앨런 파울로스가 쓴 《숫자에 약한 사람들을 위한 우아한 생존 매뉴얼》[3]이란 책이야. 1장 '예제와 원칙'을 읽으라고. 그냥 읽기만 하지 말고 거기에 나와 있는 수학 문제를 모두 풀어 보도록 해."

"알겠습니다."

스티브는 뭔가 각오한 듯한 어조로 답했다.

"그리고 파울로스가 낸 문제를 보고 그와 비슷하면서 스티브 자네만의 문제를 만들어 봐. 가령, 파울로스가 후지산의 크기를 재는 문제를 냈다면 그와 비슷한 문제, 예를 들면 미시건 호의 물의 양을 재는 문제를 만들어서 그 답을 내오면 되는 거야."

스티브는 당황스럽고 낙심한 표정을 지었다. 그러나 자오는 봐주려는 기색 없이 무표정하게 스티브를 바라봤다.

"내가 무슨 말을 하는지 잘 모르는군. 책을 사서 25쪽을 보면 후지산 문제가 나와. 책을 보면 어떻게 하는 건지 알게 될 거야"

조금 당황스러웠지만 스티브는 고개를 끄덕였다, 할 일이 아주 많을 것 같았다. 그것도 어려운 일들만.

자오도 고개를 끄덕였다.

"맞아, 아주 힘들 거야. 그러니 천천히 하도록 해. 1주일이 아닌 한 달을 줄 테니 충분히 생각해 봐."

그 말에 스티브는 안도감을 느꼈다. 자오가 그런 모습을 보고 얼른 한마디를 덧붙였다.

"스티브, 그 책의 내용은 아주 중요해. 그저 계산이나 삼각법 같은 단순한 산술 문제가 아니지. 이익에 관한 수학이니까 말이야. 그러니 천천히, 충분한 시간을 두고 연구해 봐. 퍼즐이라고 생각하면 아마 재미있을 거야. 오늘 밤부터 바로 시작하도록 해."

"알겠습니다."

스티브는 쓰레기통에 던져져 있는 자오의 메모를 가리키며 물었다.

"저거 제가 가져가도 될까요?"

자오는 잠시 생각하다가 대답했다.

"《숫자에 약한 사람들을 위한 우아한 생존 매뉴얼》을 제대로 공부해 오면 저 메모를 주지."

"좋습니다."

자오는 미소를 지으며 쓰레기통에서 메모 뭉치를 꺼내 책상서랍에 넣었다.

"자, 그럼 한 달 뒤에 보자고."

스티브는 자오에게 인사를 하고 사무실을 나갔다. 이 날 수업은 여태 했던 수업 중 가장 길었기 때문인지 자오는 약간의 피로감을 느꼈다. 자오는 커다란 창문 쪽으로 의자를 돌려놓고 앉아 창문 밖 아래로 펼쳐진 뉴욕의 항구를 바라보았다. 일정하게 불어오는 북동풍 때문에 짙푸른 하늘에는 구름이 빠르게 움직이며 오묘한 색을 만들어내고 있었다. 그 아래로 회색과 녹색이 섞인 바다에는 빛과 어둠이 만들어 내는 파도가 넘실거리고 있었다. 그 장면을 말없이 바라보며 자오는 실력 있는 화가라면 이 광경을 어떻게 그릴까 상상했다. 또 천재화가는 같은 장면을 어떻게 그릴까.

자오가 한숨을 내쉬었다. 하고 싶은 너무나 많지만 다 할 수는 없을 것이다.

'천재화가? 내가 천재적인 선생이 된다면······. 1주일 아니 단 하루라도.'

자오는 앞으로 더 멀리 가야한다는 생각에 힘이 빠졌다. 그러다 자세를 고쳐 앉고 심호흡을 크게 했다.

'5분 전에 스티브가 그랬던 것처럼 우울해져 봐야 의미가 없지.'

경쟁사보다
빨리 이익을 뽑아내라
시간 이익모델

11월 9일. 자오와 스티브가 마지막으로 만나 수업을 한 지 한 달이 지났다. 차가워진 뉴욕의 공기에서 느낄 수 있듯 겨울은 성큼 다가와 있었다. 스티브는 10분 일찍 자오의 사무실에 도착했다. 지난 3주 동안 토요일에 늦잠을 자는 즐거움을 누렸지만, 엘리베이터에 타는 순간 자신이 이 시간을 그리워하고 자오와의 만남을 기다리고 있었다는 것을 깨달았다. 스티브는 조용한 홀을 지나 이제는 익숙해진 자오의 사무실로 들어섰다. 자오 역시 스티브와의 만남을 고대했다는 듯 활짝 미소를 지으며 스티브를 반겼다.

"어서 와! 한 달 만에 다시 보니 참 기쁘군."

자오가 큰소리로 말했다.

"돌아오니 좋습니다."

둘은 따뜻하게 악수를 나눴다.

"알려드릴 소식이 있어요."

의자를 꺼내 앉으며 스티브가 말했다.

"델모어에게 관한 것이겠지?"

"그렇습니다. 지난 시간에 다룬 '스위치보드 이익모델'에 대해 생각해 봤습니다. 오비츠는 배우, 작가, 감독과 같은 서비스 제공자들을 영화 제작사와 연결시키는 이익모델을 만들어냈죠. 전 서비스뿐만 아니라 제품도 그런 식으로 만들어낼 수 있다는 생각을 했습니다."

자오는 가볍게 고개를 끄덕였다.

"그렇게 할 수 있는 제품이 몇 가지 있습니다. 통신장비에도 이 이익모델을 적용할 수 있지 않나요?"

"무슨 말인지 알 것 같군."

"공급업체들로부터 장비와 소프트웨어, 서비스 등을 받아 특정 고객사의 필요에 맞춰 일체를 제공하는 '통신 스위치보드'를 만들 수 있습니다."

"글쎄, 안 될 이유는 없겠지."

"전 충분히 가능하다고 봅니다."

스티브는 흥분한 말투로 빠르게 말을 이어갔다.

"장비 자체를 파는 것뿐 아니라 모든 공급업체들의 제품지식을 꿰뚫고 있는 것만으로도 이익이 발생합니다. 이것을 가장 먼저 알고 움직이는 회사는 최고의 제조업체, 컨설턴트, 소프트웨어사와 계약을 맺음으로써 이익을 창출하는 것이지요. 물론 최고의 전문가가 고객을 상대해야 하고 설치한 시스템들이 항상 최적의 상태를 유지하도록 해야 하고요 그리고 고객에게 판에 박힌 해결책을 내놓기보다는 고객의 니즈를 충족시킬 수 있도록 고객의 비즈니스를 연구해야 합니다. 이 부분은 '고객 솔루션 이익모델'과 약간 비슷하지요. 그렇게 시간을 투자하여 고객의 비즈니스를 연구하고 관계를 돈독히 하면 새로운 서비스를 위한 계약을 체결할 수 있고, 장비를 업그레이드하자는 계약을 따내는 이점이 있습니다. 정말 가능해요. 장담할 수 있습니다!"

자오는 생각에 잠긴 듯 했다.

"스티브, 여러 공급업체에서 장비를 공급받지 않고 델모어가 직접 통신장비를 제작해서 고객에게 납품하면 어떻게 되는 거지?"

"그러면 금상첨화죠!"

"어째서?"

"델모어가 직접 장비를 제작 공급하면 공급업체들이 가져갈 이익을 차지하게 되니까요. 그렇지 않습니까? 이전보다 이익률이 훨씬 좋을 겁니다."

"리스크는 없을까?"

스티브는 잠시 말을 멈췄다. 미처 그 점은 생각해보지 않았다.

"음, 아마도 고객만족보다는 자신들이 직접 만든 통신장비를 쓰도록 고객에게 강요하게 될 가능성이 리스크라면 리스크겠죠."

"아마 그러겠지."

자오도 동의했다.

"하지만 그런 유혹만 이겨내면 됩니다."

스티브가 계속해서 말을 이어갔다.

"그게 '스위치보드 이익모델'을 실행하는 데 따른 대가가 되겠지요."

"맞아, 그 점에 대해서는."

자오도 동의했다.

스티브는 다시 열정적이 되었다.

"제 친구 프랭크 기억하십니까? 지난 2주 동안 프랭크와 저는 선생님이 말씀하신 '스위치보드 이익모델'의 실행방안을 구상했습니다."

그렇게 말하는 스티브의 목소리에는 자부심이 묻어났다.

"그 내용을 월요일 오후에 델컴^{DelCom}(델모어의 통신 사업부)의 경영진 앞에서 발표하려고 합니다."

자오는 무표정한 얼굴로 대답했다.

"그래, 대단하군. 자네의 발표가 어떤 반응을 불러올지 정말 궁금해."

"다음 주에 말씀드리겠습니다."

"음, 그래. 그건 그렇고《숫자에 약한 사람들을 위한 우아한 생존 매뉴얼》은 어땠어? 재미있었어?"

스티브는 낄낄 웃었다.

"재미있었다는 말은 좀 그렇고, 흥미롭긴 했습니다."

"문제들은 어땠지? 쉽게 풀렸어? 예를 들어 후지산 문제 같은 것들 말이야."

스티브는 머리를 절래절래 흔들며 말했다.

"세상에, 그거 정말 희한하더군요. 근사치를 내는 건데도 시간이 많이 걸렸습니다."

자오가 고개를 끄덕였다.

"중요한 것은 답이 얼마나 정확하냐가 아니라 그 답을 내기 위해 자네가 택한 계산방법이야. 어떻게 문제를 풀었지?"

스티브는 노란 종이 뭉치를 주머니에서 꺼냈다. 종이에는 무엇인가가 잔뜩 쓰여 있었다.

"문제는 '덤프트럭을 이용해서 후지산을 옮기는 데 시간이 얼마나 걸릴까?'입니다. 하루에 한 트럭 분량씩 옮긴다면 말이죠. 그러니까 이 문제의 요점은 후지산 규모의 흙과 돌의 양이 얼마 정도인가입니다. 고등학교나 대학교 수업 시간에 나올 만한 문제는 절대 아니죠."

자오가 미소 지었다.

"맞아. 수업시간에 그렇게 재미있는 문제는 나오지 않지."

"그래서 일단 후지산의 높이를 알아보았습니다. 3,776미터 정도더군요. 일단 계산하기 쉽도록 3,700미터로 잡았습니다."

"잘했어. 자릿수를 잘 잡는 건 중요하지."

"인터넷 검색으로 후지산 모양을 살펴보니 기본적으로 아이스크림 콘 같은 원뿔 모양이었습니다. 그리고 좌우가 대칭이었어요. 그래서 원뿔로 가정하고 수학 교과서를 뒤져 원뿔의 부피를 내는 공식을 찾아냈습니다."

"그 공식은 어떻게 되지?"

"파이(π)가 들어가는 것 같았는데 기억이 잘 안 납니다. 필요하다면 그 공식을 다시 알아보겠습니다."

자오는 인정한다는 표시로 고개를 끄덕였다.

"좋아, 아주 좋아."

스티브는 자신의 계산을 자오에게 낱낱이 보여줬다. 그는 건설회사에 일하고 있는 고등학교 동창에게 전화해서 덤프트럭 1대가 실을 수 있는 흙의 평균 분량을 물어봤다. 답이 나오는데 시간이 걸리긴 했지만 문제는 곱하고 나누기만 하면 되는 너무나 쉬운 문제였다.

"자, 그래서 이 문제를 풀면서 무엇을 배웠어, 스티브?"

자오가 마지막으로 물었다.

"트럭으로 옮기려면 8,000년 정도 걸린다는 사실은 빼고 말이죠?"

"그래, 그 사실은 빼고."

스티브는 잠시 생각했다.

"아주 희한한 계산 문제를 일반적이면서도 상식적인 방법으로 풀 수 있다는 사실을 배운 것 같습니다."

"괜찮은 교훈을 배웠군. 숫자를 빨리 다룰 수 있는 것은 아주 중요해.《숫자에 약한 사람들을 위한 우아한 생존 매뉴얼》에는 그 이상의 것이 들어있어. 바로 숫자를 사용하는 습관을 들여야 한다는 거지.

정말로 후지산을 옮겨야 하는 상황이라고 생각해 봐. 트럭을 사용하는 것이 실용적인 방법일까? 그 일을 감당할 만큼의 트럭과 운전기사가 충분히 있을까? 비용은 얼마나 들까? 그리고 옮긴 흙은 어디에 두지? 스티브, 이 습관을 들여놓으면 자네가 알고 있는 기본적인 정보와 지식으로 이런 질문들에 별다른 어려움 없이 답할 수 있을 거야.

그럼, 이제 이런 문제들을 비즈니스의 상황으로 가져와 보자고. 사업계획, 신제품 출시, 투자, 마케팅 캠페인, 인력관리 프로그램을 수립할 때 이런 방식의 사고를 이용하는 사람이 과연 얼마나 될까?

많은 사람들이 사업 계획서를 작성할 때 몇 번 계산도 하지 않고 뚝딱 만들어 내지. 언뜻 보면 그럴듯해 보이지만 엉터리인 경우가 많아. 나도 그런 실수를 저지른 적이 몇 번 있어서 잘 알지.

《숫자에 약한 사람들을 위한 우아한 생존 매뉴얼》을 계속 읽고 고민 좀 해보라고. 그리고 그 원칙을 적용할 방법을 찾아봐. 세상의 모든 걸 측정할 수 있다는 것은 우리가 알아낸 가장 중요한 기술 중 하나라고 할 수 있으니까.

이 이야기를 하니 내가 좋아하는 계산의 귀재가 생각나는군. 테리 앨런이라는 여성인데, 그녀는 대학을 졸업하자마자 워터스톤 브라더스^{Waterstone Brothers}사에서 일을 했어."

자오는 자신의 의자에 몸을 기대고 천정을 바라보았다. 이야기 내용을 모두 기억해 내려 깊은 생각에 잠겼다.

"워터스톤에 대해서 좀 알아?"

"투자 은행 아닙니까?"

"맞아. 작지만 아주 잘 나가는 은행이지. 이곳에 있는 사람들은 놀라울 정도로 혁신적으로 움직이는 수완 좋은 금융가들이야. 테리 역시 그런 사람이고 그 은행에 적격인 사람이지. 의욕이 왕성하고 자신감도 강해. 힘든 일도 마다하지 않고 말이야.

테리가 워터스톤에 입사하고 처음 1년 동안은 진행되고 있는 거래들에 대해 기본적인 계산업무를 맡았지. 재능이 있었고 일도 매우 잘했지만 테리 자신은 그 일이 참을 수 없이 지루하다고 느꼈어. 그래서 문서 파일들과 그것에 첨부된 스프레드시트까지 모든 걸 정리하는 시스템을 만들어 작업 시간을 반으로 줄였지. 계산업무 이외의 다른 업무를 익히고 싶어 했거든. 결과적으로 테리는 회사의 업무 전반을 파악할 수 있는 시간을 얻게 되었고 투자 사업과 이익 창출 방법을 배울 수 있었어. 동시에 그녀는 부서를 옮기기 위해 끊임없이 노력했어. 마침내 테리는 금융상품 개발팀으로 발령을 받았지.

그 팀은 규모가 작았지만 아주 능력이 좋은 팀이었는데 거의 10개월에 한 번씩 굉장히 혁신적인 금융상품을 내놨어. 테리는 그 일을 정말 재미있어 했고 다양한 아이디어를 내면서 열심히 일했지.

테리도 처음엔 바로 알아차리지 못했지만 업계가 어떻게 돌아가는지 살펴보니, 워터스톤이 내놓은 신상품들을 대형 투자 은행들이 그대로 카피한다는 사실을 알게 되었어. 워터스톤에서 신상품을 출시한 후 보통 9개월에서 12개월이 지나면 표절행위가 발생했거든. 테리는 자신의 팀이 만들어 놓은 아이디어를 다른 회사가 홀라당 가져가 버리는 것을 참지 못했지. 그녀는 워터스톤 브라더스를 설립자 중 한 명인 허브 워터스톤Herb Waterstone을 찾아가 이의를 제기했어.

'대형 투자 은행들이 우리를 따라 하지 못하게 할 수 없나요?' 그러자 허브는 어깨를 으쓱하며, '이것 봐 테리. 디즈니는 저작권을 가지고 있고 머크Merck & Co. Inc.(미국의 의약품 제조 회사)는 특허권이 가지고 있어. 하지만 우리에겐 아무것도 없다고. 금융상품이나 금융서비스에는 저작권이나 특허권이 없단 말이야. 우린 그저 정글의 법칙을 따를 수밖에 없어.' 라고 말했지. 그러자 화가 난 테리는 재차 따져 물었어. '그럼, 우리가 계속해서 신상품을 개발해야 하는 이유가 뭡니까?' 허브가 대답했지. '그야, 다른 금융 회사가 따라 하기 전에 우리가 돈을 긁어모을 수 있기 때문이지. 가끔은 장기 고객을 새로 얻게 되기도 하고 말이야.'

테리는 허브와의 대화 후 마음이 어지러웠어. 그런 상황을 바꿀 방법이 있을 거라고 생각했지.

2주 후 테리는 자신이 세운 계획을 경영진에게 선보였어. 테리의 계획은 획기적인 것이었고 워터스톤도 그것을 지지했어. 테리는 자기 팀을 불러들여 그 계획을 실행에 옮겼지. 처음 실행할 때는 모두들 짜증스러워했지만, 두 번째엔 처음보다 나아졌고 세 번째에 아주 원활하게 돌아갔지."

"무엇을 어떻게 한 겁니까?"

"음, 테리는 먼저 워터스톤이 인텔Intel사와 같은 방법으로 돈을 번다는 점을 알아냈어."

자오는 노트에 간단히 그림을 그렸다.

스티브는 그림을 열심히 들여다보면서 델모어의 마이크로칩 사업을 떠올렸다.

"그러니까 인텔이 새로운 칩에 투자를 하고, 맨 처음 시장에 선보여 돈을 버는 방식을 의미하는 건가요?"

자오가 고개를 끄덕였다.

"기본적으로는 그래. 그게 바로 '시간 이익모델'이지. 다른 점이 있다면 인텔은 새로운 기술로 신제품을 만들면 그것으로 2년에서 3년 동안 이익을 거둬들일 수 있는 반면, 워터스톤은 6개월에서 9개월이란 시간 밖에 없다는 것이야. 그래서 테리는 이익을 즉시 거둬들일 수 있는 프로그램

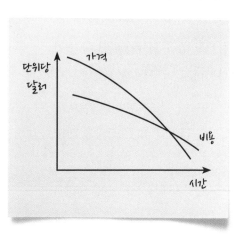

을 실시해야 한다고 주장했지. 다른 회사에서 비결을 알아내기 전에 뽑아낼 것을 가능한 빨리 뽑아내자고 말이야. 테리는 이것을 가능하게 할 정교한 프로그램을 만들어 냈어.

그건 바로 신상품이 나온다는 걸 고객들에게 신속히 알리는 것이었어. 신상품 발표를 하기 2주 전 워터스톤은 200명의 고객에게 편지를 보내 신상품 출시를 알렸어. 그리고 1주일 전에 다시 전화를 해 '다음 주 월요일에 새로운 상품이 나옵니다.' 하고 광고를 했지.

목요일 저녁에 되면 전 직원을 상대로 신상품에 대한 교육을 실시했어. 아주 상세한 부분까지 모두 다루는 코스였지. 교육은 금요일 아침까지 계속됐고, 교육 중간에 참가자들이 제기한 문제는 그 날 오후까지 반드시 분석하여 답변해야 했어. 토요일 아침에는 이 교육을 한 번 더 실시했고 말이야. 참가자들은 주말 내내 계속된 교육 덕분에 자면서도 신상품을 설명할 수 있을 정도였지.

월요일 아침이 되자 고객들의 전화가 쇄도했고 그 주 주말까지 50~60건 정도의 문의가 들어왔어. 2주 동안 문의 건수는 100건을 넘어서게 되었지.

이런 식으로 세 번을 반복하자 모든 시스템은 완전히 틀이 잡히게 됐고 엄청난 효과를 가져왔어. 은행이 미어터졌지. 과거 워터스톤이 매출로 3,000만 달러, 이익으로 1,500만 달러를 벌어들였다면 이 새로운 '즉시 환수' 프로그램 도입 후엔 매출이 1억 달러, 이익은 7,000만 달러까지 급증했어. 이것이 바로 '시간 이익모델'이야.”

"테리란 사람 정말 대단하군요."

"더 중요한 점은 테리가 꾸준한 집념으로 고집 있게 일을 추진했다는 거야."

"그게 무슨 말이죠? 회사에서 테리의 시스템을 반대라도 한 건가요?"

"아니, 아주 좋아했어."

"그러면 고객이나 경쟁사에서 이의 제기를 했나요?"

"아니."

"그러면 뭐가 문제였던 겁니까?"

"권태감."

"권태감이요?"

"그래, 직원들의 권태감이야말로 테리가 추진한 프로그램에 가장 큰 장애물이었어. 레이켐 사Raychem Corporation(미 타이코 인터내셔널Tyco International의 하이테크 산업 부분을 관장하는 회사. 주로 항공, 우주와 핵기술 부분에 주력한다)의 회장 폴 쿡Paul Cook이 가장 잘 설명했지."

자오는 책상 서랍을 열어 스테이플러로 찍은 얇은 서류를 꺼냈다. 두어 페이지를 뒤로 넘기고 두 단락에 커다랗게 원으로 표시하여 스티브에게 건네주었다.

"스티브, 책을 몽땅 다 읽는 것보다 여기 두 단락을 읽는 것이 훨씬 더 값져. 돈이 어디에 있는지 설명하고 있거든."

스티브가 그 페이지를 읽었다.

혁신에서 승자와 패자를 가르는 것은 누가 지겨운 고역을 끝까지 해내는가 하는 것에 달렸다. 창조적인 변화는 보통 멋진 아이디어에서 시작한다. 그 아이디어가 실제로 효과가 있다면 사업의 관점에서 현실화할 가치가 있는지 살펴보고 판단해야 한다. 이것은 아주 즐거운 작업이다. 아마 가장 머리를 많이 써야 하는 단계이면서 가장 쉬운 단계일 것이다.

이 단계가 끝나면 진짜 일이 시작된다. 즉 아이디어를 실천에 옮기는 단계다. 바로 여기가 혁신에서 가장 어려운 단계이다. 이 단계에선 사람들에게 강도 높은 압력을 넣는 동시에 격려를 해야 한다. 그래야 열정을 가지고 새로운 아이디어를 실제적인 그림으로 그려내는 작업을 해낼 수 있다. 하지만 그래도 그 창의적인 아이디어를 제조 가능한 제품으로 만들어 내는 데에 매우 힘겨워 할 것이다. 바로 이때가 팩스와 전화를 사용할 시간이다. 그리고 엔지니어들과 고위 경영진이 함께 머리를 맞대고 논의해야 할 때이다. 또한, 당신이 CEO라면 새로운 제품의 개발 과정만큼이나 제조비용, 판매, 품질에도 관심이 많다는 것을 보여줘야 할 때이다.

스티브가 읽기를 마치자 자오가 말을 이어갔다.

"놀라운 사실은 세상에서 가장 싫증을 잘 내는 사람 중 하나인 테리 앨런이 프로그램의 세부 사항을 모두 고안해냈고, 관련된 사람들 모두를 직접 설득했다는 점이야. 그리고 처음 두 번에 걸친 파일럿 테스트에서 수많은 오류와 개선점이 지적됐음에도 자신의 프로그램을 고수했다는 점이고. 그녀는 직원들의 권태감을 보기 좋게 날려 버렸어.

"테리는 엄청난 보너스를 받았겠네요.

그러면 인텔의 '시간 이익모델'을 배워 효과적으로 적용한 사례가 워터스톤 말고 또 있습니까?"

"극히 드물어."

"인텔과 같은 반도체 산업에서는 어떻습니까?"

"1,500억 달러 규모인 반도체 산업 분야에서 인텔에 비견할 만한 규모의 단일 사례는 생각해낼 수가 없어.

어떻게 보면 참 아이러니하지. 반도체 회사들은 서로 칩은 모방해도 비즈니스 모델은 배우려 하지 않으니까 말이야."

"정말 놀랍네요. 하지만 향후 5년 내에 다른 업체들이 인텔의 비즈니스 모델을 따르려고 하지 않을까요?"

스티브는 그게 궁금했다.

"나도 그럴 거라 생각해."

"그렇다면 인텔이 뭔가 조치를 취해야 될 것 같아요."

"분명히 그렇겠지. 아마 이미 시작했을 거야."

자오가 잠시 말을 멈췄다.

"다음 주에는……."

"네, 압니다, 알아요. '시간 이익모델'을 이용하는 예 다섯 가지를 조사해 오라는 말씀이시죠?"

"그래, 맞아."

자오가 싱긋 웃었다.

"못 찾으면 어떻게 하죠?"

"그러면 '시간 이익모델'을 앞으로 어디에 적용하면 좋을지 알아 오도록 해."

"잘 알겠습니다. 아, 그리고 읽기 숙제는요? 앤디 그로브^Andy Grove(인텔의 창업주이자 전 회장)가 쓴 책은 없나요?"

"물론 앤디 그로브는 여러 책을 썼지. 읽어 볼만한 책으로《편집 광만이 살아 남는다^Only the Paranoid Survive》가 있지만 이번 주 읽기 숙 제는 그게 아니야. 여기 폴 쿡과의 인터뷰를 가져가도록 해."

자오는 인터뷰 내용을 스티브에게 내밀었다.

"금방 읽을 수 있을 거야. 그럼, 다음 주 토요일에 보도록 하지.

아, 통신 사업부에서 하기로 한 발표가 잘 되길 빌어."

자오는 의자를 돌려 책상 뒤 식기장에서 파일 더미를 꺼내 훑어보 며 무언가를 찾기 시작했다. 스티브는 그런 자오를 바라보며 한동안 움직이지 않았다. 그러다 낮게 헛기침 소리를 한 번 냈다.

자오가 고개를 돌리고 스티브를 바라보며 물었다.

"안 가고 뭐해?"

"그러니까, 지난번에……."

그러다 스티브가 말을 멈췄다.

"뭐?"

자오가 약간 재촉하듯 물었다.

"선생님이 '스위치보드 이익모델'에 대해 필기하신 메모, 기억하시죠? 제가 《숫자에 약한 사람들을 위한 우아한 생존 매뉴얼》의 문제를 풀어오면 필기하신 노트를 제가 가져도 좋다고 하셨잖아요."

자오는 얼굴을 찡그리다가 웃으며 말했다.

"아, 그랬지. 가만있자 그게 어디 있더라……."

자오는 책상 서랍에서 그 메모를 찾아 스티브에게 건네줬다.

"그런데, 스티브. 거기에 너무 많은 시간을 쏟지 않도록 해. 앞으로 해야 할 게 많으니 말이야. 내 방식이 아닌 스티브 자네의 방식으로 문제를 풀어야 한다는 것도 잊지 말고."

스티브는 벌써 문 밖으로 몸이 반쯤 나간 상태였다.

"저도 압니다. 하지만 화가 지망생이라면 모름지기 피카소의 그림 한두 점 정도는 똑같이 그려보고 싶은 게 아니겠어요? 평생을 피카소랑 똑같은 그림을 그리고 싶지 않더라도 말입니다."

그렇게 말하고 스티브는 자리를 떠났다.

스티브의 말에 자오는 아주 잠깐 움찔하고 놀랐다. 그러다 갑자기 웃음을 터뜨렸다.

'똑같이 그려 본다, 그래. 그건 좋아. 하지만 피카소라고? 그건 아
니지……'

될 만한 하나의 프로젝트로
승부를 걸어라

블록버스터 이익모델

11월 16일. 여느 때와 마찬가지로 자오는 고갯짓으로 스티브에게
들어오라는 신호를 보냈다.

"어떻게 됐지?"

자오가 스티브에게 물었다.

"뭘 말씀하시는 건지……."

"통신 사업부(델컴)에서 '스위치보드 이익모델'을 발표를 한다고
그랬잖아. 그게 어떻게 됐지?"

스티브는 얼굴이 화끈 달아올랐다. 월요일 오후에 있었던 회의
를 잊으려고 한 주 내내 애를 썼는데 자오가 그것을 상기시켜준
것이다.

"별로 좋지 않았나 보군. 맞아?"

자오가 물었다.

"그 사람들은 제가 무슨 말을 하는지 전혀 이해하지 못했습니다!"

스티브는 화가 난 목소리로 대답했다.

"그게 무슨 말이야?"

자오는 다시 물었다. 스티브가 머리를 흔들었다.

"그 사람들이 저에게 던진 질문하며, 말한 것들! 어찌나 시야가 좁던지…… 델컴 총괄 사장은 폴 코즈로우스키인데, 그 사람은 정말 최악이었어요! 그는 '왜 우리가 유통업에 뛰어들어야 하지?'라고 계속해서 물었습니다. '뭐 하러 유통업체들과 경쟁을 해야 하지? 그럴 경우 그들과의 관계가 어떻게 될지 알고나 있는 거야?'라고 저를 몰아붙였습니다. 그는 델컴이 단순한 공급업체에서 벗어나 사업 자체를 소유했을 때 얻을 이익을 전혀 보지 못하는 것 같았어요."

"그래서 그 질문에 어떻게 대답했어?"

스티브는 어깨를 으쓱해 보였다.

"저도 모르겠어요. 프랭크와 저는 허를 찔린 듯한 느낌이었습니다. 완전히 새로운 사업을 할 기회가 주어졌는데 유통업체들의 눈치나 보다니 말이 됩니까? 그러는 사이 델모어의 주가는 계속해서 떨어질 텐데 말이죠."

"지난주에 또 2포인트가 떨어졌지."

자오도 스티브의 말에 동의했다.

자오는 잠시 아무 말도 하지 않았다. 그러다 조용히 입을 열었다.

"스티브, 총괄 사장이 한 질문이 아주 흥미롭군. 그 질문을 좀 더 생각해 보는 것이 어때?"

스티브가 불만스러운 투로 대답했다.

"혹시 선생님도 총괄 사장과 같은 생각이신가요?"

자오가 고개를 끄덕였다.

"나 역시 그렇게 생각해. 그리고 사실 그 질문들은 이익모델에 변화를 주기 전에 심각하게 고려해봐야 할 수많은 의문사항 중 일부일 뿐이야."

"하지만, 아니 선생님 생각은 어떠신데요? '스위치보드 이익모델'이 통신 사업에도 효과가 있을 거라고 생각하지 않으십니까?"

"효과가 있을 수 있지. 하지만 현재 매출의 100퍼센트를 제공하는 유통업체를 화나게 하면서까지 '스위치보드 이익모델'을 개발해야 하는지는 생각해봐야 해."

"흠, 그렇게 말씀을 하시니 조금 알겠습니다. 섣불리 생각할 게 아니군요."

스티브도 시인했다.

자오는 거기서 멈추고 않고 계속 말을 이어갔다.

"고객들 입장에서도 자신이 구매하는 모든 통신장비를 델모어가 공급하길 원할까?"

"음, 델모어가 최고의 업체에서 최고의 장비를 받아 최고의 구성으로 공급한다면⋯⋯."

자오가 고개를 절레절레 흔들었다.

"그렇다면 포춘 500대 기업에 들어가는 대형 고객들이 직접 장비를 만든다고 한다면 무슨 수로 그걸 막을 수 있을까? 아니면 델모어의 자회사처럼 종속 관계가 아닌 독립적인 컨설팅 회사를 고용해서 그 일을 하려 한다면 어떻게 하겠어?"

"할 수 있는 게 없을 것 같습니다. 하지만 델컴이 빠르게 움직여서 업계에서 유리한 고지를 선점한다면 고객들은 델컴을 우선적으로 선택하지 않을까요?"

"그럴 수도 있지. 오비츠는 독특한 인적자원을 잘 연결해 자신만의 스위치보드를 만들었어. 그렇게 영화 제작에 필요한 우수한 인력 그룹을 만들어 영향력을 행사했지. 델컴이 오비츠의 경우와 비슷하게 통신 업계에서 누구나 인정할 만한 우수한 품질과 네트워크 능력을 갖추고 있어?"

"음, 델컴의 기술진은 아주 우수합니다. 그리고 장비도 업계 최고 수준을 자랑하고요."

"아니, 사람들이 통신 업계 최강자로 즉각 델컴을 꼽을 정도로 좋으냐고?"

"그 정도까지는 아닙니다. 우리랑 비슷한 수준의 업체도 있으니까요."

"그럼 델컴이 통신 연구 분야의 최고 인재를 모두를 보유하고 있어?"

스티브는 고개를 가로 저었다.

"아니요, 그렇지 못합니다."

"델컴이 원하기만 하면 시장을 점유할 수 있는 거야?"

스티브는 아무 말도 하지 못했다. 그러다 결국에는 항복했다.

"그렇다고 말하기 어렵지요."

"델컴 사업팀이 당신의 아이디어를 무시했어, 스티브?"

"노골적으로는 아니었습니다. 연구해 보겠다고 하더군요. 하지만 분위기는 그리 긍정적이지 않았습니다."

그러면서 스티브는 한숨을 쉬었다.

"스티브, 그 일로 뭔가 배운 게 있는 것 같은데?"

"네. 어떤 계획을 제안하기 전에 좀 더 완전을 기하는 게 좋다는 것을 배웠죠."

스티브는 의기소침해져 작은 소리로 대답했다

"그래, 그게 맞는 것 같군. 그리고 같이 일할 사람들의 입장에서도 고려해보도록 해."

자오가 부드럽게 말했다.

"사업하는 사람들 대부분은 어떤 결정을 내리기 전에 여러 가지 사실을 수집해. 명석한 젊은이가 좋은 아이디어를 가져왔다고 해서 그 자리에서 무조건 받아들이거나 거절하지는 않아."

"무슨 말씀이신지 알겠습니다."

스티브가 고개를 끄덕였다.

"자 그럼, 오늘의 수업을 시작해 볼까."

그러면서 자오는 책상 서랍에서 눈에 익은 노란 노트를 꺼내 단어 2개를 써 스티브에게 보여줬다.

"마크 게론^{Marc Geron}."

스티브는 그것을 소리 내서 읽었다.

"아니, G자를 부드럽게 발음해야 해. 불어 gendarme의 g같이. 아니면 g가 아닌 zh라고 생각해. 내 이름처럼 말이야."

"제론^{Zheron}. 이 사람이 누굽니까?"

"나에게 '블록버스터 이익모델'을 가르쳐 준 사람이야."

스티브는 기다렸다. 그도 자오에게서 침묵을 사용하는 법을 배우기 시작했다. 자오는 이를 알아차렸지만 한동안 아무런 말도 하지 않고 있었다. 마침내 자오가 입을 열었다.

"마크는 스위스의 다국적 제약회사의 미국 제조업체를 담당하고 있었는데 그 회사는 아주 엉망이었지. 그는 나에게 도움을 요청했어. 우리는 대단히 중요한 프로젝트 두 가지를 함께 진행했고 그러다가 친구가 됐지.

마크는 진정한 지식을 습득하고 수익성을 공부하는데 열정적이었어. 그 친구의 목표는 아주 간단했지. 자신의 분야에서 가장 수익성이 높은 관리 체제를 구축하는 것이었어. 바로 '블록버스터 이익모델'인데, 이건 그의 세 번째 모델이었지. 그렇다고 마크가 개발했다는 말은 아니야. 사실 이익모델을 만들어 낼 수 있는 사람은 거의 없다고 봐야겠지. 중요한 건 마크가 블록버스터 이익모델을 완성했다는 거야."

"완성이라니요? 그가 처음 시도한 두 가지 모델은 '블록버스터 이익모델'이 아니었나요?"

"그 두 가지는 '품질 개선 이익모델'과 '사기진작 이익모델'이었어."

"네? 다시 말씀해 주시겠어요?"

"일단 들어봐. 나는 마크가 경영을 맡게 된 제약 제조업체가 어떻게 돌아가는지 살펴봤어. 마크와 나는 뭐가 뭔지 도저히 알 수가 없었지. 분명히 문제가 있긴 한데 그걸 어떻게 해결해야 할지는 도통 알 수 없었어. 그래서 처음 5개월 동안은 문제를 가지고 줄곧 씨름을 했지. 그렇게 해서 얻은 답은 바로 품질, 좀 더 구체적으로 말하면 '예방 조치'라고 부르는 것이었어.

좀 더 구체적으로 말해볼까. 마크와 나는 27단계의 제조 공정을 살펴보고 연구했어. 자세히 살펴본 결과, 문제를 1단계나 2단계에서 해결할 수 있으면 8, 9, 10 그리고 그 이상의 단계에서 엄청난 돈을 절약할 수 있다는 사실을 깨달았지. 그리고 그 효과는 엄청났어. 제론은 영국과 프랑스에 있는 제조업체에도 똑같이 품질 개선 이익모델을 적용해서 제약회사의 성과를 크게 호전시켰지.

그렇게 유럽 내 제조업체의 문제점을 모두 해결하고 나서 제론은 다시 미국으로 돌아왔어. 제약회사가 제론에게 미국 영업조직의 문제를 해결하라고 했거든. 제론은 나에게 도움을 요청했지. 그렇게 우린 다시 만나 일을 하게 됐어.

두 번째 문제 역시 난관의 연속이었어. 문제가 무엇이고 어떻게 해결할지를 알아내는 데 몇 달이 걸렸으니까 말이야. 하지만 결국 해내고야 말았지. 그때 적용한 모델이 바로 '사기진작 이익모델'이었어.

우린 영업력에 관한 조사를 상당히 자세하게 했어. 상황을 모두 파악하는 데 두 달 정도 걸렸으니 거의 모든 문제를 알아냈다고 해도 과언이 아니었지. 마크는 불필요한 영업사원들을 해고하고 남은 인력을 전문가 그룹으로 재편했어. 그들이 의사결정을 내릴 때 도움이 될 만한 정보를 다양하게 제공했지. 가장 주목할 만한 변화는 영업사원들이 받는 급여의 변동 폭을 15퍼센트에서 50퍼센트로 바꾼 것이었어."

스티브가 중간에 끼어들었다.

"영업 실적이 우수한 사원은 봉급을 많이 받고 그렇지 못한 사람은 적게 받는 식으로요?"

"맞아. 좀 위험한 면이 있기는 하지만 확실히 효과가 있었어. 1년 후 다시 조사를 했더니 영업 실적이 엄청나게 신장하는 결과가 나왔으니까. 새로운 급여 체계가 한 몫을 한 거지. 마크는 완전히 회사의 영웅이 됐어.

마크가 미국에서 영업조직의 문제를 해결하던 시기에, 그는 연구개발 부문에도 깊은 관심을 보였지. 마크는 연구개발 부문이 돌아가는 방식을 보며 항상 의아해 했는데, 연구개발 부분엔 항상 진행 중인 프로젝트가 많이 존재했고 앞으로 진행해야 할 프로젝트도 계속해서 쌓이고 지연되기 때문이었어. 게다가 개별 프로젝트에 대한 세부 정보는 취합되지 않았고 프로젝트들은 그다지 차별점이 보이지 않았으니 합리적이지 못하다고 생각했지.

마크는 연구개발 프로젝트들에 대한 자료를 읽으면 어떻게 하면 잘해 나갈 수 있을지를 고민하기 시작했어. 마크와 나는 머크, 디즈니 그리고 글락소GlaxoSmithKline(영국의 다국적 제약회사)를 중점적으로 연구하면서 차근차근 퍼즐을 풀어나갔지. 점점 엄청난 이익을 낼만한 새로운 제품, 즉 '블록버스터'를 만들기 위해 필요한 것이 무엇인지 가닥을 잡을 수 있었고 마크도 자신만의 블록버스터를 계획하기 시작했어.

3년쯤 지나고 드디어 마크도 자신만의 '블록버스터 이익모델'을 만들 만한 시기가 왔다고 생각했어. 마침 에그리 캠Agri-Chem이라는 제초제와 살충제를 제조하는 사업 부문이 발족했고, 마크는 본사를 상대로 로비를 하기도 하고 아부도 하는 등 모든 수단을 동원해서 에그리 캠을 맡고 싶다고 어필했지. 결국 스위스 본사는 마크에게 새로운 사업 부분을 맡도록 지시했어. 그렇게 우린 세 번째로 함께 일하게 됐지.

세 번째로 만났을 때, 그는 내가 알던 예전의 마크가 아니었어. 오랫동안 제조업과 영업 인력을 관리하면서 많은 변화가 있었으니 그럴 만도 했지. 무엇보다 마크는 예전과는 비교할 수 없을 정도로 자신감이 커졌는데, 같이 일하는 것이 기대되고 기쁠 정도였어. 사실 그 자신감이 없었다면 최악의 조건에서 블록버스터를 만들 수 없었을 거야"

"최악의 조건이요?"

"마크가 에그리 캠을 맡았을 때 여기저기 문제가 있었어. 재정 상태는 괜찮은 편이었지만 신제품 생산 라인은 엉망이었어. 설상가상으로 연구개발 프로젝트를 관리하는 프로세스도 문제였고, 수익성 높은 프로젝트와 이익을 갉아먹는 프로젝트를 구별하는 과정 역시 전혀 이뤄지지 않았어."

"이익을 갉아먹는 프로젝트라고요?"

"그래. 연구개발 프로젝트의 대부분은 이익을 갉아 먹거든."

"어째서요? 어떤 프로젝트가 잘 되고 어떤 프로젝트가 잘 안 될지 알아내지 못해서 그런가요?"

"아니, 불확실성을 말하는 게 아니야. 모든 연구개발 프로젝트가 목표를 달성하지는 못해. 그것은 불가피하지. 연구개발 프로젝트를 진행할 때 확실한 목표가 없거나 목표를 잘못 잡으면 '이익을 갉아먹는' 프로젝트가 되어 버려. 그런 프로젝트들은 개발하더라도 제품에 대해 고객이 대가를 지불하지 않거나, 투자한 돈에 비해 터무니 없이 적은 돈이 들어오거나 하지.

마크는 이 모든 문제를 해결하려고 노력했어. 덕분에 사람들의 반감을 사기는 했지만 별로 개의치 않았어. 마크에게 큰 그림을 그리는 게 더 중요했으니까. 결국 6주 안에 연구개발 부분을 접수했지."

"접수했다니, 마크의 방식으로 사람들을 끌어들였다는 건가요?"

"맞아. 사실 마크는 다양한 방식으로 자신의 주장을 펼치는데 능했어. 회의 시간이나 장소를 바꾸기도 하고 참석하는 사람들이나 필요한 보고서의 목록을 바꾸기도 하면서 누가 보스인지를 사람들에게 확실하게 인지시켰지.

일단 이렇게 리더십이 확립되자 모든 것이 효율적으로 이루어졌어. 필요한 게 있으면 단 한 번만 말하면 됐지. 곧 부하 직원들은 마크가 원하는 것이 무엇인지 파악했고 마크도 더 이상 물어보거나 일일이 지시하거나 부탁할 필요가 없어졌어.

물론 무엇을 해야 할지 알아내야 한다는 고민은 여전했어. 그는 에그리 캠에 있는 연구개발 부분의 이익모델도 제약회사의 경우와 유사할 거라고 생각했는데 그걸 어떻게 적용하느냐는 잘 풀리지 않았지. 그래서 마크는 연구개발 부문에서 벌어지는 모든 프로젝트를 살펴봤고 모든 시장 연구 보고서를 탐독했어. 주말 내내 벌레나 잡초 그리고 그것들을 박멸하는 법을 공부하며 보냈고 말이야. 프로젝트에 대한 탐구가 계속될수록 마크는 프로젝트 검토 회의 때마다 쟁점을 정확하게 지적할 수 있었어. 날카로운 질문으로 직원들을 궁지에 몰아넣기도 하면서.

하지만 마크는 여전히 불충분하다고 생각했어. 오히려 점점 혼란스러운 상태로 빨려 들어간다고 느꼈지. 그러다가 문제 해결의 실마리를 얻으려면 조직 바깥으로 나가 폭넓게 자문을 구해야 한다고 깨달았어. 그는 여러 사원들, 고객, 고객의 컨설턴트들과 의견을 교환하기로 했어.

마크가 그들에게 던진 질문은 시간이 갈수록 점점 더 어려워졌겠지? 하지만 수많은 질문과 답을 통해 구체적인 목표에 가까워질 수 있었어. 마크와 직원들은 모두 에그리 캠의 이익이 소수의 블록버스터 제품에서 나온다는 것을 점차 알게 되었으니 말이야. 다만 그동안 블록버스터 제품을 중심으로 연구개발이 이루어진 경우가 거의 없었으니 그게 큰 문제였지.

마크는 프로젝트에 관해 토론할 때 준수해야 할 방침을 새로 정했어. 바로 프로젝트의 잠재 가치에 따라 무엇에 집중할 것인지 명확히 하는 것이었지.

그는 가치가 별로 없는 프로젝트는 제쳐두고 대박이 될 잠재성이 큰 프로젝트에만 엄청난 관심을 쏟았어. 그리고 그것에 관해 직원들과 치열하게 토론했지. 때와 장소를 가리지 않는 것은 물론이고 심지어 다른 의제를 다루는 회의 시간에도 토론을 하곤 했어. 모두가 대형 프로젝트를 어떻게 하면 실행시킬 수 있을까? 그리고 개발을 어떻게 가속화 시킬 수 있을까? 병행해서 처리할 수 있을까? 연구를 더해서 상황을 개선할 수는 없을까? 대성공을 거두려면 필요한 게 뭐지? 와 같은 질문에 답을 구하려 총력을 다했지.

10개월 동안 그곳은 시끌벅적했어. 전에는 전혀 의미를 두지 않았던 최종 시한과 일정계획이 아주 중요해지고 말이야. 사람들은 모두 한 곳에 집중했어.

순조롭게 일이 진행됐지만 마크는 걱정을 모두 떨쳐버릴 수 없었어. 가장 중요한 의문을 풀지 못했거든. 직원들을 가장 가치가 큰 프로젝트에 주목하도록 할 수는 있었지만 불확실한 부분을 모두 제거할 수 없다는 것이었지. 도박을 크게 벌였으니 잘못하다가는 망할 수도 있는 상황이었으니까.

그래서 마크는 총체적 위험 관리모드에 돌입했어. 맨 먼저 미 식품 의약국 FDA^{Food and Drug Administration}의 승인 절차를 위한 그림을 그리기 시작했지. 외부의 과학자들에게 자문을 구해 연구 포트폴리오에 꼭 포함되어야 할 가치 높은 프로젝트를 식별하기 시작했어.

그때 마크가 나에게 맡긴 부분은 연구개발 분야를 흑자로 전환시키는 방법을 연구하는 과제였는데, 그때까지 맡았던 업무 중에서 제일 어려웠어. 왜냐하면 연구개발 프로젝트를 실행하기로 결정을 내리고 나면 그것이 진행되고 이익이 나기까지 아주 오랜 시간이 걸렸기 때문이야. 의사결정 시점과 결과물이 나오는 주기가 아주 긴 것이 연구개발의 특성이긴 하지. 하지만 마크는 그걸 극복해냈어.

이전 경영자가 벌려놓은 문제는 마크가 사업을 맡게 되고 나서 터지기 시작했어. 그것 때문에 2, 3년을 힘들어했지. 그는 비용을 절감하는 방식으로 회사를 지켜냈어. 물론 무턱대고 비용을 줄인 건 아니야. 장기적인 관점으로 사업의 잠재성을 해치지 않는 선에서 비용을 줄였지. 새삼 또 생각하지만 마크는 정말 진정한 경영자였어.

4년 차가 되자 상황이 달라지기 시작했어. 마크가 경영을 맡은 후 출시한 첫 번째 신제품의 반응이 좋았거든. 블록버스터까지는 아니었지만 그때까지 연구개발의 실패로 늘 부족했던 자금 사정에 숨통을 틔우기에는 충분했어.

두 번째 제품은 말 그대로 쪽박이었지. 제품은 좋았는데 경쟁사 두 군데에서 같은 시기에 비슷한 제품을 내놨고 결국 마크의 제품은 투자액의 10분의 1도 건지지 못했어. 하지만 마크는 이에 굴하지 않고 계속해서 공격적으로 사업을 밀어붙였어. 그는 대규모 마케팅 지출을 취소하고 대신 두 가지 신제품 분야에만 집중했지. 성공 가능성이 있어보이는 분야는 강력하게 밀어주고 한편으로는 앞으로 있을 큰 전투에 대비하며 모든 자원을 절약하는 식이었어.

세 번째 제품은 마크가 진두지휘를 맡은 지 5년이 지나고 나서 출시됐어. 매출이 크게 기대되는 제품이었는데, 마크는 경영진의 기대치를 낮게 잡도록 했지. 아무래도 두 번째 제품 때문에 힘들었던 시간 동안 마크는 예측이란 게 쉽게 빗나갈 수 있음을 깨달았던 것 같아.

여기까지가 '블록버스터 이익모델'을 실행하기 위한 준비 작업이었어. 그는 그간 벌어들인 이익을 지난 3년 동안 생각해둔 연구개발 프로젝트에 쏟아 부었지. 그는 외부 연구기관에 아웃소싱해서 고정 비용이 늘어나는 것을 막으려고 했어. 결국 자신이 원하는 대로 시스템을 조율할 수 있었지.

하지만 무엇보다 중요한 점은 마크가 직원들에게 할 수 있다는 자신감을 심어 주었다는 거야."

"자신감이요?"

스티브가 말했다.

"그래 자신감. '블록버스터 이익모델'은 일종의 심리 게임이라고 할 수 있어. 자신감이 넘쳐야 목표를 높게 잡을 수 있고 그래야 다음에 다른 블록버스터를 만들어 낼 수 있지. 마크 자신은 자신감으로 충만했지만 직원들의 마음속엔 '우리는 못해'라는 분위기가 지배적이었어. 하지만 마크가 이 조직에 온지 6년 째 쯤 됐을 때는 '우린 할 수 있어' 아니, '해낼 거야'라고 마인드가 바뀌었지."

자오가 자신이 너무 오랜 시간동안 이야기를 했다는 생각에 잠시 말을 멈췄다.

"정말 대단합니다. 혹시 제론 씨는 계속해서 승진을 했나요?"

"그럴 기회는 분명 있었지. 스위스로 돌아가 고위 경영자가 되어 달라는 제안을 받았으니까. 근데 마크는 거절했어. 때문에 아주 재미있는 일이 벌어졌지."

"재미있는 일이요?"

"음, 그때 마크는 '블록버스터 이익모델'에 푹 빠져있었어. 그는 처음 세 번의 거둔 성공으로 돈줄이 확보되자 그 이익모델에 더 깊이 파고들었어. 사실 거기까지의 성공으로도 충분했는데, 그는 농작물 보호에 관련된 최신 기사나 관련 도서를 탐독하더니만 새로운 아이디어를 쏟아내면서 주변 사람들을 괴롭혔지.

마크는 '블록버스터 이익모델'을 계속해서 추진했고 나중엔 자기만의 아이디어를 개발해 냈어."

"말하자면 어떤 것들 말입니까?"

"그는 에그리 캠이 성공할 만한 상위 15개의 블록버스터 제품으로 이뤄진 포트폴리오를 만들어야 한다고 주장했어. 시장에 유사한 제품이 있건 없건 상관없이 말이야. 그리고 6개월 만에 그 목록을 만들어 냈지."

"그래서요?"

"그 15개 아이디어 중 내부에서 실제로 프로젝트가 진행 중인 것은 7개뿐이었어. 그래서 마크는 라이센싱(라이센서(공여기업)가 보유하고 있는 특허, 기업비결, 노하우, 등록상표, 지식, 기술공정 등의 상업적 자산권을 사용할 수 있는 권리를 라이센시(수혜기업)에게 제공하고, 그 대가로 일정한 로열티, 수수료 등을 받는 계약 협정)을 사용하든 내부 조사로 찾아내든 나머지도 찾아내도록 부하 직원에게 지시를 내렸지. 그렇게 2년 간 더 연구해서 15개의 블록버스터 제품 각각에 맞는 연구개발 프로젝트를 수행하도록 했어. 아, 블록버스터 제품 하나에 최소한 하나씩의 프로젝트라고 말해야 맞겠군."

"최소한 하나요?"

"그래. 다른 사람들과 마찬가지로 마크도 연구개발에 승부를 거는 것이 얼마나 위험한 지 알고 있었어. 하지만 다른 사람들과는 달랐지. 한 발 앞서 생각할 줄 알았어. 먼저 주요 프로젝트는 반드시 하나 혹은 두 가지 이상의 후속 조치를 만들어 놓도록 했다는 점이야. 만약 1순위 프로젝트가 실패하면 거기서 교훈을 얻어 다음 프로젝트에서는 실패를 최대한 방지하도록 했지."

"진정한 블록버스터 경영의 정수군요."

스티브의 목소리에 경이로움이 감돌았다.

"두말할 것도 없지."

"와, 이 마크라는 분과 일하면 얼마나 좋을까요."

"그런 생각이 들 거야. 정말 많은 것을 배울 수 있으니까 말이야."

"당연히, 마크 씨는 회사의 CEO가 됐겠죠?"

스티브가 확신에 차 말했다.

그러자 자오는 갑자기 웃음을 터뜨리며 소리쳤다.

"당연히 그러지를 못했어!"

스티브의 눈이 휘둥그레졌다.

"네? 그렇게 엄청난 실적을 올렸는데요?"

"바로 그게 문제였어. 너무 잘한 거. 이해가 가? 마크가 스위스 인들의 심기를 건드렸다는 뜻이야. 믿을 수 없을 정도로 실적을 올렸으니, 한 마디로 너무 튄 거지.

마크는 모델을 만들면서 항상 다음 단계로 성장하도록 강하게 밀어붙였어. 모델 안에 보다 많은 것을 담으려고 했고, 리스크 관리도 한 단계 높은 수준으로 유지하게 하고, 기술을 정교하게 발전시키려고 노력했어. 그러니 상대적으로 회사 내 다른 사업 부문은 마크의 사업 부문에 비해 활기도 없고 처져 보였겠지? 그러니 친구가 생기겠어? 천만의 말씀!

에그리 캠에 온지 7년 동안 마크는 과학에 푹 빠져 살았어. 제품개발의 선도자로 계속 성장한다면 생명공학 분야의 1인자가 될 거라고 확신했지. 그래서 자신의 상사들에게도 강력하게 주장했고."

"마크 씨가 원한 건 뭐였죠?"

"연구개발에 관해 주요 대학과 자매 관계를 맺는다거나 재능 있는 인재를 두세 명 정도 스카우트하고 싶어 했어. 하지만 마크가 강하게 밀어붙일수록 저항이 아주 심했어."

"말도 안돼요!"

"더 들어봐. 그게 다가 아니니까."

"무슨 말씀이세요?"

"결국엔 마크를 해고했어."

"네? 어떻게 그런 일이……."

"간단해. 회사는 주인 맘대로 하는 거지. 칼자루를 쥐고 있는 쪽은 언제나 그 사람들이야."

"정말 너무 하네요."

자오는 냉정하고 침착해 보였다.

"스티브, 그런 일은 비일비재해."

둘 사이에 잠시 침묵이 흘렀다.

이윽고 스티브가 말문을 열었다.

"그래서 마크 씨는 어떻게 대응했습니까?"

"어떻게 했겠어? 웃으면서 사무실을 비우고 나왔지."

"그럼 지금은 뭘 하고 계시죠?"

"지금은 아주 즐거운 시간을 보내고 있어. 플로리다에서 학생들에게 전략을 가르치면서. 마크에 대해서 학생들도 호불호가 분명하게 갈린다는군. 마크는 도전정신이 워낙 강한 사람이니 어디서든 잘 지내고 있을 거야."

마크의 이야기를 받아 적느라 바빴던 스티브는 자오가 잠시 말을 멈춘 사이 뒤떨어진 부분을 부지런히 좇아 메모했다.

"자, 어떻게 생각해, 스티브?"

자오가 물었다.

스티브는 머리를 절레절레 흔들었다.

"인간의 어리석음을 보여주는 역설적 사건이네요. 전에 말씀하신 다른 이야기와 마찬가지로 말입니다."

스티브가 한 말을 자오는 곰곰이 생각했다.

"그럴지도 몰라. 일이 끝난 다음에 한 발 물러서서 지난 일을 바라보면 실수한 부분이 잘 보이지만, 사건이 벌어지는 상황에 있을 때는 그러기가 어려운 법이지."

이 말에 스티브는 불만스럽다는 투로 말했다.

"뭐 그렇겠죠."

자오의 말에 완전히 동의하기 힘들어 하는 듯했다.

"이번 주 읽기 숙제는 뭐지요?"

"제임스 웹 영이 쓴 《손에 잡히는 아이디어A Technique For Producing Ideas》⁴를 읽어 와. 제론은 그 책을 읽으며 프런트-엔드 로딩front-end loading을 배웠지."

"프런트-엔드 로딩? 그게 뭔가요?"

"시험 전날에야 벼락치기 공부를 하거나 마감 전 이틀 동안 기말 보고서를 작성하는 것과는 반대되는 개념이야."

"좀 더 자세하게 말씀해 주신다면⋯⋯?"

"프론트-앤드 로딩이란 시작할 때부터 완전히 몰입하는 것을 말해. 자네는 무언가를 읽을 때도 처음 48시간 동안 최대로 많은 양을 읽어야 해. 읽을 수 있는 만큼 최대로, 가능하면 빨리. 머리가 아플 때까지 계속해서 읽어야 한다고. 프로젝트를 실행할 때도 처음부터 프론트-엔드 로딩 방식으로 해야 해. 처음엔 설렁설렁하다가 막판에 가서야 허둥대면 안 되니까.

간단하게 말하자면 완전하지는 않아도 처음부터 아주 강력한 지식 체계를 구축해둬야 한다는 말이야. 그래야 나중에 새로운 사실을 알게 될 때 먼저 만들어둔 지식 체계에 더해 계속해서 발전시킬 수 있어. 시간이 갈수록 더 방대하고 강력한 지식 체계로 발전할 수 있지."

"프런트-엔드 로딩."

스티브는 단어를 곰곰이 생각해 봤다.

"영의《손에 잡히는 아이디어》는 분량이 짧으니까 앨런 라이트만의《아인슈타인의 꿈Einstein's Dreams》[5]도 같이 읽어보도록 해. 이건 마음을 열고 읽는 것이 중요해.

그럼 다음 주에 보도록 하지. 참, '블록버스터 이익모델'을 적용할 수 있는 사업 분야를 생각해오는 것 잊지 말고."

스티브는 자오에게 인사를 하고 사무실을 떠났다.

자오는 한숨을 쉬고 창밖을 내려다 봤다. 토요일 아침 46층 아래 거리에는 길을 걷는 사람, 조깅하는 사람, 쇼핑을 하는 사람들이 불규칙적이고 분주하게 움직이고 있었다. 자오는 그 광경을 바라보며 생각에 잠겼다. 자신이 뭔가 성과를 이뤄낼 수 있을까 의아했다. 스티브는 아주 영민한 젊은이고 그를 진심으로 좋아하지만 델컴에서 보인 행동에서도 알 수 있듯 아직 젊고 고집이 세다. 사람들과 잘 어울려 일하는 방법을 배워야 하고, 머리로 알고 있는 것들을 실천적인 지식으로 바꾸는 방법도 습득해야 한다. 그에게 비즈니스의 정수를 올바르게 전달할 수 있을까? 아니면 그저 수박 겉핥기에 그치게 될까?

자오는 생각했다.

'내가 해준 이야기들은 반드시 알아둬야 하지만 너무 뻔하고 또 이미 일어났던 것들이야. 확실히 재미있고 들을만한 이야기들이긴 하지만 그 이상 뭐가 있는 거지? 스티브 같은 사람에게 마크 제론처럼 행동하고 반응하는 방법을 제대로 가르칠 수 없을까? 세계직인 수영선수들의 이야기를 들려준다고 수영 실력이 느는 것이 아니듯 물을 직접 경험하게 해줘야하는 걸까? 어떻게 하면 스티브가 최고의 역량을 발휘하게 할 수 있을까?'

자오는 자신이 제일 좋아하는 작가 중 한명인 에즈라 파운드의 말을 생각해 내고는 짧은 탄성처럼 내뱉었다.

"새롭게 만들라."

일곱 번째
수업

하나의 소스로
다양한 제품을 개발하라

배가증식 이익모델

11월 23일. 사무실에 도착한 스티브에게 자오가 물었다.

"통신 사업부(델컴)에 제안했던 것 말이야. 그에 관한 새로운 소식
은 없어?"

"말씀드릴 게 별로 없습니다."

자오는 미심쩍다는 듯이 한쪽 눈썹을 치켜 올려보았지만 스티브
는 아무 말도 하지 않았다.

"의외의 반응이 있긴 했어요. 특별한 건 아니지만."

스티브가 덧붙였다.

"어떤 반응이었지?"

"통신 사업부에 있는 몇 사람이 프랭크에게 그런 문제를 제기해줘

서 고맙다고 했대요. 아이디어가 관철되지는 않았지만 말입니다. 그리고 제 상사인 전략기획 담당 부사장 캐시 휴즈는 저에게 무슨 아이디어든 자기를 거치지 않고 단독으로 추진하지 말라고 했습니다."

"당연한 반응이지."

"맞아요. 그러면서 캐시는 저에게 '스위치보드 이익모델'에 대한 예비 계획을 만들어 보라고 했습니다. 캐시가 그 아이디어를 좋아하는 것 같았어요."

"아이디어는 좋았는데 자네가 그걸 추진하는 방법이 싫었던 거군."

자오가 결론을 내렸다.

"그런 것 같습니다."

"다른 건 없었고?"

"캐시가 저에게 건축자재 회사를 담당하라는 지시를 내렸습니다. 델모어가 2년 전에 인수한 기업이요. 지시를 내리면서 캐시는 이익모델이라는 용어를 쓰더군요. 그녀는 그 회사의 이익모델이 이제 수명을 다한 것 같다고 말했습니다."

"데브로Devereau 인수 건을 말하는 것이군. 맞지?"

"네, 데브로 인더스트리죠. 지금은 델모어 서플라이Delmore Supply로 이름을 바꿨습니다. 창문과 출입문에 쓰이는 방충망이나 단열재 같은 것을 생산하죠. 이 회사의 사업은 유난히 경기 순환에 민감합니다. 델모어의 여러 사업 부문 중에서도 최근의 경기침체로 타격을 가장 심하게 입은 회사죠. 캐시와 경영진들은 이 회사에 그것 말고도 더 심각한 문제가 있는지 걱정하는 듯 했습니다."

"통신 사업부와 델모어 서플라이를 어떻게 비교할 수 있을까?"

스티브는 잠시 생각했다.

"네. 델모어 서플라이의 사업은 통신 사업과 마찬가지로 일상용품처럼 되어 버렸어요. 시장에서 한두 개 회사는 확실한 차별화 제품으로 잘 나가고 있지만 델모어 서플라이를 비롯한 대부분은 여전히 가격으로 경쟁을 벌이고 있습니다. 빌딩이 무너질 경우 부스러기라도 차지하려고 안간힘을 쓰는 거죠."

"어떤 해결책을 마련할 수 있을지 상당히 궁금해지는데?"

"제안해 주실 만한 아이디어가 있으십니까?"

익살맞게 싱긋 웃으며 스티브가 말했다.

"그건 자네가 해야 할 일이지. 월급 받고 하는 일이 그거 아냐? 하지만 자네가 낸 아이디어에 대해 조언을 원한다면 언제든지 도와줄게."

"좋습니다. 전개되는 상황을 계속해서 말씀드릴게요."

"그건 그렇고, 지난주에 내준 '블록버스터 이익모델' 숙제는 해 왔어?"

스티브가 환하게 미소 지었다.

"정말 재미있었어요. 이게 제가 만든 목록입니다."

스티브는 자오에게 노란 노트에서 뜯어낸 메모를 건네주고 뿌듯해하는 표정을 지으며 자오의 반응을 기다렸다.

자오가 목록을 받아들었다. 번호 12개와 사업 분야들이 적혀 있었다. 자오는 목록을 꼼꼼히 살펴봤다. 그리고 주머니에서 만년필을 꺼내 4, 5, 6, 7, 8, 10번 그리고 12번을 지우고 페이지 아래에 "다시 할 것"이라고 써서 스티브에게 다시 돌려줬다.

자오는 의자에 몸을 기대고 앉은 후 이렇게 물었다.

"'배가증식 이익모델'을 어떻게 생각하지?"

스티브는 여전히 목록을 찬찬히 뜯어보고 있었다. 얼굴이 약간 상기되었다. 자오는 손을 뻗어 스티브가 보고 있던 목록을 부드럽게 빼내어 한 장을 넘긴 후 다시 스티브에게 돌려줬다. 스티브는 뭐라도 말할 것처럼 머뭇거리다가 결국엔 조용히 입을 다물었다. 그리고 종이를 접어 셔츠 주머니에 넣었다.

자오가 다시 질문했다.

"'배가증식 이익모델'이 어떤 모델일 것 같아?"

"글쎄요, 이익을 내서 그것을 2배로 늘리는 게 아닐까요?"

"맞아. 그런데 어떻게 해야 2배로 늘릴 수 있지?"

스티브는 자세를 고쳐 앉아 생각하기 시작했다. 짧은 시간동안 침묵이 흘렀다. 스티브는 해답이 사무실 구석 어딘가에 숨어있기라도 한 듯 구석구석을 둘러봤다. 또 시간이 흘렀다.

드디어 스티브가 말문을 열었다.

"어떤 방식으로든지 가능합니다!"

그러자 자오가 갑자기 와락 웃음을 터뜨렸다. 덕분에 방을 가득 채우고 있던 긴장감이 해소됐다.

"아주 좋아. 전혀 틀린 말이 아니야. 하지만 2배가 아니라 훨씬 더 많이, 7배 이상으로도 늘릴 수 있어. 자, 그럼 이제 예를 한번 들어봐."

스티브는 움찔했다. 자오가 질문을 할 때보다 이야기를 해줄 때가 더 좋았기 때문이다.

"지금은 하나도 생각이 안 납니다."

자오는 자신이 숙제로 해온 목록을 지운 것 때문에 스티브가 여전히 동요하고 있다고 생각했다. 그래서 방법을 바꾸기로 했다.

"스티브, 혼다^{Honda}에서 뭘 만들지?"

조용히 그리고 부드럽게 자오가 물었다.

"자동차요."

"그리고?"

"오토바이도 만듭니다."

"또 다른 것도 있을 텐데?"

스티브는 스치듯 지나치며 봤던 광고를 기억해 냈다.

"잔디 깎는 기계요."

"또?"

스티브는 다른 게 뭐가 있을까 하며 또 다시 생각했다.

"보트에 다는 모터요?"

"그것도 있지. 또 뭐가 더 있지 않을까?"

스티브는 더 이상은 떠오르는 게 없었다.

"산업용 모터?"

"알고 말하는 거야, 아니면 그냥 추측하고 있는 거야?"

스티브는 웃었다.

"그냥 추측하는 겁니다."

"후후, 다 맞았어."

자오가 웃으며 말했다.

스티브의 머리에 불이 들어왔다.

"그러니까 '배가증식 이익모델'이란 한 가지 기술을 이용해 5배 또는 6배 이상의 돈을 버는 이익모델이군요."

스티브가 말했다.

"음, 기술이 될 수도 있고 다른 것이 될 수도 있지. 기술 이외 어떤 것이 있을지 말해 봐."

스티브는 다시 생각에 잠겼고 시간이 흘렀지만 특별히 떠오르는 것이 없었다. 점점 답답해졌다. 왜 이 분은 다른 선생들처럼 내가 알아야 할 것을 그냥 말해주지 않는 거지? 스티브는 생각했다.

얼굴을 찡그리던 스티브가 갑자기 웃음을 터뜨렸다.

"알겠습니다! 캐릭터, 디즈니 캐릭터 같은 거예요!"

자오가 고개를 끄덕였다.

"바로 그거야. 아니면 세서미 스트리트^{Sesame Street}(TV 프로그램)에 나오는 인형, 머펫Muppet과 같은 캐릭터가 될 수도 있어. 또 흥미로운 콘텐츠나 중요한 정보자료도 '배가증식 이익모델'을 가능하게 하지."

"그러니까 캐릭터, 콘텐츠, 기술 같은 것을 반복해서 사용하거나 다른 형태로 제공하는 것이 '배가증식 이익모델'이군요."

"그렇지. 자 그러면 이익은 어떻게 발생하는 걸까?"

"음, 연구개발 비용을 줄임으로써 발생하겠죠. 매번 다른 것을 연구하지 않아도 되니까요."

"그 밖에 이익을 발생시키는 다른 방법은 없을까?"

스티브는 다시 얼굴을 찡그렸다. 하지만 이번엔 짜증스러워가 아니라 생각하기 위해서였다. 또 잠시 조용해졌다.

자오는 과하지 않은 정도로 스티브를 재촉했다.

"연구개발에서 중요한 게 뭐지, 스티브?"

"아까 말했듯이, 비용입니다."

"그래. 그 밖에 또 뭐가 있을까?"

"성공할 확률도 중요합니다. 지난번에 이야기했듯이 연구개발 프로젝트 중 다수가 가치 창출에 기여하지 못하니까 말이죠. 하지만 그런 가능성을 개선시킨다면……."

자오가 스티브의 말에 끼어들었다.

"바로 그거야. 그렇다면 혼다나 디즈니, 헨슨 프로덕션Henson Production(인형극 전문 제작진, '세서미 스트리트'를 만듦), 블룸버그 통신

Bloomberg News(금융시장의 뉴스와 데이터 분석 정보를 서비스하는 미국의 미디어그룹. 금융정보를 증권회사에 제공하다가 종합경제정보를 제공하는 종합미디어그룹으로 발전했다)의 공통점이 뭘까?"

"다른 회사들보다 성공할 확률을 높였다는 것이죠. 그것도 아주 많이요. 실제로 성공을 거뒀고요."

자오가 고개를 끄덕이며 말했다. 그는 기분이 아주 좋아 보였다.

"'배가증식 이익모델'은 '다중요소 이익모델'이랑 비슷한 점이 있는 것 같습니다. 그렇지 않나요?"

"그렇게 생각해?"

"네. 두 가지 모델 모두 하나의 아이디어를 가지고 여러 가지 형태로 만드는 거잖아요."

"그렇게 생각할 수도 있어. 하지만 똑같지는 않아. 전에 얘기한 서점 사업이랑 호텔 사업 기억하지? 그 사업들이 얼마나 다양한 상품을 판매했는지도 기억해?"

스티브는 생각했다.

"포장하는 방법만 달랐을 뿐이지 동일한 상품을 판 게 아닌가요? 그래서 그것을 '다중요소 이익모델'이라 부른다고 했죠."

"그렇지."

자오는 스티브의 말에 동의하며 계속해서 말을 이어갔다.

"그럼 디즈니는? 브로드웨이 무대에 올라가는 뮤지컬 '라이언 킹'이 '라이언 킹' DVD나 '라이언 킹' 로고가 들어간 도시락 케이스,

'라이언 킹' 게임, 놀이공원의 놀이기구에 붙은 '라이언 킹' 캐릭터랑 똑같을까?"

스티브는 자오가 말하려는 요지를 알아차렸다.

"아니요, 다른 상품이죠. 다만 맨 처음에 나온 원안^{原案} 제품이 같을 뿐이고요."

"바로 그거야. '라이언 킹'이 바로 '배가증식 이익모델'의 대표적인 사례이지. 하나의 기술, 자산, 지적 자산 등으로 각기 다른 형태의 제품을 만들어 내는 것, 이것이 '배가증식 이익모델'이야. 포장을 달리하는 '다중요소 이익모델'과는 차이가 있어. 자 그럼, '배가증식 이익모델'이 모든 사업에 통할까? 어떨 것 같아?"

"아니요."

스티브는 자오의 말이 끝나기 무섭게 대답했다.

"확실해?"

자오가 그렇게 묻자 스티브는 확신이 들지 않았다.

"시간을 두고 좀 생각해 봐도 될까요?"

"물론이지. '배가증식 이익모델'이 통할 사업을 예를 들어 생각해 봐. 모든 사업에 이 모델을 적용할 수 있을지도 생각해 보고. 그렇지 않다면 왜 그런지 그 이유에 대해서도 고민해 봐.

그럼, 오늘 수업은 여기까지. 다음엔 2주 후에 보도록 하지. 추수감사절 주말은 쉬도록 하고."

"네, 좋습니다. 그런데, '배가증식 이익모델'도 그림으로 그릴 수 있나요?"

"당연하지."

자오는 노트에 8개의 박스를 그려 스티브에 건네줬다.

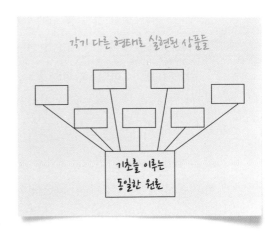

"참, 한 가지 더.《아인슈타인의 꿈》은 읽었어?"

스티브는 열정적으로 대답했다.

"네! 정말 멋진 책이었어요!"

"그럼 오늘 배운 '배가증식 이익모델'과 어떤 연관성이 있을까?"

스티브는 얼굴이 약간 빨개졌다.

"글쎄요, 잘 모르겠습니다."

"음, 주제는 뭐라고 생각해?"

"그 책은 하나의 우주에는 여러가지 종류의 시간이 있다고 말하고 있었어요. 예를 들면 거꾸로 가는 시간, 고리 모양으로 순환하는 시간, 다중 궤도 시간 말이에요."

"오늘 이야기한 주제와 어떤 연관이 있지?"

스티브는 자오의 질문을 숙고해 봤다. 그리고 자신 없는 투로 대답했다.

"음, '배가증식 이익모델'은 하나의 테마를 가지고 여러 개의 변형을 찾는 이익모델인 것 같습니다. 같은 제품을 두고 가치를 창출하는 다른 방법을 찾아내는 거죠. 그런 점이 연관이 있는 걸까요?"

"비슷해. 내가 《아인슈타인의 꿈》을 읽으면서 마음을 열어두라고 했지? 그게 바로 요점이야. 그렇게 읽으면 그 책이 '배가증식 이익모델' 뿐 아니라 모든 이익모델과 연관되어 있음을 발견하게 될 거야. 사람들은 이익을 만드는 방법을 찾을 때 오직 한 가지만 보는 경향이 있어. 보통은 익숙해진 방법이나 비즈니스 잡지에서 가장 최근에 소개된 방법만을 생각하지. 여러 가지 종류의 시간이 있는데 그중에 딱 한 가지만 인식하는 것과 같은 거야.

현실은 인간의 한정된 상상력보다 훨씬 더 복잡해. 하지만 복잡하다는 게 나쁜 것만은 아니야. 많은 것을 발견할 수 있다는 희망을 주기도 하니까."

두 사람은 한동안 아무 말도 하지 않았다. 그러다 스티브가 자오에게 물었다.

"다음 시간까지 읽어야 할 책은 뭐가 있습니까?"

"아이작 아시모프가 쓴 《천문학 Asimov on Astronomy》[6]의 8장을 읽어와."

스티브는 사무실을 떠났고 자오는 한동안 그 날의 수업을 생각하며 조용히 앉아 있었다.

'내가 어떻게 해야 스티브가 이 코스를 제대로 다 소화해 낼 수 있을까? 더 넓은 세상을 보게 될 때까지 이 친구가 과연 잘 헤쳐 나갈 수 있을까? 똑똑한 젊은이지만 과연 자신 앞에 펼쳐진 다른 세상을 알아볼 수 있을 만큼 마음이 열려 있을까?'

이런 생각이 자오의 마음에 들락거렸다.

앞으로 다가올 몇 주는 많은 것을 이야기해야 할 것 같았다.

투철한 기업가 정신으로 무장하라

기업가 정신 이익모델

12월 7일. 스티브는 자명종 시계를 맞춰 놓고 자는 것을 깜빡했다. 유난히 선명하고 기이한 꿈을 꾸는 바람에 30분이나 늦게 일어나고 말았다. 꿈속에서 스티브는 자오가 근무하는 빌딩과 비슷한 곳에서 일하고 있었다. 그러다가 갑자기 밖으로 나와 그 빌딩을 올려다보게 되었다. 그 순간 빌딩은 두꺼운 벽으로 둘러싸이고 주변에 해자가 처진 중세시대의 성으로 변해 버렸다. 조금씩 성의 토대 부분부터 균열이 생기더니 높은 탑 위에서 돌이 무너지기 시작했다. 해자 속으로 떨어지는 돌로 인해 엄청난 물이 튀었고 스티브는 흠뻑 젖어버렸다.

스티브는 깜짝 놀라 꿈에서 깨어났다. 그는 커피를 허겁지겁 들이

키고는 되는대로 옷을 입고서 황급히 지하철로 내달렸다. 사무실에 도착했을 때는 7분 정도 늦은 상태였다. 평소와 마찬가지로 자오는 스티브를 보고 들어와 앉으라고 손짓했다. 그 날은 서론 없이 바로 수업이 시작됐다.

"지난 화요일 날 점심에 잭 샌더스Jack Sanders를 만났어. 잭은 절약하는데 세상에서 둘째가라면 서러워 할 친구지. 그는 지금 네 번째 사업체를 맡아 하는 중이야. 전에 했던 3개의 사업체는 성공적으로 팔아치웠지. 처음 두 사업체는 현재도 경영상태가 아주 좋지만 세 번째 사업체는 고리타분하고 꽉 막힌 경영자 때문에 고전을 면치 못하고 있어. 그래서 잭은 세 번째 사업체를 다시 사들일까 고려하는 중이야. 10개월 정도면 사업을 완전히 뜯어 고칠 수 있다고 생각하면서."

스티브는 의자에 제대로 자리잡고 앉아 자오의 이야기에 집중했다.

"그 분은 시간을 상당히 정확하게 계산하는군요."

"맞아. 잭은 아주 정확한 친구지. 대부분 사람들은 20달러짜리 지폐도 어디에 보관했는지 잊어버리기 일쑤지만 잭은 5센트짜리 동전까지 어디에 뒀는지 정확하게 알 정도니까."

스티브가 싱긋 웃었다.

"그래서 점심 식사비는 어느 분이 내셨나요?"

자오는 웃지 않고 대답했다.

"원래는 잭이 낼 차례였어."

스티브는 자오의 말투에서 언짢은 기색을 느꼈다.

"그런데?"

"그런데 그 친구가 동전 던지기를 해서 지는 사람이 밥값을 내자더군."

"결과는 어떻게 됐습니까?"

"잭이 이겼어. 그 친구 너무 좋아하더라고."

"후후, 그분은 꼭 짠돌이같아요. 도대체 어떤 사람이죠?"

"잭은 선교사들처럼 검소한 생활을 여기저기에 설파하고 다녀. '절약의 심리학'을 창조할 정도로 절약정신을 실천하는 '걸어 다니는' 표본이지."

스티브는 이것이 그저 가벼운 잡담이 아님을 깨달았다. 그 날의 수업이 이미 시작된 것이었다. 스티브는 노트에 메모할 준비를 했다.

"구체적으로 무엇을 실천하나요?"

"한두 가지가 아니야. 예를 들어, 여행을 할 때 잭은 언제나 이코노미 클래스를 이용하고 기본적인 시설을 갖추고 깨끗하기만 하면 가장 싼 호텔에 묵지. 돈이 없는 것도 아닌데 말이야.

잭은 출장을 신청하는 직원들에게 항상 물어. 출장이 정말 필요한 거냐고. 누군가 출장을 가야 한다고 말하면 '전화와 팩스로도 얼마든지 해결할 수 있지 않아?' 라고 질문하지. 잭의 의견이 받아들여지는 경우는 40퍼센트 정도인데 그 정도면 비용 절감에 엄청난 효과가 있어. 비용 절감뿐만이 아니야. 직원들이 출장을 덜 가면 그만큼 중요한 문제에 더 매달릴 시간이 생기겠지? 당연히 생산성은 크게 향상되고 말이야."

자오가 말을 잠시 멈추자 스티브가 한 마디 했다.

"좋은 것 같으면서도 힘든 방법 같습니다."

"잭은 소통의 힘을 굳게 믿는 사람이기도 해. 물론 지렴한 비용으로 소통하는 방법을 좋아하지. 외부에서 회의를 해야 할 때면 잭은 항상 싸게 빌릴 수 있는 고등학교 체육관을 이용해. 게다가 가능한 한 오랫동안 사용하려고 '체육관 회의'는 항상 일찍 시작해서 늦게 끝나곤 하지. 그 회의에서 잭은 고객 관련 문제, 비용 절감 문제, 영업 활동과 같은 중요한 의제만을 집중적으로 논의하곤 해. 회의 하나를 하더라도 최소 비용으로 최대 효과를 내기 위해서 말이야. 정말 잭다운 발상이지."

"그는 또 어떤 일을 하나요?"

"이 정도면 잭 이야기는 충분히 해준 것 같은데, 이번엔 스티브 자네가 잭이 어떤 사람일지 추측해 봐."

스티브는 갑자기 커다란 막대기로 한 대 맞은 기분이었다.

'뭘 말해야 하지?'

스티브는 왠지 사냥감이 된 것 같다는 생각을 했다.

"공급업체는 잭을 끔찍하게 싫어할 것 같습니다."

"얼추 비슷해. 헌데 싫어하긴 하지만 '끔찍하게'는 아니야. 잭은 공급업체들에게 가격을 최대한 낮추라고 강하게 요구하면서, 그들에게 가격을 낮출 수 있는 아이디어도 알려주곤 해. 그러니 세게 나갈 수 있는 거야. 잭은 자기네 회사가 경쟁사보다 2배 정도 빨리 성장하면 공급업체에게도 이득이 된다는 점을 열정적으로 설명하지. 미래를 앞서 계획하고 대비하는 잭의 철저한 습관 덕에 공급업체들은 '갑'의 횡포와 변덕에 휘둘리지 않아서 좋고 결과적으로 막대한 비용도 아낄 수 있어서 좋지. 공급업체 입장에서 볼 때 잭은 아주 깐깐하지만 이익을 많이 남겨주는 고객이랄까?"

자오가 잠시 말을 끊었다가 이렇게 물었다.

"자, 그럼 잭은 또 어떤 일을 할 것 같지?"

스티브는 생각에 골몰했다.

"비용 지출을 최대한 연기하려고 하겠죠. 또 어떤 항목에 돈이 많이 들어간다면 왜 그래야 하는지 깐깐하게 질문할 것 같습니다."

"잭이 묻는 질문은 아주 어렵긴 해. 그는 알면서도 일부러 질문을 던지지. 또 다른 건 없어?"

스티브는 다시 생각했다.

"실적이 높은 직원을 뽑는 경연대회 같은 걸 열 것 같아요."

"좋아. 또?"

"그래서 실적이 좋은 직원을 위한 파티를 열어줄 겁니다."

"맞았어. 그 다음엔?"

"경쟁사를 모방하면서도 수치심은 느끼지 않을 것 같습니다."

"맞았어. 그는 별로 수치심을 느끼지 않지. 그게 전부야?"

"이 정도면 충분하지 않습니까?"

"음, 그래. 하지만 잭에겐 아니야."

스티브는 더 생각했다.

"잭은 실험을 많이 하지요?"

그러자 자오가 갑자기 눈을 크게 떴다.

"그래. 실험을 많이 하지. 그렇다면 실험 결과가 나온 후에 잭은 어떻게 할 거 같아?"

"음, 실패하면 빨리 철회할 것입니다."

"실험이 성공한다면?"

"당연히 박차를 가하겠죠."

"그렇다면 잭의 회사에서 일하는 직원들은 어떤 기분이 들까?"

다시 생각을 하던 스티브는 이렇게 대답했다.

"때때로 잭은 직원들을 미친 듯이 몰아대지 않을까요?"

"맞았어. 그런 압력을 견디지 못한 몇몇 사람들은 회사를 나가곤 해."

자오도 스티브의 말에 동의했다.

"그렇다면 회사에 남기로 한 사람들은 어떤 사람들일까?"

"그 사람들은 일에 굉장히 적극적이고 큰 재미를 느낄 것 같습니다. 적어도 시간이나 에너지를 낭비한다는 생각은 안 할 것 같아요."

"오, 제대로 봤어!"

자오가 주먹으로 책상을 쿵- 하고 쳤다.

"덧붙인다면, 이기는 것이 지는 것보다 더 재미있기 마련이지. 직원들이 지루해할 틈이 어디 있겠어?"

"잭은 이 모든 것을 어디에서 배웠을까요?"

스티브가 궁금해 했다.

"훌륭한 사업가였지만 야망이 없었던 아버지에서 반을, 나머지 반은 샘 월튼Sam Walton(월마트 창업주)을 열심히 공부해서 얻었다고 하더군. 물론 다른 롤모델role model도 있지. 사실 나는 잭을 보면 소이치로 혼다Soichiro Honda(혼다 창업주)가 생각나. 혼다는 일부러 회사를 뒤흔들어 놓고 직원들을 거세게 몰아세우기도 했지만 그런 과정을 통해 엄청난 즐거움을 느끼기도 했으니 말이야."

자오와 스티브 두 사람은 이야기의 풍미를 느끼며 잠시 조용히 있었다.

"알겠습니다."

스티브가 먼저 침묵을 깼다.

"그럼 오늘 배운 이익모델은 뭐지요?"

"후후, 금방 말했는데."

"그러셨습니까? 그게 뭐였죠?"

"스티브, 그게 뭔지 자네가 알아봐."

스티브는 잭과 샘 월튼을 생각했다. 둘 다 철저한 절약정신으로 무장된 사람이고, 명료한 소통과 다양한 실험을 추구하며 일을 즐기는 사람이라는 생각이 들었다.

"혹시 사람들이 보통 '기업가 정신'이라고 말하는 것이 오늘의 주제입니까?"

"바로 맞혔어. 기업가 정신은 비즈니스를 하는 데에 가장 강력한 힘이지. 다른 어떤 것보다 철저하게 이익을 지향하도록 만드는 원동력이고 말이야. 대기업 같이 큰 조직에서는 외부에서 발생하는 터무니없는 상황을 묵인해 주기도 하지만 기업가 정신이 투철한 기업에서는 절대 용인하지 않아. '우리의 방법 외에 다른 방법은 절대 안돼.'라는 마인드를 철저히 지키지. 엄청난 이익은 바로 여기에서 시작되는 거야.

비즈니스에서 가장 어려운 것은 기업가 정신을 유지하면서 지속적으로 성공하고 번영하는 거야."

자오는 잠시 말을 멈췄다.

"어떤 의미에서는 혁신을 멈추지 말아야 한다는 소리지. 참 힘든 일이야."

"그럼 이 이익모델을 '기업가 정신 이익모델'이라고 불러야겠군요."

"정확히 맞았어. '기업가 정신 이익모델'을 직접 경험해 본 적 있어?"

"아니요."

"물론 없을 거야. 델모어는 과거의 성공으로 벌어들인 돈을 기업가 정신과는 상관없는 일에 쏟아 붓고 있으니까. 전략 기획팀이 하는 일도 그렇고."

스티브가 갑자기 얼굴을 찌푸렸다.

"하지만 저희 전략 기획팀은 나름대로 잘하고 있다고 생각합니다. 선생님은 그걸 '성공의 저주'로 여기겠지만요."

"그래, 성공의 저주일지도 모르지. 하지만 그건 성공의 여러 저주들 중 하나일 뿐이야."

자오가 스티브의 말을 정정했다.

"델란티는 내 말이 무슨 말인지 이해할 거라는 생각이 드는군."

"누구요?"

"델모어의 창립자인 사이러스 델란티^{Cyrus Delahanty}를 몰라? 들어본 적 없어?"

"없습니다."

"나중에 그 사람에 대해 한번 알아봐. 그는 가장 위대한 사업가는 아니었지만 전형적인 사업가였어. 1880년대와 1890년대에 자전거 수리부터 시작해 굴뚝 덮개 만들기, 철조망 만들기 등 먹고살기 위해서는 뭐든지 했지. 그러다 그는 큰 뜻을 품고 자동차 사업에 뛰어들었어. 처음에는 램프와 범퍼로 시작해서 점차 다른 자동차 부품 제작에 손을 댔고 1차 세계대전 중에는 비행기 부품으로 비즈니스를 확장했어. 1925년이 되자 델모어는 포드 사의 주요 공급업체로 자리를 확고하게 잡았지. 이 모든 것이 인디애나에 있는 델란티의 헛간에서 시작됐어."

'그렇다면 85년 후 델란티의 헛간이 해자가 둘러쳐진 성으로 변했다가 토대에 균열이 생겼다……. 이런 건가?'

지난밤에 꾼 꿈이 무슨 계시처럼 느껴졌다.

"자세히 알아보겠습니다."

스티브는 약속했다.

"그런데 '기업가 정신 이익모델'도 그림으로 그릴 수 있나요?"

"없어. 가끔은 그림보다 이야기가 더 효과적일 때가 있는 법이지. 《메이드 인 아메리카Made in America》[7]라는 책을 읽어봐. 샘 월튼이 존 휴이와 함께 지은 책인데, 지금까지 내가 읽은 책 중에 '기업가 정신 이익모델'을 가장 잘 표현한 책이지. 그리고 그 책에서 다른 이익모델 두 가지도 배울 수 있을 거야. 그 모델에 대해서는 나중에 진도가 더 나가면 이야기하도록 하지. 그 책을 다 읽을 필요는 없고 처음 다섯 번째 장까지만 읽도록 해. 한 100페이지 정도 될 거야."

그날의 수업은 다 끝나가는 듯 했다.

"오늘은 이게 다인가요?"

"후후, 아직 멀었어. 아시모프의 《천문학》은 어땠어?"

"재미있던데요. 글도 잘 쓰시고요."

"그렇지. 그리고?"

"숫자에 엄청나게 밝은 분인 것 같아요."

"맞아. 하지만 그 책에는 전에 얘기했던 《숫자에 약한 사람들을 위한 우아한 생존 매뉴얼》보다 더 큰 아이디어가 담겨 있지. 아시모프가 이야기의 토대로 숫자를 어떻게 이용하는지 한눈에 보였어?"

"무슨 말씀이신지 잘 모르겠습니다."

"태양에서 행성까지의 상대적 거리에 관한 내용 기억해? 태양에서 행성까지의 상대적 거리가 태양계의 열 번째 행성의 특징과 어떤 관련이 있다고 했는데, 한번 얘기해 봐"

"아, '절대 고립'이라고 이름 붙여진 단락 말이죠?"

"그래. 우리 태양계에 열 번째 행성이 있다면 그 행성과 아홉 번째 행성인 명왕성 사이의 거리가 지구와 명왕성 사이의 거리보다 훨씬 더 멀다는 내용이었어. 만일 열 번째 행성이 있다면 그 행성은 명왕성과 2,700년마다 한 번씩 최대로 가까워지는데 가까워진다 해도 떨어진 거리가 432억 킬로미터나 된다니 그 행성이 얼마나 고독하겠어?"

"공상 과학 소설에 나오는 이야기 같습니다."

"그래, 하지만 철저하게 사실에 근거한 이야기야. 숫자들 사이의 관계, 연결, 인과성을 인식하는 것에서 비롯된 이야기."

"네, 계속해서 숫자와 친숙해지려고 노력하겠습니다."

스티브가 우울한 목소리로 말했다.

"그렇지만 선생님이 하시는 방법을 도저히 이해하지 못하겠습니다."

"내가 하는 방법이라니?"

"계산기도 없이 엄청난 속도로 계산하시는 것 말입니다. 어떻게 그럴 수 있는 거죠?"

자오가 갑자기 이를 드러내며 웃었다.

"아주 쉬워. 속임수를 쓰거든!"

"속임수요?"

"그래. 계산을 간단하게 만드는 속임수! 말하자면 지름길로 가는 거야."

"어떻게 말입니까?"

"내 방법은 이래. 첫째, 우선 아주 빠르게 어림짐작으로 계산을 해 봐. 둘째, 그런 다음 제대로 된 수치로 계산할 가치가 있는지 판단을 내려. 내가 어떻게 하는지 한번 보겠어?"

"물론이죠."

"좋아, 그럼 후지산 문제로 돌아가 보자고. 방금 말한 방법을 쓰면 단 30초 만에 후지산 문제를 풀 수 있어. 그것도 암산으로 말이야.

일단 후지산의 높이가 약 1,000미터라고 가정하지. 정확한 높이는 아니지만 상관없어. 나중에 고치면 되니까. 후지산을 가로 세로가 각각 1,000미터인 상자 속에 있는 원뿔이라고 생각해봐. 모서리가 1,000미터이니 이 상자의 부피는 얼마일까? 1,000을 세 번 곱하면 되겠지? 그 값이 얼마야?"

스티브는 계산을 했다.

"1,000을 세 번 곱하면 10억 m^3 입니다."

"좋아. 후지산이 상자의 반 정도를 차지한다고 하면 5억 m^3가 되겠지?

"네."

"자, 그럼 트럭 한 대당 약 $25\,m^3$의 흙을 실을 수 있다고 가정하고 후지산의 부피를 $25\,m^3$로 나눠볼까?"

"그러면 트럭 2,000만 대 분이 나옵니다. 1대당 1시간 걸린다고 잡고 2,000만 나누기 24를 하면……."

"어림짐작이니까 그냥 20으로 나눠봐"

"고맙습니다. 그러면 100만 일이니까, 이것을 365일로 나누면 얼추 3,000년이 됩니다. 그러니까 트럭 하나로 후지산을 옮기려면 3,000년 정도 걸리겠네요."

"잘했어, 지금까지는 어림짐작으로 했지만, 이제는 정확한 숫자를 넣어서 계산해 보자고. 후지산의 실제높이는 약 3,700미터야. 이렇게 생각해 봐. 후지산을 넣을 상자의 모서리가 3,700미터니까 상자의 부피는 그걸 세 번 곱하면 되겠지. 그러면 약 500억 m^3가 나오니까 후지산의 부피는 대략 250억 m^3이야. 이해가 돼?"

"간신히요."

"뭐 결과는 정확한 수치가 아닐지도 모르지만 그래도 최소한 자네가 다루는 문제의 규모를 가늠할 수 있을 거야. 5억 m^3 때 3,000년 걸린다고 했으니까, 250억 m^3이면 얼마나 걸릴까? 대충 계산해 보면 후지산을 옮기는 데 500년이나 1,000만 년이 이니라 약 1만 5천 년이 걸린다는 걸 알게 되지. 이걸 30초도 안 되서 알아냈고 말이야."

스티브는 감명을 받았다.

"스티브, 숫자에 능숙해야 해. 그러면 자네에게 엄청난 힘이 되지. 숫자는 진실을 가려내거나 기회를 포착하는 역할도 해줄 거야."

스티브는 약간 기분이 나아지기 시작했다. 그리고 할 수 있을 것 같다는 자신감이 생겼다.

"숫자와 친숙해지도록 연습하는 방법은 없을까요?"

"물론 있어. 《숫자에 약한 사람들을 위한 우아한 생존 매뉴얼》을 보면 연습 문제가 많이 나와 있지. 그리고 아시모프의 《천문학》에도 나오고. 8장은 이미 읽었으니 9장부터 읽으면 되겠군.

무엇보다도 언제든지 자네 혼자서도 수를 계산할 수 있어야 해. 그게 포인트야. 〈비즈니스 위크〉의 기사를 읽을 때마다 기사가 암시하는 추정치나 예상치를 계산해보록 해. 〈월스트리트 저널〉이나 〈포춘〉, 〈포브스〉를 읽을 때도 마찬가지야. 책상에 매일 올라오는 보고서는 말할 것도 없고. 델모어의 비즈니스와 관련된 수치는 항상 면밀하게 들여다보고 말이야, 알겠지?"

"네, 알겠습니다."

"절대 액면 그대로를 받아들이면 안 돼. 수치들이 자네에게 말하려는 진짜 의미가 무엇인지 알아내야 해.

또 두 가지 종류의 숫자들을 서로 비교하고 의미를 찾는 습관을 들이면 훨씬 더 비판적인 시각으로 상황을 읽을 수 있을 거야. 별것 아닌 습관이라고 볼지 모르지만, 알고 보면 정말 가치 있는 습관이지.

이런 습관을 들이면 성공에 한층 가까워질 수 있어. 의사결정을 내리는 일도 점점 나아질 거야. 한 달에 한 번쯤은 실수를 면하게도 해주고 말이야."

자오는 갑자기 너무 자기 의견을 내세운 것 같아 말을 멈췄다. 그러다 부드럽게 스티브에게 물었다.

"무슨 말인지 다 이해했어?"

스티브가 미소 지으며 대답했다.

"네, 이해했습니다."

"좋아. 그럼 다음 주에 보자고."

아홉 번째
수업

전문가 중심의
조직을 구축하라

전문가 이익모델

12월 14일. "오늘따라 시무룩해 보이는군."

사무실로 들어오는 스티브는 보며 자오가 말했다.

"이유는 당연히 아시겠죠?"

"짐작이 가."

자오는 며칠 전 신문에서 다음과 같은 머리기사를 본 것이 기억났다.

델모어 최대 8,000명 인력 감축안 발표

11억 달러 손실로 정리해고 불가피!

일부 사업 매각에 나설 듯

"감원 작업은 이미 시작됐습니다. 캐시가 제 자리는 괜찮다고 말했지만 제가 속한 부서에서도 3명이 해고될 거라는군요. 화학 사업부와 제약 사업부에서 같이 일했던 사람들도 회사를 떠나게 되었습니다. 정작 경영진은 아직 어디를 매각해야 할지 결정하지 못하고 있고요."

"결정하기 힘든 사안이지. 보통 잘 나가는 사업은 팔지 않으려 하니까 말이야."

"우려스러운 건 델모어 직원들이 오히려 자기네 사업부가 팔리기를 바란다는 점입니다. '우릴 데리고 뭘 할지 아는 기업이 인수한다면 적어도 싸워볼 기회는 있을 거야.'라고 하면서요."

"그러니 자네와 캐시 그리고 전략기획팀 사람들이 받는 압력이 더 크겠군."

"그렇지요."

"자네가 담당하게 된 건축자재 회사(델모어 서플라이)는 어때? 쓸만한 아이디어는 찾았어?"

"아직은 없습니다. 그것에 대해 조만간 논의해보려고요. 그러나 지금은 다른 것에 몰두하고 싶네요."

자오는 몸을 의자 뒤로 기댔다.

"좋아. 이야기 하나를 해줄게. 내 아들이 어렸을 때 우린 종종 매사추세츠 주 캠브리지에 있는 과학박물관에 가곤 했어. 아들은 특히 비 오는 토요일 오후에 가서 옴니극장Omni Theater에서 영화 보는 것을 좋아했어. 보통 상어나 지진, 화산활동에 관한 영화였지.

반면 내가 제일 좋아했던 곳은 '수학의 방'이었어. 거긴 프톨레미
Ptolemy에서부터 페르마Fermat, 노이만Neumann까지 유명한 수학자들
의 짧은 일대기를 볼 수 있는 곳이었는데, 내가 가장 열광했던 건 힐
베르트Hilbert의 이야기가 있는 곳이었어. 그가 구사한 매우 간단한
학습 전략 때문이었지. 난 그것이 너무 흥미로웠어. 그는 한 가지 분
야를 통달할 때까지 몇 달 동안 집중적으로 파고들다가 다른 분야
로 넘어갔는데, 그림으로 그리면 마치 옆으로 늘어선 S자들을 연상
케 했지."

자오는 펜을 꺼내 노란색 노트에 그래프를 재빨리 그렸다.

'제대로 아는 것과 그냥 아는 것'의 차이를 생각해 보면 힐베르트
가 구사한 학습 전략의 핵심을 이해하게 될 거야. 이것이 1962년
부터 1995년까지 EDSElectronic Data System Corporation(미국 최대의 시스

템 컨설팅 회사)가 성장을 할
수 있었던 비결이기도 하지.
EDS는 시스템 통합 작업을
통해 성장을 도모하려고 했
는데 모든 걸 한꺼번에 할 수
없었어. 그래서 EDS는 힐베
르트의 학습 전략을 이용했
지. 먼저 헬스케어산업, 금융

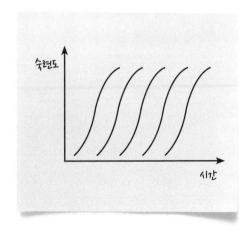

업, 제조업 같이 산업군을 설정한 다음에 각 산업에 속한 고객들을 철저하게 조사하고 학습했어. 구체적으로 말하면 고객들의 성향이 어떻게 변해 왔는지, 고객들이 어떤 부분에 얼마의 비용을 지출하는지 등을 최대한 알아내려고 애썼지. 산업 전체를 포괄하는 수치뿐만 아니라, 업체별 수치까지 말이야. 이처럼 EDS는 힐베르트의 학습 전략인 '연속적인 전문화'를 시스템 통합에 적용한 대표적인 사례지.

그렇게 해서 EDS는 어마어마한 성과를 얻었어. 1990년대 초반 IBM(세계적인 미국의 소프트웨어 회사. 1990년 이전에는 메인프레임을 위주로 한 하드웨어 업체였다)이 간신히 손익분기점에 도달한 반면, EDS는 무려 13퍼센트에서 15퍼센트의 이익률을 달성했으니까 말이야.

'연속적인 전문화'로 이익을 거둔 기업이 EDS만은 아니야. 월레스^{Wallace}도 통신사업 분야에서 엄청난 이익을 올렸지. 다른 경쟁사는 보건, 금융 서비스, 정부 조달, 제조, 운송 등 여러 가지 사업 분야에 한꺼번에 뛰어들었지만, 월레스는 오로지 통신에만 초점을 맞췄어. 그래서 통신사업의 운영 과정과 구조를 속속들이 꿰뚫었지. 계약은 어떻게 체결하는지, 프로세스는 어떻게 이루어지는지 파악해서 부가가치가 가장 많은 지점이 어디인지 알아 냈어. 그렇게 해서 그들은 통신업계에서 유일무이한 이익률을 기록했지."

스티브는 자오의 이야기에 매료돼 잠자코 듣기만 했다. 자오가 갑자기 스티브에게 물었다.

"월레스가 그렇게 높은 이익을 낼 수 있는 이유를 짐작할 수 있겠어?"

스티브는 갑자기 공격을 당한 셈이었지만 크게 당황하지 않았다. 지난 몇 주 동안 미처 준비가 안 된 상태에서 이렇게 기습적으로 어려운 질문에 대답해야 했던 터라 어느 정도 단련되었던 것이다.

"음, 그들은 고객 시스템을 더 잘 알기 때문에 제품과 서비스를 세공하는 데에 비용 면에서 이점을 누릴 겁니다."

"콴토Cuanto?"

"네?"

"아, 미안해. 내가 자주 쓰는 스페인 말인데, 얼마냐고 묻는 거지."

"경쟁사보다 최소한 5퍼센트 내지 6퍼센트 정도 비용을 절감할 수 있을 겁니다."

"그보다 더 높지 않을까?"

"아마 그럴지도 모르죠."

"콴토?"

자오가 약간 심술궂게 웃으며 물었다.

"7퍼센트에서 10퍼센트 정도 되지 않을까요?"

"그보다 더 높을 수도 있지 않을까?"

"음, 그렇지는 않을 겁니다."

"좋아. 이익을 내게 된 다른 이유가 또 있을까?"

"그들은 경쟁사가 가지지 못한 가격 프리미엄을 누릴 겁니다."

"그 프리미엄이 꽤 클까?"

"그렇지는 않을 겁니다."

"콴토?"

"경쟁사보다 3퍼센트에서 5퍼센트 정도 높은 가격에 제품을 팔 겁니다."

"그 밖에 월레스가 가진 이점은 뭐가 있을까?"

스티브는 곰곰이 생각했다.

"통신사업 분야에서 명성이 높아지겠죠. '이 친구들은 이 사업이 어떤 건지 제대로 알고 있군.'이라는 평판을 얻게 될 테니 말입니다."

"그래? 그게 이익에 어떤 의미가 있는데?"

스티브는 이익에 영향을 미치는 경제적인 변수를 생각해 내려고 애썼다.

"음, 판매 주기가 더 짧아지게 될 겁니다."

"그 다음은?"

"그래서 인력의 가동률^{utilization}이 높아지죠."

"그게 다야? 다른 건 없어?"

자오의 반응에 스티브는 조금 당황했다.

"우수한 인재를 끌어모을 수 있겠죠."

"그렇게 해서 얻는 이점은 뭐지?"

"더 좋은 품질, 더 낮은 비용, 더 높은 기술력을 통해 후속 사업을 더 많이 이끌어낼 겁니다."

자오는 물러서지 않았다.

"그 다음은?"

"가격 책정에 유리할 뿐만 아니라 잉여인력 없이 인력을 최대로 활용할 수 있겠죠."

"좋아."

드디어 자오가 멈췄다. 하지만 만족해서일까? 그렇지 않았다.

"내가 아까 EDS 같은 기업들이 경쟁사보다 높은 이익률을 낸다고 했지? 자네가 지금까지 말한 것들이 월레스의 높은 이익률을 다 설명한다고 생각해?"

스티브가 또 잠시 생각에 잠겼다.

"글쎄요. 뭔가 다른 이유가 더 있을 것 같아요."

"있고말고. EDS나 월레스와 같은 '전문가 회사(전문가들이 주축을 이루는 회사)'는 여러 가지 옵션별로 가격을 책정하고 관리하지. 그들은 고객 니즈에 맞는 서비스를 제공하는 데에 얼마나 비용이 드는지 잘 알기 때문에 세부항목별로 가격을 정확하게 책정할 수 있어. 그들은 고객에게 절대 '그 가격으로는 서비스할 수 없다'는 소리는 하지 않아. 대신에 고객들에게 왜 그런 가격이 나올 수밖에 없는지를 상세하게 설명해 주지. EDS나, 월레스, 그리고 고객 전담 관리 제도를 운영하는 HP^Hewlett Packard(휴렛패커드, 미국의 전자통신기업)는 모두 다양한 서비스 옵션과 상세한 가격 책정 알고리즘을 통해 남들보다 뛰어난 이익률을 보이는 거야. 이 점이 아주 중요하지. 이것 말고 월레스가 가진 이익 창출의 이점에는 뭐가 있을까?"

스티브는 머릿속에서 계속해서 질문을 숙고해 봤다. 몇 가지 생각이 떠올랐다.

"예를 들어 제가 어떤 분야의 전문가로 널리 알려져 있다면 제가 고안한 해결책을 계속해서, 다섯 번, 열 번 아니 그 이상도 팔 수 있습니다."

자오의 가슴은 기쁨에 두방망이질 쳤지만 얼굴에는 전혀 드러내지 않았다.

"그러면 이익률이 얼마나 될 거 같아?"

"60퍼센트에서 70퍼센트 정도요?"

"그렇게나 많이?"

스티브는 자신의 주장을 굽히지 않았다.

"네. 그 정도로 높습니다."

"이유가 뭐지?"

"대부분의 비용이 해결책, 즉 아이디어를 개발하는 데 들어가기 때문입니다. 아이디어를 반복하고 거기에 가격을 매겨 시장에 내놓을 수 있다면 운영비용을 대폭 낮출 수 있습니다."

"그러니까 효과적인 해결책을 가지고 있으면 이익에 엄청난 효과를 줄 수 있다는 거로군?"

"네, 엄청나죠. 그리고……."

"그리고, 뭐?"

"전문가 회사가 그런 해결책과 아이디어를 고안해 낼 가능성이 '비전문가 회사'에 비해 훨씬 높습니다."

"여기에도 규모의 효과가 존재한다는 뜻이야?"

"그렇습니다. 전문가 회사는 1년에 여러 개의 해결책을 고안할 수 있겠지만, 비선문가 회사는 난 하나노 못 만들지 모르니까요."

"그 밖에 또 무엇이 월레스의 강점일까?"

스티브는 '이 정도면 충분하지 않습니까?' 라고 말하고 싶었지만 자오는 더 나은 생각을 원하는 것이 틀림없었다. 그는 계속해서 생각을 몰아붙였다.

"전문가 회사는 업계, 고객사, 특정 정책 입안자들과 선이 닿기 때문에 반복해서 사용할 해결책을 신속하게 테스트하고 판매할 수 있습니다."

"그러니까 전문가 회사에는 소위 말하는 '빽'이 있다는 말이야?"

"정확하게 맞히셨어요."

자오는 만족스러운 듯 껄껄거리며 웃었다.

"좋아. 자네에겐 좀 생소하겠지만 지금까지 얘기한 내용을 한 마디로 정의하면 '전문가 이익모델'이야. EDS, 월레스, HP가 높은 이익을 내는 데에는 '전문가 이익모델'의 힘이 크지. 참 ABB도 이 모델로 성공한 대표적인 회사야."

"네?"

"ABB를 모른단 말이야? ABB는 토목 엔지니어링이 주업인 유럽의 대기업이야. 이것을 이번 주 읽기 숙제로 정해야겠군.《이익 지대 The Profit Zone》의 12장을 읽어봐(이 책은 국내에 '수익 지대'란 제목으로 번역되었음). 토목 엔지니어링 업계에서 '전문가 이익모델'을 만들려면 어떻게 해야 하는지, 그런 기회를 최대한 찾으려면 무엇을 해야 하는지 상세하게 다루고 있지. 혹시 자네가 아는 회사 중에 '전문가 이익모델'을 활용하는 회사가 있나?"

자오가 질문하자 스티브는 재빨리 반응했다.

"여기 스톰 앤 펠로에 있는 사람들처럼 실력 있는 반독점법 전문 변호사, 심장병 전문 의사, 엔지니어들이 있습니다. 법조계, 의학계, 전문직 중에서 가장 우수한 사람들 말이죠."

"맞았어. 사실 ABB는 그 원칙을 토목 엔지니어링 업계에서 본격적으로 응용한 경우지. 다른 회사는 또 없을까?"

스티브는 자오를 선제공격하여 이번 주 숙제를 그 자리에서 할 수 없을까 머리를 굴리고 있었다.

"대학 교수, 특수제품을 판매하는 소매업자, 전문화된 건설업체 등이 있겠네요."

"모두 다 좋은 사례이군. 그러면 회사들을 공통적으로 꿰뚫고 있는 요소는 뭘까?"

스티브는 즉각 대답했다.

"1번, 더 나은 지식으로 비용을 줄일 수 있다. 2번, 업계에 구축된

명성이나 다양한 서비스 옵션을 통해 가격설정에 유리하다. 3번, 판매 주기가 짧다. 4번, 폭넓은 인맥 덕택에 누구에게나 신속하게 접근할 수 있다. 5번, 좋은 아이디어만 있으면 그것을 반복해서 팔 수 있기 때문에 높은 이익을 창출한다."

이번에는 자오가 노트에 필기했다. 그는 스티브가 내놓는 따끈따끈하고 명쾌한 답변이 좋았다. 그는 스티브가 계속하길 바랐다.

스티브가 말을 이었다

"이 모든 것을 종합하면 비전문가 회사와 전문가 회사가 낼 수 있는 이익의 차이는 10퍼센트에서 15퍼센트 정도 됩니다. 비전문가 회사의 이익률이 0일 때 전문가 회사는 15퍼센트의 이익을 내고, 비전문가 회사가 10퍼센트를 내면 전문가 회사는 25퍼센트를 달성하죠."

자오는 더할 나위 없이 만족스러웠다. 하지만 자신이 그런 감정을 드러내 보일 수 없다는 점이 아쉬웠다.

"아예 지금 숙제를 다 해 버렸구먼. 이번 주엔 무엇을 할 예정이지, 스티브?"

스티브는 적절한 대답을 궁리하다 아주 좋은 생각이 떠올랐다.

"지난 9회까지의 수업 내용을 복습하고 완전히 소화하겠습니다. 그리고 필요할 때마다 자동적으로 불러낼 수 있을지 시험해 보겠습니다."

자오는 깜짝 놀랐다. 전혀 예상하지 못했던 답이었다.

"어느 저명한 일본인 통역가가 나에게 이런 말을 한 적이 있어. 스티브도 기억해두면 좋을 거야."

"무슨 말이었습니까?"

"학습에는 4단계가 있다. 바로 인식Awareness, 다루기Awkwardness, 적용Application 그리고 동화Assimilation 단계가 그것이다, 라고 말이야."

스티브는 그 말이 맘에 들었다. 게다가 덧붙이고 싶은 기발한 생각도 들었다.

"사실 5번째 단계도 있습니다."

"그게 뭐지?"

"예술Art입니다."

자오는 미소를 지었다.

"언젠가는 그 말도 맞겠지. 자네가 동화 단계까지 이르면 예술의 경지에도 도전하기를 빌어. 그러면 나도 정말 기쁠 거야."

"저도 그러길 바랍니다. 정말로요."

"그래 기대할게. 그러는 동안 델모어에 집중하고 계속 일하도록 노력해 봐."

"쉽진 않을 것 같습니다."

"알고 있어."

"모두가 살 길을 찾기 시작했어요."

"스티브 자네도?"

"저도 생각해 봤지요. 아직까지 저는 델모어를 살려야 할 이유와 가치가 남아 있다고 믿고 있습니다."

"아, 물론이지. 전적으로 동감해."

자오가 열정적으로 스티브의 말에 응답했다.

"동감하신다고요?"

"내가 델모어를 계속 주시하고 있다고 말했잖아. 델모어에는 향후 20년 이상 번창할 여러 가지 사업을 가지고 있어. 그리고 가치 창출에 기여할 전문 기술인력도 풍부해. 다만 문제는……."

스티브가 중간에 끼어들었다.

"문제는 그러기까지 너무 오래 걸린다는 거죠."

자오는 고개를 끄떡이며 다음과 같이 한 마디 덧붙였다.

"오래 걸리지 않으면서도 각 사업 분야의 이익이 어디에서 창출되는지, 그것을 찾아내는 것이 관건이야. 해답은 저 너머에 있지만 어쨌든 자네 같은 젊은이들이 해내야 하지."

"노력하고 있습니다."

한 번의 설치로 수요를
지속적으로 창출하라

설치기반 이익모델

12월 21일. 자오는 서론도 없이 바로 이야기를 시작했다.

"눈을 감고 카메라를 떠올려 봐. 일반 카메라 말고 폴라로이드 같은 즉석카메라 말이야. 아니면, 면도기나 개인용 복사기를 떠올려도 좋아"

"생각하고 있습니다."

스티브는 농담조로 답했다.

"좋아. 그럼, 이번엔 양동이 2개를 생각해 봐. 하나에는 기구나 장비가 들어 있고, 다른 하나에는 소모품이 들어있다고 상상하는 거야. 그런 다음 양팔저울을 가지고 두 양동이를 비교한다고 가정해."

스티브는 눈을 감고 열심히 집중하는 듯 얼굴을 찌푸렸다.

"됐습니다."

"좋아. 두 양동이 중 어느 한쪽으로 저울이 기울겠지? 그런데 저울이 왜 기울까? 무게차이는 아니니까 다른 걸 생각해봐 스티브. 두 양동이 차이는 뭐지?"

스티브는 장난스러운 태도를 버리고 정말 진지하게 생각하기 시작했다. 그러다 실마리를 달리는 듯 자오를 쳐다보며 물었다.

"이익률 차이인가요?"

"글쎄……."

스티브는 좀 더 생각해 보았다.

"한 쪽 양동이는 낮고 다른 쪽 양동이는 높습니다."

자오가 좀 더 말해보라는 듯이 눈을 굴렸다.

"서로 이익률 차이가 크게 나는 걸까요?"

자오는 동의한다는 뜻으로 중얼거리듯 말했다.

"어림 잡아보면?"

"아마 기구나 장비가 든 양동이는 2퍼센트에서 5퍼센트, 소모품이 든 양동이는 10퍼센트에서 15퍼센트의 이익률을 올릴 겁니다."

"좋아."

자오는 노트와 펜을 잡고 재빨리 손을 돌려 그림을 그렸다. 그는 그림 위에 '상대적 수익성relative profitability'이라고 쓰고 노트를 스티브에게 건넸다.

"그림 나머지 부분을 한번 채워 봐."

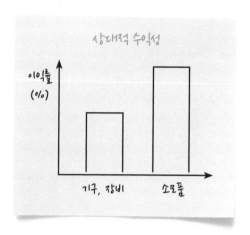

스티브는 자오의 펜을 받아들고 잠시 생각을 하다 뭔가를 썼다. 짧은 막대 아래에 '기구, 장비'라고 쓰고, 긴 막대 아래에는 '소모품'이라고 썼다.

"잘했어. '상대적 수익성' 말고 이 그림에 다른 제목을 붙일 수는 없을까?"

스티브는 스스로에게 짜증이 났다. 다음 단계도 미리 예상하고 있어야 했는데 그러지 못했다. 스티븐은 곤란한 표정으로 자오를 바라보았으나 자오는 무표정한 얼굴로 자신을 쳐다보고 있었다.

스티브는 진퇴양난의 심정이었지만 마음을 애써 다스렸다. 그는 자오에게서 시선을 돌려 눈부신 정오의 태양 아래 서있는 자유의 여신상을 오랫동안 쳐다봤다. 마침내 아이디어가 떠올랐다.

"혹시 수요의 변동성인가요?"

"맞았어."

스티브의 얼굴이 밝아졌다.

"대개 소모품은 수요의 변동성이 높지만, 기구나 장비는 수요의 변동성이 낮습니다. 수요의 변동성은 다양한 요인에 영향을 받는데 특히 제품에 대한 신규 수요가 어느 정도냐, 제품에 대한 수요가 얼마나 지속적이냐에 따라 영향을 받죠. 한 번 설치하는 데 돈이 많이 드는 제품, 그러니까 예를 들면 고가 복사기 같은 장비일수록 수요의 변동성이 더 작습니다."

"제목으로 붙일 만한 게 또 없을까?"

스티브는 금방 부딪쳤던 벽에 또 다시 막혀 무력하게 서 있는 것 같은 당혹감을 느꼈다.

"힌트를 좀 주시면?"

"음, 고객의 가격 민감성customer price sensitivity은 어때?"

자오는 못 이기는 척 말했다. 스티브는 그 말에 귀가 솔깃했다.

"알겠습니다. 고객이 처음 구매할 때 기구나 장비는 가격 민감성이 높은 반면, 소모품은 낮습니다."

"왜 그렇지?"

"저가 제품은 일반적으로 가격 민감성이 낮지요."

"또 다른 제목을 붙일 수는 없을까?"

스티브는 마지막 대답에서 자신감을 얻어 크게 외쳤다.

"교섭력bargaining power입니다!"

"그게 뭐지?"

"교섭력이 이동합니다."

"도대체 무슨 뜻이야?"

"고객이 어떤 제품을 처음 구매할 때는 선택할 대안이 많습니다. 고객에게 교섭력이 있다는 말이죠. 하지만 판매가 이뤄지고 나서는 판매자에게 교섭력이 넘어갑니다. 왜냐하면 고객은 판매자가 만든 부품만을 써야 하고 판매자가 제공하는 서비스에 종속되기 때문입니다. 고객이 HP의 잉크젯 프린터를 쓰려면 HP가 만든 잉크 카트리지만을 써야하는 것처럼 말이죠. 선택의 다양성을 잃은 겁니다. 일반적으로 기구나 장비는 한 번 판매되면 판매자의 교섭력이 커집니다. 소모품의 경우엔 판매자의 교섭력이 그렇게 크지 않죠. 고객들이 언제든지 다른 소모품을 사용할 수 있으니까요."

"아주 잘했어."

"더 말씀 드릴 게 있습니다."

"오, 뭐지?"

"기구나 장비를 파는 판매자가 교섭력만 믿고 멋대로 하면 큰 코 다칠 수 있습니다"

"어떻게?"

"두 가지가 있습니다. 하나는 장비의 가격을 너무 높게 붙여서 일을 망치는 것이죠. 그러면 고객은 구매욕구가 떨어져서 브랜드를 바꾸거나 제품을 아예 구매하지 않을지도 모릅니다. 그렇게 되면 황금알을 낳는 거위가 그냥 죽어 버리죠."

"또 한 가지는?"

"고객들의 구매 편의를 위해 노력하지 않아서 일을 망치는 경우죠."

"그게 무슨 말이지?"

"제품 판매를 조기에 알려준다든지, 재구매를 유도하는 공지를 띄운다든지, 재구매하면 혜택을 준다든지 등의 구매 편의를 위해 노력하지 않는 경우를 말합니다. 장비를 판 다음에 그것을 토대로만 수동적으로 이익을 벌어들이려고 하는거죠."

자오는 잠시 아무 말도 하지 않았다.

"정확하게 짚어내지는 못했지만 다른 관점을 생각해보려는 의지는 좋군. 맘에 들어. 오늘 자네가 배운 이익모델은 '설치기반 이익모델'이라고 이름 붙이면 좋겠군. 가격이 비싼 기구나 장비를 고객이 구매해서 설치하면 그것을 통해 지속적인 수요를 창출하는 것, 그것이 바로 '설치기반 이익모델'이야. 오늘은 여기까지 하지."

스티브가 크게 한숨을 내쉬었다. 아주 길지는 않았지만 마치 힘들게 에어로빅을 한바탕하고 난 것처럼 힘이 들었다. 근래에 이보다 더 강도 있게 생각하고 연구를 해본 일이 있던가? 아마 처음이지 싶었다.

"그냥 좀 생각해 봤는데요."

스티브가 갑자기 말을 꺼냈다.

"뭐지?"

"저희 회사의 건축자재 사업(델모어 서플라이)의 상당 부분이 '설치기반 이익모델'으로 이익을 창출한다는 생각이 듭니다."

자오는 약간 놀란 눈으로 스티브를 바라봤다.

"좀 더 자세히 말해봐."

"델모어 서플라이는 에어컨 필터, 난방기 필터, 난방로, 도관, 연통, 출입문과 창문의 방충망 등을 생산하는데요, 사람들은 전에 샀던 물건을 다시 구입하는 경향이 있습니다. 집을 구입하거나 가전제품을 구입할 때 함께 부착된 부품들과 같은 것들을 다시 사려고 하죠. 그래서 델모어 서플라이가 '설치기반 이익모델'이라고 말한 겁니다. 하지만 델모어 서플라이는 고객들의 이런 성향을 적극적으로 활용할 생각을 하지 않죠. 고객을 계속해서 관리하거나 구매를 한 차원 높게 업그레이드하려는 노력도 하지 않습니다. '설치기반 이익모델'이긴 한데 아주 수동적이죠."

"노력하면 업그레이드할 수 있을까?"

자오가 믿어지지 않는다는 듯 물었다.

"잘 모르겠어요."

스티브가 자세를 똑바로 고쳐 앉으며 말했다.

"가만, 가능할 것 같습니다. 어제 곧 출시되는 신제품에 대한 보고서를 읽었습니다. 알레르기를 유발하지 않는 공기 필터가 있었어요. 또 환경친화적인 난방기 부품, 냉·난방비를 절감하고 실내공기 오염을 최소화하는 단열재와 방충망도 있었습니다."

"델모어 서플라이가 그런 제품들에 대해 공격적으로 마케팅을 전개한 적이 있어?"

스티브가 머리를 가로저었다.

"아니요, 제대로 하지 않았습니다. 그저 대리점들에게 우리가 가지고 있는 제품들이 무엇인지 알리기만 합니다. 그러면 대리점들이 알아서 제품을 가져가죠. 대부분의 고객들은 3분의 1가격으로 구형 제품을 계속 구매한다고 하는데요, 신제품을 출시해봤자 별로 관심이 없다는 소리죠. 여기에 문제가 있는 것 같습니다.”

“‘피라미드에 문제가 있다는 말이야?”

“네, 제품 피라미드를 올바로 구축하지 못한 것 같습니다. 피라미드를 잘 구축하려면 아마도 할 일이 굉장히 많겠죠. 유감스럽게도 델모어 서플라이의 생산라인 상당 부분이 계획 없이 마구잡이로 돌아가고 있습니다. 하지만 조금만 생각하면 최고의 이익을 내는 피라미드 체계를 잡을 수 있을 거라 믿어요. 그렇게 하면 ‘설치기반 이익모델’과 ‘피라미드 이익모델’을 결합할 수 있습니다!”

자오가 고개를 끄덕였다.

“그래, 깊이 연구해 봐. 그러면서 꼭 기억할 것이 있어. 답은 고객에게 있다는 것. 고객들이 비용을 기꺼이 지출할 것인가, 얼마나 지출할 것인가를 결정하는 사람들이니까 말이야.”

“네, 무슨 말씀이신지 알겠습니다.”

스티브는 이곳을 떠나 빨리 일하려는 것처럼 일어나 짐을 챙겼다.

“아, 읽기 숙제는 없습니까?”

자오는 당황한 모습으로 스티브를 바라봤다. 사실 자오는 스티브가 다음에 무엇을 읽어와야 할지를 생각해 두지 않았다. 하지만 휴일 때문에 다음 주를 쉬게 되니 스티브에게 뭔가 연구하고 생각할 만한 것을 알려줘야 했다. 잠시 생각을 한 후 자오가 말했다.

"《메이드 인 아메리카》를 다시 읽어와. 이번에는 처음부터 끝까지 다 읽고 처음 읽을 때 놓쳤던 요점을 목록으로 만들어오도록 해."

스티브는 고개를 끄덕였다.

"그럼 2주 후 같은 시간에 뵙겠습니다."

"아니, 다음에는 점심 후 2시에 만나지. 그리고, 새해 복 많이 받아. 스티브."

"선생님도요."

스티브가 떠났다. 자오는 안도의 한숨을 쉬었다. 하마터면 당할 뻔 했군. 자오는 혼자 생각하며 웃음을 터뜨렸다.

'만약에 스티브가 알아차렸다면? 후후, 모르는 게 약이지.'

업계의 표준을
구축하라
업계표준 이익모델

1월 4일. 스티브가 자오의 사무실로 들어올 무렵 크고 부드러운 눈송이가 흩날리고 있었다. 첫눈이었다.

스티브는 젖은 코트를 벗어 출입문 옆 옷걸이에 걸어놓고 늘 앉던 의자에 앉아 손가락으로 팔걸이를 두드리며 허공을 바라보았다.

"무슨 일 있었어?"

자오가 물었다.

"어제 넷컴NetCom이 발표한 것을 들어보셨나요?"

넷컴은 성장세에 있는 신생 통신사이자 델컴(델모어의 통신사업부)의 경쟁사로 새롭게 부상하고 있는 기업이었다.

"아니, 어제 마드리드에서 돌아오는 중이라 못 들었는데 무슨 일이야?"

"넷컴에서 통신 서비스와 관련제품을 하나로 묶어서 제공하는 스위치보드 사업을 시작했습니다. 이 사업의 공급업체로 참여하려고 메이저 회사들이 입찰에 나섰고요. 어이가 없는 것은 델컴도 입찰에 참여했다는 겁니다!"

스티브는 기가 막힌다는 듯 허탈한 웃음을 지었다.

"그게 다야? 난 자네 아파트라도 무너진 줄 알았어!"

"그게 다라니요! 프랭크와 저는 분명 '스위치보드 이익모델'이 델컴에게 효과가 있을 거라는 확신이 있었습니다. 우리가 제안한 대로 델컴이 받아들였다면 넷컴에게 확실한 펀치를 날릴 수 있었을 겁니다. 하지만 이젠 늦었어요. 대체 이 사람들은 무슨 생각을 하는 건지, 전 도저히 납득이 안 갑니다."

자오가 고개를 가로저었다.

"진정해, 스티브. 아직은 넷컴의 스위치보드 사업이 효과가 있을지 아무도 모르잖아. 효과가 있다 해도 그게 동종업체인 델컴에게 큰 위협이 되진 않을 거야."

"하지만 그땐……."

스티브가 끼어들려 했지만 자오가 말을 끊었다.

"그리고, 그게 뭐 어떻다는 거야? 통신업계에서 이익을 낼 만한 사업은 얼마든지 있다고. 자네나 델컴이 해야 할 일은 이번 일을 통해 무언가를 배워야 한다는 거야."

스티브도 어느 정도 진정되는 듯했다.

"선생님 말씀이 맞습니다. 하지만 좋은 아이디어를 제안했는데, 그걸 실현시키지 못했다는 게 너무 답답하고 속상합니다."

자오가 소리 없이 웃었다.

"그런 것 때문이라면, 내가 장담컨대 앞으로 속상할 일이 아주 많을 테니 각오하는 게 좋을 거야."

하지만 스티브는 웃지 않았다.

"하지만, 제가 추진력 있게 행동했다면 분명 달랐을 거예요. 그게 너무 화가 납니다."

"스티브, 내가 자네보다 조금 더 살았으니 하는 말인데, 실패할 때마다 그걸 개인적인 것으로 받아들여서 자신을 괴롭히지 말아야 해. 안 그러면 짜증이나 화를 내는데 에너지를 쏟게 되고 그러다보면 더 많은 실수를 하게 돼. 그러니 지금 당장이 아니라 좀 더 멀리 내다보고 여유를 갖도록 해."

"네, 알겠습니다. 노력하겠습니다. 새해가 됐으니 새로운 기회가 오겠지요. 오늘은 무슨 이야기를 해주실 건가요?"

자오가 기다렸다는 듯 얼른 수업을 시작했다.

"스티브, 미니컴퓨터 산업에 대해 아는 거 있어?"

"잘은 모릅니다."

"한창 잘 나갈 때 미니컴퓨터 산업은 지난 시간에 배운 '설치기반 이익모델'의 성공사례, 아니 최고의 사례였어. 미니컴퓨터 시장은

독점시장이었기 때문에 고객은 수년 동안 비싼 비용을 지불하며 한 가지 시스템만을 사용해야 했지. 그래서 성공을 거뒀지만 결국 그것 때문에 망해 버렸어. 고객들이 엄청나게 반발했거든."

"가격이 너무 높았기 때문에 그렇게 됐다는 말씀이십니까?"

"아니, 꼭 그것만은 아니야. 그건 누구나 예상 가능한 표면적인 이유일 뿐이고, 진짜는 호환이 되지 않아서 생기는 높은 비용 때문이었어."

"전에 선생님께서 비용은 큰 문제가 아니라고 말씀하셨는데요?"

"여기선 직접적인 금전적 비용을 말하는 게 아니야. 시간, 노력, 심리적 불만족 같이 가장 심각한 영향을 미쳤던 비금전적 비용을 말하는 거지. 서로 시스템들이 호환이 안되는 바람에 비금전적인 비용이 아주 컸어.

그 결과, 미니컴퓨터에 대한 표준을 만들어야 한다는 논의가 대두되기 시작했어. 이것이 바로 오늘 이야기할 '업계표준 이익모델'의 사례야."

"그러면 '업계표준 이익모델'이 비금전적인 비용을 해결하고 엄청난 이익을 만들어 내는 건가요?"

"꼭 그렇지는 않아."

"그건 또 무슨 말씀이세요?"

"음, 한번 생각해봐. 표준을 만들어 낸다고 해서 바로 이익으로 이어질까?"

스티브는 잠시 입을 다물었다. 자오의 질문에 대답할 때는 항상 조심해야 한다는 것을 알기 때문이었다. 그는 깊이 생각하는 데에 진저리가 났지만 어느덧 익숙해져 가고 있었다.

"MS^{Microsoft}(마이크로소프트)를 생각해 봐. MS는 어디에서 돈을 벌지?"

"시스템 업그레이드로요."

"부분적으로는 그렇지."

"그리고 응용 프로그램 개발로 이익을 냅니다."

"그것도 맞아, 그리고?"

스티브는 다시 궁지에 몰린 것 같았다. 그는 자오가 논리적이고 완벽한 해답을 찾는다는 걸 알았지만 그게 무엇인지는 알 수 없었다.

"아마 뭔가 수치로 나타낼 수 없는 요소가 있는 것 같습니다."

스티브는 이 대답이 불충분하고 진부한 대답이라고 생각하면서도 용기를 내어 말했다.

자오는 놀라서 눈을 크게 떴다.

"바로 그거야, 제대로 파악하고 있군."

스티브는 가능한 재빨리 답을 내리려고 머리를 굴렸다. 그러면서 코카콜라 최고 경영자였던 고^故 로베르토 고이수에타^{Roberto Goizueta}가 한 말을 떠올렸다. 그것은 스티브가 가장 좋아하는 말이었다.

'땀날 정도로 열심히 생각하라'

스티브가 딱 그런 심정이었다.

그는 일단 MS의 윈도우 3.0, 95, 97, 98 그리고 NT나 오라클 Oracle의 5.0, 6.0, 7.0, 7.1, 7.2, 7.3 같은 시스템 개발에 자신이 쭉 참여하고 있다고 상상했다.

그러다 예상치 못했던 생각이 떠올랐다.

"MS는 계획력Plannability을 통해 돈을 법니다."

자오는 아무 대답 없이 그저 열심히 듣기만 했다.

"계획 없이 갑자기 어떤 비즈니스에 뛰어들면 처음엔 돈을 벌지 몰라도 나중엔 돈을 잃습니다. 여기저기서 크고 작은 경쟁사들이 출현해서 무질서하게 경쟁을 벌이기 때문이죠. 업계의 표준을 구축한 회사는 단계별로 비즈니스를 어떻게 전개해 나갈지 구체화할 수 있고 산업의 방향도 좌지우지할 수 있습니다. 이익을 낼 수 있는 힘은 바로 계획력에 있습니다."

자오의 얼굴에 희미한 미소를 스쳤다. 그는 더 이상 질문할 필요가 없었지만 그래도 질문을 계속해야 한다고 생각했다.

"MS처럼 업계 표준을 구축한 회사들은 또 어떤 장점이 있을까?"

스티브는 충격을 받았다. 더 압박한단 말인가? 어떻게 그럴 수 있지? 하지만 스티브는 이런 반전에도 어느 정도 익숙해지고 있었다. 그는 단숨에 현실로 돌아와 맹렬하게 생각에 몰두했다. MS와 오라클 가상 모의실험으로 돌아가 그 다음 요소가 무엇일지 생각해 내려고 애썼다.

그렇게 10분 정도 시간이 지났다.

자오는 한 치의 미동도 없이 창 너머 월스트리트 60번지의 빌딩을 응시하고 있었다. 드디어 스티브가 말문을 열었다.

"고객이 직접 마케팅 활동에 참여하여 회사의 마케팅 비용을 줄여줄 겁니다."

자오가 천천히 스티브를 돌아보면서 활짝 미소를 지었다.

"예를 들어볼까?"

"음, 저번 주 신문에 유명한 회계법인이 기존에 사용하던 로터스 Lotus(소프트웨어기업. 로터스의 소프트웨어는 그래픽 사용자 인터페이스가 없던 시절 IBM PC 초창기에 널리 쓰였다) 시스템을 MS 시스템으로 대체한다는 기사가 났습니다. MS로 표준을 삼는 고객들이 시스템을 변경하라고 압력을 가했기 때문이었죠."

"그게 얼마나 가치가 있는걸까, 스티브?"

그와 동시에 스티브도 말을 꺼냈다.

"아주 큽니다."

스티브는 이런 시시한 대답에서 그치고 싶지 않았다. 그는 매출에서 마케팅 비용이 차지하는 비율이 얼마나 되는지 한참 생각했다.

"고객들의 '자진 마케팅 활동'은 기업의 마케팅 비용을 20퍼센트 내지 30퍼센트 절감해줄 겁니다."

"매출에서 마케팅 비용이 차지하는 비율은 얼만데?"

"아마 20퍼센트에서 25퍼센트 사이일 겁니다."

"매출 대비로 계산하면 어떻게 되지?"

"매출의 20퍼센트에서 25퍼센트에 해당하는 마케팅 비용을 20퍼센트에서 30퍼센트만큼 절감하니까, 매출 대비해서 적어도 4퍼센트, 많으면 8퍼센트의 효과를 낼 수 있습니다(20%×20% = 4%, 25%×30% = 약 8%). 만약 1억 달러의 매출을 올리는 회사라면 400만 달러에서 800만 달러 정도 마케팅 비용이 절감되는 것이죠."

"굉장한 수치군."

"어마어마하죠. 업계표준을 유지하는 한 그렇습니다."

"가장 오래 지속되어온 '업계표준 이익모델' 사업엔 어떤 게 있을까?"

"IBM의 메인프레임 사업이 아닐까요?"

"그게 얼마나 오래 됐지?"

스티브는 기억해 내려 애썼다.

"25년? 30년? 저도 확실히는 모르겠습니다."

"최초의 메인프레임인 IBM 360이 출시된 게 1964년의 일이야."

"굉장하네요."

"하지만 앞으로는 그런 성공이 반복되지 않을 거야. 그건 그렇고, 오늘 학습은 내가 예상한 것보다 진도가 아주 빨랐군."

자오는 아주 기분이 좋았다. 스티브와 함께하는 수업이 이렇게 절반까지 진행되리라 생각하지 못했기 때문이다.

"이번 주 숙제는 없어."

"그럼 읽을 것은요?"

"그것도 없어. 아냐, 잠깐만 기다려 봐."

자오는 갑자기 다음 주 주제가 무엇인지 떠올렸다.

"여기, 즐기면서 읽도록 해."

자오는 책꽂이에서 책 두 권을 뽑았다. 둘 다 데이비드 오길비의 책으로 하나는 《어느 광고인의 고백Confession of an Advertising Man》[8], 다른 하나는 《오길비 언 애드버타이징Ogilvy on Advertising》[9]이었다.

"이번 주는 오길비 책 시리즈군요?"

"그래. 이 책들을 쉽게 읽을 수 있을 거야. 단순해서가 아니라 오길비의 관점이 재미있기 때문이지. 이 책을 통해 오길비의 정신을 느낄 수 있을 거야. 이익모델은 생각하지 말고 그냥 즐기면서 읽도록 해. 참, 신문이나 TV에 나오는 여러 광고들을 살펴보고 와. 그 광고가 실제로 어떤 메시지를 전달하는지 생각하면서.

그리고, 한 가지가 더 있어."

자오는 책꽂이에서 한 부분이 접혀 있는 책을 꺼내 스티브에게 내밀었다.

"에즈라 파운드의 《독서의 기초ABC of Reading》[10]의 1장을 같이 읽도록 해. 오길비와 파운드는 정말 대단한 사람이야. 스티브 자네도 알아두면 좋겠어."

스티브는 책을 가방에 넣고 사무실을 떠났다.

그로부터 3일이 지났다.

화요일 밤, 8시가 약간 넘어서 스티브의 전화기가 계속해서 울렸다. 그는 전화를 받고 싶지 않았다. 그에게 전화란 소통의 도구가 아니라 생활을 간섭하는 성가신 도구이기 때문이었다.

자동응답기가 돌아가기 시작했고 스피커에서 자오의 목소리가 흘러나왔다. 자오? 스티브는 깜짝 놀라 수화기를 집어 들었다. 한 번도 전화한 적 없던 자오가 웬일이지.

"죄송합니다. 다른 방에 있다가 이제야 받았어요."

"레슬링 경기를 보고 있었어?"

자오가 농담을 했다.

"아니요. 건축자재 사업에 대한 전략을 구상하고 있었어요."

"이런 내가 방해를 했군. 하지만 꼭 해야할 말이 있어서 전화했어."

"괜찮습니다. 무슨 일인데요?"

"내가 그 책들을 보면서 그냥 즐기라고 했던 말, 기억나지?"

"네."

"미안하지만, 한 가지를 잊었어. 서비스나 제품이 동일한 데도 브랜드 파워 때문에 가격이 달라지는 사례를 세 가지만 조사하도록 해. 토요일에 배울 이익모델이 '브랜드 이익모델'이거든."

"아, 그렇게 하겠습니다."

공손하게 응답하느라 그렇게 말했지만 스티브는 기분이 썩 좋지 않았다.

"그럼 토요일 날 보자고."

"네, 안녕히 주무세요."

스티브는 수화기를 내려놨다.

젠장, 이 일을 어쩌지? 그는 혼자 투덜거렸다. 그 주에 처리해야 할 일을 생각하니 슬그머니 두려워졌다.

'젠장, 젠장, 젠장.' 스티브는 불만에 가득차서 계속해서 이 말만 되뇌었다. 화요일은 이미 다 갔고 수요일과 목요일은 4시까지 회의가 잡혀 있었다. 또 수요일 저녁에는 캐시를 포함한 동료들과 저녁 식사 모임이 있었다. 그뿐만이 아니라 금요일 저녁에는 여자친구와 그녀의 여동생 약혼식 파티에 가기로 약속했다. 도저히 방금 받은 숙제를 할 수 있는 상황이 아니었다.

스티브의 마음은 매우 급박해졌다. 무언가 묘수를 생각해내야만 했다. 그것도 아주 빨리.

강력한 브랜드를
구축하라

브랜드 이익모델

1월 11일. 스티브는 수면부족으로 흐릿하고 퀭한 눈빛으로 앉아 있었다.

"늦게 잤나보군."

"새벽 3시 반에 잤어요."

자오는 속으론 미소를 지었지만 겉으로는 무표정하게 입을 다물었다.

"에즈라 파운드의 책은 읽어봤어?"

스티브는 한숨을 쉬었다. 그날 아침까지 읽기 숙제를 잊어버리고 있었던 것이다. 사실 반쯤은 일부러 잊어버리려 했던 마음도 있었다. 스티브는 아침에 커피를 마시며《독서의 기초》의 1장을 파악하려 애썼지만 거의 이해하지 못했다. 중국의 표의문자, 작곡가 스트라빈스키Stravinsky, 프라도Prado 미술관에 있는 그림들에 관한 논평과 에즈라 파운드 본인이 싫어하는 인물들에 대한 비판으로 뒤범벅된 글이었다. 스티브는 그들이 누군지도 대부분 몰랐다.

그러니 스티브는 무슨 말을 해야 할지 고민스러웠다.

"전 정말 파운드의 책을 읽고 이해하려고 노력했습니다. 진짜로요. 그러나 솔직히 말씀드리면 파운드가 이야기하려는 게 도대체 뭔지 모르겠습니다."

자오는 별로 놀란 것 같지 않았다. 오히려 이해한다는 듯 고개를 끄덕였다.

"그걸 이해할 수 있을 거라고는 생각하지 않았지."

자오는 혼자만 들을 정도로 작게 말을 했다. 그러고는 바로 스티브를 바라봤다.

"사실, 그 내용들은 그렇게 어렵지 않아. 주제가 명백하지. 파운드가 전혀 상관없는 엉뚱한 이야기를 한다는 건 잘못된 생각이야."

"전 도저히 파운드를 이해할 수 없었어요, 또 파운드가 언급한 사람들 중 절반도 들어본 적도 없었⋯⋯."

스티브가 이의를 제기했다.

"알지 알아."

자오가 더 이상 참지 못하겠다는 듯 손을 내저어 스티브의 반론을 막았다.

"파운드가 말하려는 요점은 아주 명백해. 최소한 아가시^{Agassiz}와 물고기에 관한 이야기는 이해했겠지?"

스티브의 얼굴이 약간 빨개졌다. 그 이야기는 완전히 잊어버리고 있었던 것이다. 아가시? 물고기? 그 이야기가 도대체 어디에 있었지? 머릿속이 분주하게 돌아갔다.

"이렇게 하자고."

자오가 부드럽게 말했다. 아마도 스티브를 용서해주고 싶은 것 같았다.

"지금 바로 읽어봐. 17페이지를."

스티브는 가방에서 책을 꺼내 읽기 시작했다.

아가시와 물고기 이야기를 이해하지 못한 사람은 현대적인 사고를 할 준비가 되어있지 않다.

대학원을 우등으로 졸업한 학생 하나가 아가시에게 마지막으로 가르침을 받고자 했다. 위대한 아가시는 그에게 작은 물고기를 주며 물고기를 묘사해 보라고 말했다.

대학원생은 말하길,

"그냥 개복치일 뿐인데요."

그러자 아가시는

"그건 나도 알고 있네. 이 물고기를 묘사한 것을 적어보게."

몇 분후, 이 학생은 관련 과목 교과서에서 그 개복치를 찾아
〈Heliichtherinkus〉과(科)에 속하는 〈Ichthus Heliodiplodokus〉
라는 학명을 가진 물고기라고 설명했다. 쉽게 흔히 볼 수 있는
물고기인 개복치를 진부하고 재미없는 지식으로 포장해 온
것이었다.

아가시는 다시 학생에게 개복치를 설명해 보라고 말했다.
그러자 그 학생은 이번에는 4페이지짜리 에세이를 써왔다. 아
가시는 그에게 물고기를 관찰하라고 했다. 3주 후 물고기는
상당히 심하게 부패했고, 학생은 거기에 무엇인가를 깨닫게
됐다.

스티브는 다시 고개를 들었다.

"근데 이 아가시라는 사람은 누구입니까?"

"누구인 것 같아?"

"어류 전문가인가요?"

"단순한 어류 전문가가 아니었지. 그는 다윈이랑 맞먹는 사람으
로 19세기 미국의 자연주의 학자였어. 하지만 여기서 중요한 건 그
게 아니야. 자네가 보기엔 어때? 이 이야기의 진짜 핵심은 뭘까?"

스티브는 한참 생각했다.

"관찰의 중요성을 말하는 것 같은데요. 단순히 교과서에 나온 것을 습득하지 말고 실체를 가까이서 직접, 그리고 걸러지지 않은 상태로 연구해서 배우라는 것 같습니다. 이야기 속 학생은 과학 용어를 외운 것보다는 실제 물고기를 관찰하면서 더 의미 있는 무언가를 배웠습니다. 뭔가를 간접적으로 아는 것과 직접적으로 아는 것, 그 차이를 말하고 있습니다."

자오가 자신의 검지로 스티브의 가슴을 가리키며 말했다.

"바로 그거야! 그렇다면 이걸 어떻게 수익성에 적용시킬 수 있을까?"

"제 생각으로는 최고의 이익을 달성하는 회사를 연구해서 그 방법을 배워야 합니다. 그들의 비즈니스 모델을 알아내서 다른 곳에 어떻게 적용시킬지를 생각해야 하죠."

"이야기 속 학생처럼 비즈니스 모델을 관찰하려면 어떻게 하는 게 좋을까?"

"손익계산서를 본다든가, 연례보고서를 읽어야 할까요?"

"그건 아니야! 그런 것들이 나쁘지는 않지만 이야기 속 학생이 교과서를 외운 것과 다를 게 없지. 그 회사의 비즈니스 모델을 알려면 생물학자가 표본을 연구하듯 직접 관찰해야 해. 매장이나 공장 아니면 그 회사 사무실에 직접 가보고, 제품을 사용해 보고, 애프터서비스를 시험 삼아 받아보고, 웹사이트도 둘러보고 말이야.

그렇지만 가장 중요한 건 그 회사의 고객과 대화를 나누는 거야.

가능하다면 고객과 같이 생활해보는 게 가장 좋지. 고객과 시간을 보내며 그들이 무엇을 하는지, 어떤 방식이 그들에게 효과가 있는지, 그들이 무엇을 싫어하는지, 그리고 고객의 삶을 편리하고 즐겁게 만들어 주는 것이 무엇인지 파악해야 해. 그래야 고객의 니즈를 알 수 있어. 포커스그룹 인터뷰나 설문 조사 결과를 읽어보는 것도 좋지만, 실제로 만나서 이야기를 나누는 게 제일 좋아. 고객과 함께 1시간을 보내면 보고서 50개를 읽는 것보다 훨씬 많은 것을 배우게 될 거야."

"무슨 말씀인지 알겠습니다. 파운드의 이야기는 과학적인 사고방식으로 사물에 접근해서 실체를 배우라는 뜻이고, 선생님의 말씀은 역시 과학적인 사고방식으로 비즈니스에 임하라는 뜻이군요."

자오는 안도했다.

"물론이야. 그게 전부는 아니지만 중요한 부분이지."

"델모어 서플라이(건축자재 사업부)에서 제가 벌이는 일도 그런 것이겠군요?"

"그건 또 무슨 말이야?"

"우리는 요즘 수십 명의 고객과 상위 50개 대리점을 대상으로 심도 있는 인터뷰를 진행하고 있습니다. 필터, 방충망, 단열재 등 우리가 취급하는 제품에 대해 고객이 원하는 게 무엇인지, 기꺼이 지갑을 열 용의가 있는지 알아보려는 거죠."

"그 일을 하면서 뭔가 배우는 게 있어?"

"네. 눈이 뜨이는 경험이랄까요, 우리가 믿는 것 중 절반 정도가 모두 가설에 지나지 않는다는 것을 알았습니다."

"비즈니스에서는 흔한 일이지. 자네가 방금 말한 게 바로 에즈라 파운드가 전달하고자 하는 핵심이야."

스티브가 소리 내어 웃었다.

"그럼 저도 파운드의 책에서 최소한 한 페이지는 이해한 거네요!"

자오도 크게 웃었다.

"천 리 길도 한 걸음부터지! 그런데 숙제는 어떻게 됐어? '브랜드 이익모델'에 대한 사례를 알아오기로 했었지. 찾아봤어?"

"딱 세 가지를 찾았습니다. 그 중 하나는 확신할 수가 없네요."

"한번 말해 봐."

"첫 번째는 1994년 〈이코노미스트〉에 나온 겁니다. 정말 기막히게 멋진 사례더군요. 캘리포니아 프레몬트에서 도요타^{Toyota}와 GM이 합작해서 내놓은 누미^{NUMMI}에 관한 건데요, 공장, 근로자, 생산 공정은 모두 똑같은데 2개의 브랜드로 자동차를 생산했습니다. 도요타 브랜드를 붙이면 GM 브랜드를 붙일 때보다 1대당 300달러나 높게 가격을 책정했지요."

"아주 좋아. 혹시 그 뒷이야기도 알고 있어?"

이 말에 스티브는 기운이 쭉 빠졌다.

"기분 나쁘라고 한 소리는 아니야. 뒷이야기는 찾으려 해도 찾을 수 없었을 거야. 공개된 정보가 아니거든."

"무슨 말씀이신지?"

"일본에 있는 한 유통회사가 중고차와 애프터서비스 사업을 하려고 계획을 세우고 있어. 그 회사는 많은 고객을 보유하고 있지. 고객들의 신뢰도도 엄청 나. 그래서 그들은 중고차를 깔끔하게 재정비한 다음에 도요타 로고를 떼어버리고 자신들의 브랜드를 붙일 계획이래."

"와!"

"다른 예는 뭐가 있지?"

"음, 이건 기록이나 문서에서 찾은 것은 아닙니다."

"아무럼 어때."

"그런가요? 저는 지난주에 여자친구랑 보스턴의 친구를 만나러 갔습니다. 수요일 아침에 캠브리지와 워터타운 변두리에 있는 스타 마켓에서 쇼핑을 했죠. 거기에 자동판매기 2대가 나란히 있었는데 하나는 프레지던츠 초이스 콜라President's Choice Cola(토론토에 있는 랍로 슈퍼마켓의 브랜드)로 개당 75센트였고 코카콜라는 1달러였습니다."

"좋은 비교군."

"저도 그렇게 생각합니다."

"하지만, 스티브. 그것은 정확하게 말해서 동일한 제품이 아니야. 제조방식이 다르고 내용물도 다르고 맛도 다르잖아. 나머지 세 번째 예는 뭐지?"

"음, 아직 결론이 나지 않았는데……."

"그게 뭔데?"

"〈월 스트리트 저널〉에 나온 기사입니다. 텍사스에 사는 한 남자가 자신의 블로그에 연예계 가십거리와 비화를 올려서 할리우드를 당황하게 만들었다는 내용이에요."

"그래서?"

"그 사람이 올린 글 중에서 흥미로운 이야기가 있더군요. 어떤 대형 스튜디오가 곧 개봉될 애니메이션 영화를 가지고 두 번의 시사회를 열었답니다. 첫 번째 시사회에선 자기네 스튜디오에서 제작했다고 홍보하고 로고도 자기네 것을 사용했대요, 두 번째 시사회에선 똑같은 애니메이션에 디즈니 로고가 있는 것을 소개했답니다. 그랬더니 관객들은 디즈니 로고가 있는 만화영화를 더 선호했다고 하더군요. 이 이야기가 블로그에 올라오자 그 스튜디오는 강하게 부인했죠. 하지만 저는 내막이 궁금합니다."

자오가 미소 지었다.

"누구나 궁금증은 참을 수 없지."

자오는 손을 뺨에 대고 가볍게 비비면서 명상에 잠긴 듯 했다.

"다른 예는 또 없을까?"

스티브는 좌절한 듯 얼굴을 찡그렸다.

"그렇게 좌절하는 표정 짓지 마, 스티브. 좌절은 발전하는데 가장 큰 적이라고.

새 파일을 하나 만들어서 '브랜드 이익모델'이라는 제목을 붙여.

'브랜드 이익모델'에 해당하는 사례를 발견하면 모두 기록하도록 해. 1년 뒤에 나를 찾아와서 얼마나 많이 모았는지 보여주고. 하지만 그때는 추측이 아니라 구체적인 사실과 수치를 보여줘야 해. 알았지?"

"알겠습니다."

"'브랜드 이익모델'에 해당하는 사례를 하나 말해주지. 1994년도에 PC산업은 경쟁이 아주 치열했어. 당시 컴퓨터 판매 현황에 대한 조사 결과에 의하면 컴팩Compaq 컴퓨터는 다른 PC제조업체의 제품과 똑같은 사양인데 200달러나 더 비싼 가격을 붙여도 잘만 팔렸지. 파일에 넣을만한 사례를 또 말해줄까? 나는 《이익 지대The Profit Zone》[11]에 나오는 니콜라스 하이예크Nicolas Hayek(스와치 전 회장)의 이야기를 읽고 충격을 받은 적이 있어. 하이예크는 브랜드의 경제적 의미를 측정하려고 똑같은 시계 3개를 시장에 내놓고 실험을 했지. 차이는 오로지 시계에 새겨 넣은 글자뿐이었어. '메이드 인 스위스', '메이드 인 아메리카', '메이드 인 저팬', 이렇게 달리 새겨 넣고 가격도 다르게 매겼지. 스위스제는 107달러, 미국제는 100달러 그리고 일본제는 93달러로 말이야. 헌데 사람들은 14달러나 더 비싼데도 불구하고 스위스제 시계를 더 선호했어. 새겨 넣은 글자 하나 때문에 15퍼센트나 더 비싼 시계를 좋아하다니 믿겨져?"

"믿기지 않습니다. 어떻게 그런 일이 일어나는 거죠?"

"비즈니스 세계의 미스터리 중 하나지. 이 세계가 아주 이성적으로 돌아가는 것 같지만 비이성적인 면도 아주 많아. 나는 이런 현상이 왜 발생하는지 일부만 설명할 수 있을 뿐 결코 그 전체를 설명하지는 못해."

"그래도 말씀 좀 해주세요."

"나는 오길비가 그린 간단한 그래프에서 첫 번째 단서를 찾아냈지. 기억을 더듬어 이야기하는 거라 정확하진 않지만, 핵심은 이해할 수 있을 거야.

오길비는 불경기에도 광고를 지속적으로 실시한 회사와 광고를 중단한 회사를 비교해서 매출과 이익에 미친 영향을 측정했어. 그 결과 불경기에도 광고를 계속한 기업은 경기가 회복되자 광고를 끊었던 경쟁사들보다 매출이 빠르게 증가했고 이익은 그보다 더 빠르게 증가했지. 스티브, 이것이 무엇을 의미할까?"

스티브는 가만히 생각해봤다.

"누적 효과를 말하나요?"

"맞아. 너무 단순한 논리였나?"

"브랜드로 인한 이익을 하나의 변수로 본다면, 그것은 '꾸준함'의 정도에 따라 변하겠군요."

"그렇지. 정확하게 말하면 효과적인 광고에 얼마나 투자하느냐에 달렸지. 자네가 '꾸준함'이라고 말했는데 핵심에 근접한 표현이야.

꾸준함이란 보편적인 진실에 가까워. 어떤 종류의 제품이든 가능해. 혈압을 낮춰주는 심장약인 베타 차단제를 예로 들어 보면 광고의 밀도가 높을수록 매출이 향상되었음을 알 수 있어. 베타 차단제 시장은 1976년에 제임스 블랙James W. Black(영국의 약리학자)이 베타 차단제를 상품화한 인데랄Inderal(고혈압 약 상표명)을 출시하면서 형성되었지. 1985년까지 6개의 후발업체가 베타 차단제 시장에 참여했는데 그 시장점유율은 이 그림과 같아."

자오는 노트에 6개의 막대를 그렸다.

"나는 불변가치 기준으로 각 회사가 광고에 쓴 누적비용을 측정해봤는데, 놀랍게도 누적비용의 크기 순과 시장점유율의 순서가 같았어."

"광고를 많이 한 것이 시장점유율의 원인인가요? 그 반대일지도 모르잖아요."

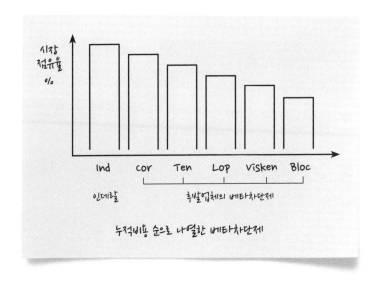

스티브가 의아해했다.

"바로 그게 문제야. 자네는 어때? 광고비용이 시장점유율을 높인다고 생각해, 아니면 높은 시장점유율이 광고비용을 증가시킨다고 생각해?"

"이론상 전자가 맞지만 때로는 후자의 경우가 나오기도 하잖아요."

"그래. 일반적으로 기업들은 자신들이 감당할 수 있는 범위 내에서 광고비용을 지출하니까. 나는 더 알아보기 위해서 다른 의약품 열 가지에 대해서도 광고비용과 시장점유율과의 관계를 측정했어. 또 의약품이 아닌 제품 열 가지에 대해서도 똑같이 측정해봤지. 그랬더니 놀라운 사실을 알게 됐어. 차별성이 없는 범용제품의 경우에는 누적광고비용이 시장점유율을 좌우한다는 사실 말이야. 정말로 오길비가 옳았던 거야. 꾸준하게 광고를 하는 기업이 결국 승리하지."

"예외적인 경우도 있을 것 같은데요?"

스티브는 의문을 제기했다.

"환상적인 예외가 있어."

"환상적이라고요? 그 말씀의 의미는……?"

"광고비용 수준에 예상되는 시장점유율보다 2~3배의 시장점유율을 나타내는 제품들이 바로 환상적인 경우지."

"광고비용이 시장점유율을 좌우한다는 법칙을 깨는 사례군요?"

"아니, 그 반대야. 그 법칙을 강하게 지지하는 사례들이지."

"네?

"명백한 예외엔 분명한 이유가 있기 마련이지. 2~3배나 높은 시장점유율을 달성하는 기업들은 마케팅 비용을 더 효과적으로 더 효율적으로 쓰는 방법을 발견했던 거야. 그들은 더 좋은 광고 카피, 더 좋은 차별화 요소, 더 좋은 마케팅 채널을 가지고 있었고 시장점유 결정 세그먼트Share Determining Segment에 집중할 줄 알았지."

스티브는 부지런히 필기했다.

"시장점유 결정 세그먼트요? 그게 뭔가요?"

"시장점유 결정 세그먼트는 시장에서 가장 중요한 세그먼트야. 일종의 촉매이자 급소지. 오늘 이 세그먼트에서높은 시장점유율을 달성해낸다면 내일은 전체 세그먼트에서 높은 시장점유율을 올릴 수 있어."

"예를 좀 들어주세요."

"의료계의 전문의들이 대표적인 사례지. 심장병 전문의가 쓰는 처방전은 일반의가 쓰는 처방전에도 큰 영향력을 미쳐. 만일 자네가 제약회사에 다닌다면 심장병 전문의들을 꽉 잡아야 많은 의사들이 처방전에 자네 회사 의약품을 쓰도록 만들 수 있어. 또 다른 예를 든다면 18세부터 29세까지의 흡연자들인데, 그들이 담배시장의 미래 시장점유율을 좌우하는 세그먼트야. 마음에 안 드는 불쾌한 사례이지만 실제로 그렇지. 자네가 요즘 관여하는 건축자재 공급 시장에도 시장점유 결정 세그먼트가 있어."

스티브는 이 말에 대비하고 있었다.

"건축가들을 말씀하시는 거군요. 맞습니다. 건축가들이 선호하는 자재나 디자인 스타일이 하도급자들에게 가고 결국에는 DIY 시장이나 리모델링 시장까지 영향을 미치죠."

"시장점유 결정 세그먼트에 쓰는 1달러의 비용은 일반 고객들에게 쓰는 5달러보다 훨씬 가치가 있지."

"그러니까 브랜드를 구축하는 데에도 효율적인 방법이 있다는 말씀이시군요. 시장점유 결정 세그먼트에 집중하는 것처럼 말입니다."

"엄청나게 효율적인 방법."

"그럼 가격 프리미엄이 브랜드 구축의 전부가 아니네요."

"그래, 많은 부분을 차지하지만 결코 전부일 수는 없지."

"가장 높은 가격 프리미엄을 가지면서 가장 효율적으로 브랜드를 구축한 기업은 어딜까요?"

"아주 좋은 질문이야. 자네가 한번 말해 봐."

"전 모르겠습니다."

"당연히 잘 모를 거야. 하지만 후보 기업이 어디인지 추측할 수 있을 것 같은데? 어떤 브랜드일 것 같아?"

스티브는 머리를 긁적이며 이름을 대기 시작했다.

"코카콜라, 말보로, 버드와이저, 스와치, 맥도날드, 나이키."

"맞아. 이제 그럼 그 회사들이 '브랜드 이익모델'을 적용해서 벌어들이는 이익 정도를 측정해 봐."

"그건 시간이 좀 걸리겠습니다."

"1년 동안 알아내서 모두 '브랜드 이익모델'파일에 적어놓도록 해. 정리하면서 충분히 생각할 시간을 갖도록 하고. 그렇게 하면 '브랜드 이익모델'이 뭔지 더 완벽하게 이해할 수 있을 거야. 그러면서 호기심을 갖고 계속 진행한다면 퍼즐처럼 즐거운 일이 될 거야. 쉬운 문제 말고 이런 퍼즐을 풀어야 머리에도 훨씬 오래 남는 법이지. 1년 후 결과를 나에게 알려주는 거 잊지 말고."

스티브는 마음이 놓였다.

"1년 후라고 말씀하셨죠? 휴우……."

"하지만 그 기간이 무척 짧다는 걸 곧 깨닫게 될 거야."

"명심하겠습니다."

전문제품으로
틈새를 파고들어라
전문제품 이익모델

1월18일. 스티브가 도착했을 때 자오는 아무 말 없이 그저 조용히 노란 노트를 응시하고 있었다. 마치 소란스러운 뉴욕 한 가운데 고요한 오아시스를 만들고 있는 듯 했다.

곧 자오는 고개를 들었다. 그러고는 스티브에게 인사의 표시로 고개를 끄덕이고 서론도 없이 본론으로 바로 들어갔다.

"내가 '전문제품 이익모델'을 처음 배운 건 1978년 노스캐롤라이나에 있는 염료 회사에서 일할 때였어. 그 회사는 예전부터 돈을 아주 잘 벌었지. 제약 회사와 비슷한 유형의 이익 창출법을 써서 말이야.

그런데 1970년대 중반이 넘어가자 계속 높은 이익을 내던 그 회사는 점차 이익이 떨어지기 시작했어. 이런 상황에서 사람들은 제품

포트폴리오를 재구성할지 말지를 놓고 옥신각신했지. 그 회사 사장은 나에게 해결책을 알아봐 달라고 했어.

그런 혼란이 충분히 있을 수 있지만 사실 너무 당혹스러웠어. 두 달 가량 방대한 자료를 뒤지고 읽는 데에 시간을 보냈지만 어찌된 일인지 해결의 실마리를 찾을 수 없었거든. 건초 더미 속에서 바늘을 찾는데 바늘이 나를 피해가는 것 같다고나 할까? 분명히 선초 너미 속 어딘가에 있는데 찾을 수가 없었지.

그러던 어느 토요일 오후, 염료산업의 역사를 기록한 책을 읽고 있었는데 거기에서 기가 막힌 그림을 발견했어. 아주 간단한 막대그래프였는데 새로 나온 염료제품의 수를 10년 단위로 나타내고 있었지. 19세기 말부터 20세기 초반까지는 신제품이 유난히 많더군. 그러다 갑자기 떨어지기 시작하더니 1950년대 이후에는 손으로 꼽을 정도로 신제품이 적었어.

그래프를 보면서 그 때 그 회사가 신제품으로 얼마나 많은 돈을 벌어들이는지 봤지. 업계 전반의 이익률이 25퍼센트였던 반면, 그 회사는 60퍼센트나 되는 이익률을 기록했더군.

나는 흥분해서 다른 자료들을 훑어보기 시작했어. 자료들을 계속 살펴봤더니 염료 사업은 제약 사업처럼 전문제품으로 승부를 보는 사업이더군. 두 사업 모두 독특한 특허제품으로 높은 이익률을 내는 사업이었던 거지. 새로운 기술이 적용된 신제품들만 충분하다면 이런 시스템은 잘 돌아갈 수 있었고 말이야. 하지만 개발 프로젝트들간에 큰 가치 차이가 있었기 때문에 어떤 개발 프로젝트를 진행할 것인지 그것이 아주 중요했어. 뭐 제품 출시만 되면 모든 프로젝트는 크든 작든 이익을 내긴 했지만 말이야.

1960년대 말에는 이 회사 매출의 80퍼센트가 독특한 특허를 가진 전문제품, 즉 고이익 제품에서 발생했더군. 일상용품에서 20퍼센트의 매출이 발생했고.

1970년대 말 당시는 어떤지도 계산해 봤어. 그랬더니 고이익 전문제품에서 나오는 매출이 20퍼센트가 채 안 되는 거야. 10년 사이에 급격히 변한 거지. 나는 너무 놀라서 내게 일을 의뢰한 최고 경영자에게 이 그림을 가져갔어. 우린 대해서 무려 3시간이나 토론했지."

자오는 날아가다시피 펜을 놀려 노트에 그림을 그린 다음 그것을 스티브 쪽으로 돌려 보여줬다.

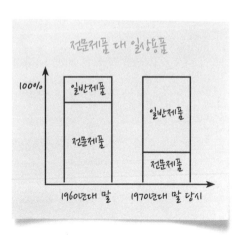

"그때 이야기의 주제는 뭐였습니까?"

"이익을 내는 방법이 전문제품을 생산하는 것에서 비용과 제품개발 주기관리로 변해버렸다는 것이었어. 사실 그건 최고경영자에게도 나에게도 아주 곤혹스러운 미팅이었지."

"왜요?"

"회사의 문화를 완전히 뒤엎어야 한다는 결론이 나오잖아. 그 최고경영자는 새로 부임한 사람이었는데 오자마자 모험이라니 부담이 컸을 거야.

전문제품으로 짭짤한 이익을 벌어들였던 이야기는 과거로 묻고 염료는 이익률 한 자릿수밖에 안 되는 일상용품으로 전락했다는 사실을 받아들이기가 그도, 나도 쉽지 않았어. 게다가 이제 염료사업은 비용 줄이기 싸움이 되어 버려서 조금만 방심하면 역사 속 퇴물이 될 수 있었으니 상황도 좋지 않았지."

"선생님은 어땠나요?"

"작지만 대단한 이익모델을 발견했다고 생각했어. 전문제품으로 승부를 건다는 이익모델을 말이야. 하지만 거기서 그만둬야 했어. 불행히도 그 회사는 걱정만 하고 아무것도 시도하지 않았거든. 더 이상 거기 있을 이유가 없었지. 계속 있을 수 있었다면 내가, 그 회사가 어떻게 했어야 했을까?"

"새로운 이익모델을 찾아 나서야 했습니다."

"맞아. 기업이 1세대 혹은 2세대 동안 살아남으려면 주기적으로 비즈니스의 형태와 체질을 전환해야 하지.

이 이야기는 나중에 하기로 하고 지금은 '전문제품 이익모델'에 집중하자고. 염료회사에서는 '전문제품 이익모델'을 적용할 기회는 놓쳤지만 몇 년 뒤에 두 번째 기회가 찾아왔어.

뉴저지에 있는 특수 화학제품 회사였지. 이 회사는 염료회사가 겪었던 신기술의 고갈을 경험하지 않은 상태였어. 염료회사를 석유가 서서히 고갈되어 가는 텍사스의 유전油田이라고 비유하면, 이 회사는 석유 저장량이 앞으로 20~30년 정도는 끄떡없는 알래스카의 유전 같았지. 그러니 그곳에선 상당히 오랫동안 '전문제품 이익모델'을 시험해볼 수 있는 상황이었어."

"그 회사는 제품의 비율이 어땠습니까?"

"내가 거기서 일을 시작했을 때 전문제품에서 나온 이익이 전체 이익의 약 70퍼센트였고 급격하게 떨어지고 있었어. 원인을 찾아보니 그들은 이익을 지속적으로 창출할 연구개발 프로젝트들을 제대로 관리할 줄 모르더군. 게다가 특허들은 만기가 다 되어 가고 경쟁자들이 새로운 대체재를 속속 출시하고 있었지. 이대로라면 3년 후에는 전문제품에서 나오는 이익이 전체 이익의 55퍼센트로 떨어지리라는 걸 누구나 예상할 수 있었어.

연구개발 책임자인 앤 리넨Ann Linen은 어느 날 나에게 연구개발 프로젝트의 포트폴리오를 다시 검토하자고 했어. 우리는 아침 8시부터 저녁 6시 30분까지 모두 62개 프로젝트를 일일이 하나씩 검토했어. 대부분의 프로젝트들은 주요 고객의 니즈, 기술의 실현 가능성에 대한 조사를 전혀 하지 않았거나 했어도 아주 빈약했어. 또 프로젝트별 연구인력 배치 현황이 참 엉성했지.

일과가 끝나자 앤이 내 생각을 묻더군. 나는 '나라면 이 포트폴리오에는 단돈 5센트도 안 쓰겠어. 이건 완전 엉망이야. 지난 5년 동안 대체 뭘 한 거지?'라고 말했어.

앤은 얼굴을 찌푸렸어. 내 말에 수긍한다는 뜻이었지. 연구개발 책임자를 맡은 첫 해였고 시간도 촉박한 터라 그녀는 뭔가를 해야 한다는 부담감을 느끼고 있었어. 정말 연구개발 포트폴리오를 더욱 높은 수준으로 개선하고 싶어 했어. 그래서 우리는 그 후 한 달 동안이나 다시 연구개발 프로젝트들의 허점을 평가했지.

일단 포트폴리오에서 가장 가치 있는 프로젝트와 가장 가치가 없는 프로젝트를 가리는 일부터 시작했어. '최고가치' 프로젝트들은 대개 구조와 형식이 엉성했고, '최저가치' 프로젝트는 오랫동안 비용만 축내는 상황이었지.

그 다음에 나는 앤을 도와 최고가치 프로젝트와 최저가치 프로젝트 책임자들 각각에게 던질 질문의 초안을 잡았어. 앤은 질문들을 아주 자세하게 기술했고 문제가 있는 프로젝트를 분석하기 위해 다시 한 달을 할애했지.

두 달간의 분석을 통해 앤은 하위 12개의 프로젝트를 중지시키고 상위 10개 프로젝트의 예산은 인상했어. 게다가 상위 10개 프로젝트 책임자들에겐 더 많은 자금을 배정되었고 관리상의 특혜가 주어졌지. 하지만 가는 것이 있으면 오는 것이 있는 법! 앤이 그들에게 60일 이내에 프로젝트를 심층적으로 다시 한 번 검토할 거라고 통보했어. 그러자 프로젝트 진행자들은 주어진 과제들을 점점 빨리 진행하기 시작했어. 사람들이 긴장감을 가지고 일에 더욱 집중하게 되었지.

상위 10개 프로젝트 이외에 나머지 40개의 프로젝트도 개선시켜야 했어. 그 프로젝트들은 나름 가치가 있었지만 그 가치가 어디에 있는지 찾아내거나 추측할만한 시스템이 없었어. 두 달에 걸쳐 앤과 나는 시스템을 통합했고 매월 정례적으로 포트폴리오 전반을 검토하기 위한 회의를 열기로 했지. 각 프로젝트 책임자들은 모두 어려운 질문에 대답해야 했어. 처음에는 답변을 잘하지 못하더니 여러 번 반복하자 점점 나아졌지. 더 현실적이고 자료에 근거한 정확한 답변이 나오기 시작했어.

포트폴리오 검토회의의 첫 번째 큰 성과는 3월에 나왔어. 1년에 300만 달러나 지출하는 어떤 프로젝트 하나를 중단시킬 수 있었거든.

자신의 프로젝트가 타의에 의해 중단되면 기분 좋을 사람은 없겠지? 나는 프로젝트를 진행하던 사람들이 걱정됐는데, 마침 앤이 기지를 발휘했어. 먼저 그 프로젝트 책임자를 승진시키고 다른 멤버들을 중요 프로젝트로 재배치했지. 그렇게 10개 이상의 프로젝트가 무사히 종료됐어. 전체 프로젝트를 40개로 줄일 수 있었지.

하지만 여전히 중요 프로젝트들은 부족한 게 많았어. 3년 내에 높은 이익을 낼 프로젝트라고 보기엔 수정할 게 많았지. 우리는 타사와 라이센스 계약을 맺거나 프로젝트를 맞교환하고 그들과 합작 프로젝트를 실행하기로 했어. 넉 달 만에 프로젝트 7개를 맞교환했고 단기적인 가능성이 높은 프로젝트 4개에 대한 라이센스 계약을 체결했어. 또한 리스크가 큰 프로젝트 3개는 합작으로 진행했지.

12번째 포트폴리오 검토회의 때 처음으로 놀라운 변화를 눈으로 보게 됐어. 프로젝트가 62개에서 35개로 줄어들었고 포트폴리오 전체의 가치는 엄청나게 높아졌으니 말이야. 위험 내처 능력도 향상됐고, 10년 단위가 아니라 3년 단위로 프로젝트의 성과를 예상할 수 있을 만큼 전체 포트폴리오의 일정계획도 개선됐지. 타사와의 프로젝트 맞교환으로 전체 이익의 전문제품 비율은 55퍼센트에서 60퍼센트로 향상됐고, 3년 후엔 70퍼센트 이상으로 회복됐어.”

자오는 갑자기 침묵했다. 그는 어깨를 축 늘이고 의자에 기대 앉았다. 갈등을 해소하고 감정의 기복을 겪은 것처럼, 혹은 힘겨운 작업 후 극심한 피로를 느끼는 것처럼 보였다.

자오는 갑자기 이렇게 질문했다.

“그런데, ‘전문제품 이익모델’과 ‘블록버스터 이익모델’의 차이를 알 수 있겠어?”

스티브는 경계를 푼 상태에서 한 방 먹은 듯했다. 재빨리 ‘블록버스터 이익모델’을 토론할 때의 기억을 떠올렸다.

“블록버스터 사업에는 마크 제론처럼 총력전에 능한 전사가 필요한 것 같습니다.”

“그럼 앤 리넨 같은 사람은 블록버스터 이익모델을 감당할 수 없다는 거야?"

스티브가 잠시 말을 멈췄다.

"그분도 충분히 할 수 있을 것 같지만 꼭 마크 제론이 될 필요는 없다고 생각합니다."

"왜 그렇지?"

자오는 똑바로 앉으며 반문했다.

"앤의 사업은 종류가 다르니까요."

"어떻게 다른데?"

스티브는 다시 제동이 걸렸다. 앤의 사업과 마크의 사업이 다르다는 것을 감지할 수는 있는데 그걸 말로 어떻게 표현할지 몰랐다. 잠시 후 자오가 스티브의 말에 동의하며 말을 이었다.

"자네의 느낌이 맞아. '전문제품 이익모델'은 정밀화학제품, 염료, 특수 제지, 특수 식품과 같은 틈새 상품에 적합해. 고객의 다양한 니즈를 잘 찾아서 만족시키는 것이 이 이익모델의 열쇠지.

'블록버스터 이익모델'은 의약품, 할리우드 영화, 책, 팝 뮤직 같은 대중적 상품에 적합해. 이런 상품들은 개발비용이 아주 높아서 그걸 충당하려면 엄청나게 히트해야 돼. 아니면 갈대같은 고객 수요를 끌어들이기 위해 아주 막강한 마케팅 캠페인을 벌여야 하지. 물론 두 가지를 다 할 수도 있지만, 일반적으로 의약품과 영화는 전자의 방법이, 책과 팝 뮤직은 후자의 방법이 적합해."

"사실, 의약품과 영화는 두 가지 방법 모두 가능하지 않나요?"

스티브가 중간에 끼어들었다.

자오는 미소를 지으며 말했다.

"자네 말이 맞아."

"오늘도 읽기 숙제가 있습니까?"

스티브가 마지막으로 질문했다.

자오가 다시 집중하며 얼굴을 살짝 찡그렸다.

"음, 《손자병법The Art of War》[12]을 읽을 시간이 된 것 같군. 사실 오랫동안 미뤄온 책이야. 사무엘 B. 그리피스Samuel B. Griffith가 번역한 책으로 읽어."

"네, 알겠습니다. 그런데, 누가 넷컴(델모어의 경쟁사)의 새로운 부사장이 됐는지 한번 맞춰보실래요?"

스티브가 일어서며 한 마디 더했다.

자오는 빙긋 미소를 지었다.

'스티브는 넷컴이 스위치보드 사업에 뛰어든 것 때문에 아직도 마음이 상해 있군.'

"당연히 자네 동료였던 프랭크겠지."

"바로 맞히셨어요."

약간 쓸쓸해 하는 어조로 스티브가 말했다.

"침몰하는 배에서 또 한 마리의 쥐가 탈출한 겁니다."

"속단하지는 마, 스티브."

"기초에 금이 가기 시작하면 사업체 하나가 얼마나 빨리 망하는지 잘 알아야 한다고 선생님이 그러하셨잖아요."

자오가 고개를 끄덕였다.

"맞아. 하지만 기초에 금이 간 것인지, 아니면 단순히 벽에서 부스러기가 떨어진 것인지 어떻게 알겠어? 델모어가 두 경우 중 어디에 속한다고 생각해? 기초에 금이 간 경우?"

스티브의 표정이 어두워졌다.

"아직은 아니죠. 제가 어떻게 생각하든 지금은 중요하지 않습니다. 시간이 지나면 시장이 말해주겠죠."

지역을 넘어 쓰나미처럼
멀리 확장하라

지역확장 이익모델

1월 25일. "어서 와, 스티브 잘 지냈어?"

"아주 잘 지냈습니다."

스티브의 얼굴은 지난 몇 주를 통틀어 어느 때보다 밝아보였다.

"잘 됐군. 그럼 시작하지."

스티브는 자신의 의자에 앉았다.

"스타벅스^{Starbucks}의 매장이 몇 개나 되는지 알고 있어?"

자오가 질문했다.

"잘 모르겠습니다."

"한번 맞춰 봐."

"스타벅스가 사업을 시작한 지 얼마나 됐죠?"

"지금과 같은 비즈니스 모델은 1987년부터 시작됐지."

"독립적으로 운영하는 카페 수만 짐작하면 되나요?"

"그것뿐만 아니라, 사무 빌딩 내 매장과 간이매점까지 모두 더해서."

스티브는 혼자 어림짐작 하기 시작했다.

"혼자 계산하지 말고 내가 듣게 크게 말해 봐."

"음, 스타벅스가 사업을 시작한 지 20년이 넘었군요. 초창기에는 1년에 100개쯤, 근래 들어 더 많이 냈다고 생각하면 약 5,000개 정도 되지 않을까요?

"시도는 좋았어, 하지만 그것보단 훨씬 많아. 2007년 미국에 있는 매장 수만 해도 1만 개가 넘어."

"그래요? 혹시 스타벅스의 주주세요?"

"후후, 맞아. 중요한 건 내가 그 기업을 통해 배우는 학생이라는 사실이야. 그럼 스타벅스가 어떤 패턴으로 매장을 확장하는지 말해 보겠어?"

"무슨 말씀이신지?"

"매장이 전국에 골고루 분포되어 있을까, 특정 지역에 몰려 있을까? 아니면 도시에만 매장이 있을까?"

스티브는 자오의 질문을 생각해 봤다.

"특정 지역에 몰려있지 않을까요?"

"틀렸어."

자오는 노란 노트를 꺼내 그림을 그리기 시작했다.

"이건 1998년 말에 열린 주주설명회 때 공개된 스타벅스의 자료야. 오래된 자료이긴 하지만 스타벅스가 맨 처음 어떻게 미국 전역을 휩쓸었는지 알 수 있지. 그래프의 각 칸에 있는 숫자는 매장들이 오픈된 연도를 의미해. 시애틀, 시카고, 벤쿠버 순으로 살펴보도록 해.

스타벅스는 한 도시에 오픈할 수 있는 매장 후보지 수가 결정되면 그 수를 채우기 위해 할 수 있는 모든 일을 하지. 경쟁사들에게 숨 쉴 공간이나 햇빛조차 주지 않는 것처럼 말이야. 이런 전략은 지금까지 계속되고 있어. 자 그럼, 스타벅스의 이익은 경쟁사와 비교했을 때 어떨 것 같아?"

자오가 노란 노트의 표지를 찢어내고는 그 노트를 스티브에게 건

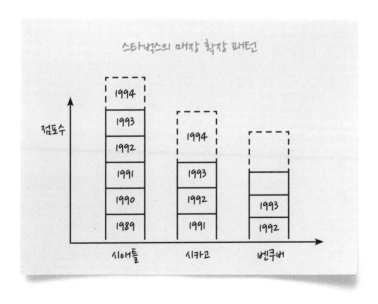

네쳤다. 스티브는 잠시 생각했다.

"스타벅스의 매장이 40개일 때 경쟁사의 매장은 10개라고 가정하면 다른 경쟁사에 비해 재료비를 눈에 띄게 낮출 수 있습니다."

"콴토?"

"매출의 2퍼센트 정도 되는 재료비가 절감될 겁니다. 절감된 금액이 곧 이익이 되고요."

"또 뭐가 있을까?"

"스타벅스는 대부분 교통이 좋은 곳에 매장을 낼 수 있겠죠."

"그게 얼마나 가치가 있는 거지?"

스티브는 자신의 뺨을 문질렀다.

"음, 아마 매출의 3퍼센트 정도가 아닐까요? 여기서 증가되는 이익은 아주 상당하죠."

"다른 비용 항목은 어때?"

"직원고용 비용에서 이점이 있습니다. 직원을 고용하는 과정에선 항상 고정비용이 들죠. 구인광고 같은 거 말입니다. 제가 생각할 때 스타벅스는 직원고용 시 발생하는 비용이 경쟁사보다 적게 들면서 더 높은 생산성을 보일 겁니다.

"콴토?"

"잘 모르겠어요. 아마 매출의 1퍼센트가 아닐까 싶네요."

"지금까지의 추측치를 합하면 스타벅스가 6퍼센트 정도의 이점을 가지겠군. 그렇지?"

"음, 매장이 40군데라면 말 그대로 어디를 가나 스타벅스가 있다는 소리입니다. 광고판이 40개쯤 있는 셈이에요. 그러면 돈을 더 쓰지 않고도 수십만 달러의 광고 효과를 얻을 수 있죠."

"그래서?"

"매출의 1퍼센트가 더 늘어나는 효과가 있습니다."

"가격정책 부분에선?"

"스타벅스의 가격이 전반적으로 더 높을 것 같습니다. 단골손님이 많고 인지도도 높으니까요."

"콴토?"

"아마 매출의 2퍼센트 내지 3퍼센트 정도의 효과가 있겠죠."

"그것이 모두 이익일까?"

"거의 그렇습니다."

"그럼 지금까지의 추측치를 다 더해보면 어떻게 되지?"

"매출의 최소 9퍼센트에서 최대 10퍼센트입니다. 경쟁사가 손익분기점에 도달할 때 스타벅스는 이미 10퍼센트의 이익을 기록한다는 뜻이죠."

"10퍼센트의 초과이익은 스타벅스가 경쟁사보다 매장이 많다는 전제 하에 나온 추측이겠지. 그렇다면 스타벅스와 경쟁사가 각각 동일한 수의 매장을 가지고 있다면 어떻게 될까?"

"스타벅스의 상대적인 우위가 급격하게 떨어질 겁니다."

"얼마나 떨어질까?"

"아마 스타벅스든 경쟁사든 모두 이익률이 각각 5퍼센트 포인트씩 떨어지지 않을까요?"

"이익률 5퍼센트 포인트를 잃으면 스타벅스는 어떨거 같아?"

"두 가지입니다. 첫 번째, 잠재성장률이 줄어듭니다."

"왜 그렇지?"

"이익, 기업가치도 낮아지고 투자자본도 줄어들기 때문이죠."

"두 번째는?"

"스타벅스는 장기적으로 재정적인 어려움에 처할 겁니다."

"그건 왜 그렇지?"

"스타벅스의 매장 수가 경쟁사와 같다면 시장을 장악하지 못합니다. 경쟁에서 이기려고 경쟁사는 돈으로 뭐든 하려고 할 테고, 스타벅스는 그것을 저지하지 못하죠. 경쟁사는 손익분기점만 유지하는 수준이면 그러한 게임을 계속할테니 스타벅스가 그 게임에 같이 휘말리게 되면 재정적인 곤경에 처할 겁니다."

"좋아."

"이번엔 다른 회사 이야기를 좀 해볼까? 월마트Wal-Mart의 매장 수는 얼마나 될까?"

스티브는 최근 관련 기사를 읽기는 했지만 생각이 나지 않았다.

"어림잡아서."

"500개 아닐까요?"

"주州 당 겨우 10개 밖에 없다고?"

자오가 고개를 흔들었다.

"1,000개 정도요?"

"더!"

"2,000개?"

"2010년 기준으로 약 4,000개 정도야. 그렇다면 월마트는 어떤 확장 패턴으로 매장을 열까?"

"한 도시에서 다른 도시로 퍼져나가겠죠."

"거의 비슷해. 한 카운티county(우리나라의 군郡에 해당하는 미국의 행정 구역 단위)에서 다른 카운티로 퍼져나가지. 바로 이렇게 말이야."

자오는 재빨리 원 하나를 그렸다. 그리고 원 안에 점을 채워 넣었다.

"스타벅스는 각 도시의 모든 거리를 자기네들 매장으로 채워나가는 반면, 월마트는 카운티를 하나의 원으로 보고 그 안을 자기네 매장으로 채워나가지. 따지고 보면 두 회사 모두 같은 아이디어야. 월마트가 이런 식으로 매장을 확장해 나가면 경쟁사와 비교해 얼마의 초과이익을 얻을 수 있을까?"

스티브는 스타벅스에 관해 추측했을 때와 비슷한 논리로 경로를 밟아 나갔다. 몇 분 후에 자오가 요약했다.

"전부 합해서 월마트는

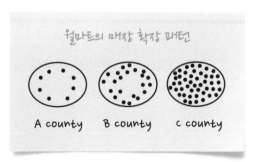

월마트의 매장 확장 패턴

A county   B county   C county

6퍼센트의 초과이익을 확보하는군. 이런 월마트의 이익모델을 한마디로 정의 내리면 '지역확장 이익모델'이라 말할 수 있지. 그렇다면 샘 월튼이 이 이익모델을 추진하기 위해 얼마나 노력했을 것 같아?"

"아주 많이요."

"그렇지. 답은 항상 간단해."

"정말 그러네요."

스티브가 감탄했다.

"그렇다면 왜 많은 경영자들이 이렇게 하지 못할까?"

"반도체 업체들이 인텔의 칩을 모방하지만 비즈니스 모델은 배우려 하지 않는다고 언젠가 이야기한 적 있었죠? 이것 역시 그와 비슷한 아이러니가 아닐까요? 아주 확실한 것을 목격해도 행동에 옮기길 거부하는 사람처럼 말입니다."

"오, 정확하게 봤어."

자오는 잠시 숨을 고른 후에 말을 이었다.

"한 가지가 더 있어."

"그게 뭡니까?"

"월마트의 매장 확장 전략은 자연현상, 즉 경쟁을 하다보니 생긴 자연재해와 같은 거지. 마치 아칸소 주 북서쪽(샘 월튼이 월마트를 처음 연 곳)에서 시작된 쓰나미와 같다고 할까. 월마트 파도는 매년 70마일의 속도로 하트포드Hartford(코네티컷 주의 주도)를 향해 갔지. 그들은 가장 뛰어난 이익모델로 무장하고 매년 70마일의 속도로 원 안의 지역을 장악하면서 확장을 거듭했어. 초기에 세운 매장에서 벌어들인 막대한 이익이 그런 확장에 불을 붙인 연료였지."

"그럼 코네티컷 주에 본거지를 둔 에임스 Ames(2002년에 도산함)나 브래들리스 Bradlee's(2000년에 도산함)와 같은 할인점 체인의 입장에서 보면 완전히 달걀로 바위를 치는 기분이었겠네요."

스티브가 《손자병법》을 읽었다는 것을 확인한 자오는 미소를 지었다.

"정확해."

자오도 동의했다.

"다른 할인점 체인의 이익률은 아마 2퍼센트에서 3퍼센트 정도였겠죠?"

"그렇지. 사실 그건 월마트가 들어와 가격을 하락시키기 전의 이야기야."

"월마트가 그들을 손익분기점 이하로 떨어뜨렸군요."

"물론이지. 그렇다면 이렇게 수익성을 가속화시키는 '지역 리더십(월마트 특유의 매장 확장 전략을 뜻함)'이 없었더라면 월마트가 코네티컷 주까지 확장하는 데에 얼마나 걸렸을까?"

"아마 원래보다 10년 정도 오래 걸렸을 거 같습니다."

스티브가 과감하게 말을 꺼냈다.

"아니. 코네티컷 주까지도 갈 수 없었을 거야. 확장하는 데 필요한 자금이 충분하지 않았을 테니까 말이야."

스티브는 수익성 문제로 지역을 벗어나지 않으려 했던 에임스와 같은 지역기업들이 무엇을 시사하는지 생각해 봤다.

"월마트와 같은 '지역확장 이익모델' 챔피언이 장악해버린 지역에 있는 경쟁사들은 대부분 곤경에 처한다는 말씀인가요?"

"대부분은 그렇지."

"정말 재미없는 일이군요."

"이익도 아주 낮아."

"덕분에 아주 명료해지네요."

"자네는 그렇게 생각하는군."

'이건 질문이야, 아니야?' 스티브는 구분할 수 없었다.

자오가 계속해서 말을 이었다.

"스티브, 이번에 읽을 책은 두 권이야. 읽고 나서 얼마나 복잡한지 나에게 말해줘."

"좋습니다. 어떤 책이죠?"

《메이드 인 아메리카》와 《스타벅스, 커피 한 잔에 담긴 성공 신화Pour Your Heart Into I》[13]라는 책이야. 각각 샘 월튼과 하워드 슐츠 Howard Schultz(스타벅스 최고 경영자)에 관한 책이지. 유통업자들이 왜 이런 책을 읽지 않는지 도통 모르겠어. 최소한 세 번은 읽어야 하는데 말이야."

"하지만 저는 샘 월튼의 책을 이미 두 번이나 읽은 걸요!"

불만스러운 듯 스티브가 목소리 끝을 약간 올렸다.

"알아, 알아. 그러니 이번에 한 번 더 읽어서 세 번을 채우라는 거야. 지난번과는 다른 관점에서 읽어. 월마트가 어떻게 지역에서 리더의 위치를 구축했는지, 그런 리더의 위치는 얼마나 가치 있는지 충분히 이해하라고."

스티브는 한숨을 쉬었다.

"다른 건 없습니까?"

"없어. 그 두 권만 읽기에도 시간이 빠듯할 거야. 읽어오지 않으면 다음 시간에 할 이야기가 없을 테니 꼭 읽어와. 그리고 하나 더! 재미로만 책을 읽지 마. 물론 모두 재미있는 책이긴 하지만 뭔가를 배우겠다는 정신으로 읽어야 해.

자네가 '지역확장 이익모델'을 가지고 어떤 지역에서 사업을 시작한다고 가정하고 5분 동안 진지하게 상상해 봐. 두 책에 녹아있는 지식을 분석한 후 그것이 자네의 사업을 어떻게 변화시킬 수 있을지 고민해서 나에게 말해줘."

"알겠습니다."

"오늘은 이쯤에서 끝내지. 참 물어볼게 하나 있어. 델모어 서플라이(델모어의 건축자재 사업부)의 근황은 어때?"

스티브는 벌써 반쯤은 문 밖으로 나간 상태로 멈춰 서서 집게손가락으로 코를 가볍게 두드리며 대답했다.

"피라미드를 짓고 있습니다."

"전면적으로 말이야?"

"아뇨. 에어컨 필터, 단열재, 스크린 도어, 이렇게 3개 품목만 대상으로 선정했습니다. 품목별로 제품 3개씩 탑을 쌓아서 피라미드를 만들려고 합니다. 특별 판촉도 계획하고 있어요. 대리점 대상 교육은 다음 달이면 시작합니다. 3월까지 모든 일이 다 자리를 잡아야 합니다. 마케팅 담당 직원들은 지금 정신이 하나도 없어요. 이렇게 성장을 위해 진짜 계획다운 계획을 세운 게 10년 만에 처음입니다. 우리가 쥔 카드를 제대로 실행한다면 내년엔 고급제품의 판매가 3배는 신장될 수 있습니다. 그렇게만 되면 델모어 서플라이의 이익률은 4퍼센트에서 8퍼센트로 2배가 뛸 거고요. 행운을 빌어주세요."

그렇게 말하며 스티브는 자신의 중지와 검지를 꼬아보였다.

"정말 모든 팀들이 '피라미드 이익모델'에 따라 움직이고 있는 거야?"

스티브는 약간의 혼란스러움을 느꼈다.

"전 그렇게 생각합니다. 왜 그러시죠?"

"우리가 '피라미드 이익모델'에 대해 토론할 때, 주유소의 기름 이야기했었지. 그걸 꼭 명심해야 돼. 할 거면 확실히, 제대로 해야 하니까. 안 그러면 확실한 이점을 제공하지 못하면서 고객을 혼란스럽게 만들게 돼."

스티브는 안심했다.

"아, 그 점은 괜찮습니다. 새로운 고급제품의 판촉을 대대적으로 그리고 적극적으로 할 겁니다. 친환경 포장, 환경단체 인증 마크, 에너지 절약법이 담긴 소책자 30만장 제작 등 할 수 있는 모든 것을 동원할 예정이에요. 고객이 좋은 제품을 얻기 위해 추가로 돈을 쓸 이유는 아주 많습니다. 믿으셔도 돼요."

스티브는 대답하면서 시계를 얼핏 봤다.

"이크, 전 이만 가봐야겠습니다. 친구를 만나 점심을 하기로 했거든요. 안녕히 계세요."

자오는 떠나는 스티브를 뒤로 하고 문을 닫았다. 그리고 잠시 생각에 잠겨 멍하니 서 있었다. 곧 책상으로 돌아와 자신의 노트북 컴퓨터를 켰다. 자오는 바로 델모어서플라이닷컴^{delmoresupply.com}에 접속했다. 커서를 내려 웹사이트에 나와 있는 건축자재 목록을 훑어보며 노트에 제품명, 소매가격, 제품 사양, 사이즈, 모양 등을 열심히 필기했다.

'델모어 서플라이는 과연 제품 피라미드를 구축한다는 것이 무엇을 의미하는지 제대로 알고 있을까? 안다고 해도 그걸 해낼 만큼 훈련이 되어 있을까?'

자오는 그게 궁금했다.

거래 규모가 큰
고객을 찾아라

거래 규모 이익모델

2월 1일. 스티브는 짜증이 나려는 참이었다. 자오와 20분이나 '거래 규모 이익모델'에 대해 토론을 하고 있던 중이었다. 이 이익모델의 이점은 아주 분명했다. 거래 규모가 클수록 이익이 커지는 것, 거래 규모가 커질수록 단위당 비용은 단위당 매출보다 천천히 증가한다는 것을 스티브는 알 수 있었다. 또한 이 모델은 중개업이나 운송업 등 어디에나 적용시킬 수 있다는 것도 알게 됐다. 하지만……

"그래서요?"

스티브가 불쑥 내뱉었다.

"'거래 규모 이익모델'을 위해 제가 뭘 해야 하는 겁니까?"

자오는 뚫어지게 스티브를 쳐다봤다. 대답을 해줄까 말까?

결국 자오는 타협안을 제시했다.

"그 질문에 자네가 대답해 봐. 무엇을 할 건지."

"답이 없습니다. 연구개발 프로젝트들은 무질서하게 흩어져 있습니다. 실행 가능한 비즈니스들은 그 자체로 나름 흘러가고요. 그 둘이 보조를 맞추지 못하는 상태에선 고객에게 얻을 수 있는 걸 최대한 많이 얻어낼 수밖에 없겠죠."

"모든 영업사원들이 모든 고객에 대해 그렇게 말하지. 고객으로부터 최대한 많이 뽑아내야 한다고 말이야."

자오는 목소리는 약간 부정적인 어조였다.

"비록 매출을 올릴지는 몰라도 이익은 별로 안 될 거야. 규칙과 시스템을 바꾸지 않는 한 언제나 그래. 그래서 이익 창출을 위한 방안은 어떻게 시스템을 변화시킬 것이냐에 달렸지."

"하지만 원한다고 큰 거래를 딸 수 있는 게 아니지 않습니까?"

"맞아. 어떻게 해야 큰 거래를 딸 수 있을까?"

"저도 모르겠습니다."

스티브는 답답했다. 생각을 해봤지만 아무것도 떠오르지 않았다. 스티브는 의미 없이 노트에 낙서만 했다. 그는 '거래 규모 이익모델'에 예가 될 만한 사업을 적어봤다. 부동산, 투자은행, 항공여행. 그러다 머릿속에서 뭔가가 떠올랐다.

"이건 광고업에도 통하지 않을까요?"

"물론이지. 광고를 일종의 큰 거래라고 생각한다면 말이야. 실행하는데 시간이 걸리는 거래이긴 하지만."

"그럼 제가 광고 대행사를 경영한다고 가정할 때 누구를 쫓아다녀야 할까요?"

스티브는 큰소리로 물었다. 하지만 아무런 대답도 듣지 못했다.

몇 분이 흐른 후 스티브는 자신의 질문에 스스로 답했다.

"대형 고객입니다."

"기업들은 항상 대형 고객을 원하지."

자오는 그렇게 말하면서 스티브가 바로 반대 의견을 내리라 기대했다.

"맞습니다."

스티브가 다시 대답하며 낙담했다.

또 침묵이 흘렀다. 스티브를 몰아붙이는 자오의 의지는 확고했다.

"잠깐만요. 저는 단지 모든 사람들이 이익에 관계없이 잡을 수 있는 고객은 모두 잡으려 노력한다는 점을 말했을 뿐입니다."

자오는 스티브가 더 생각하도록 독려했다. 그러기 위해 잠시 침묵을 지켰다. 잠시 후 스티브가 말을 이었다.

"작은 사업이 덩치가 큰 고객에게 집중해야 하는 대규모 사업으로 방향을 돌리는 것이라서 필연적으로 위험을 감수해야 할지도 모릅니다."

"그래. 위험 감수는 필수적인 요소지. 다른 것들은 뭐가 있을까?"

"기술, 끈기는 어떻습니까?"

"그것도 될 수 있어. 또 뭐가 있을까?"

스티브는 더 생각해 봤다.

"고객들에게 좋은 평판을 얻어야죠."

"그리고 또?"

"그리고, 그리고……."

스티브는 계속해서 생각했다. 거의 포기할 지경에 이르자 그는 자오를 쳐다봤다. 자오는 메모지에 날개가 달린 작은 돼지처럼 보이는 무언가를 그리고 있었다.

스티브는 친구 데보라를 떠올렸다. 데보라는 대학 때 처음 만난 친구였다. 대학 졸업 후 데보라는 전통적인 거래 방식을 지향하는 투자은행에서 일을 했다. 거기서 일하면서 데보라는 언제나 이런 식으로 말하며 스티브에게 잔소리를 해댔다.

"스티브, 우리 팀이 포레스터 은행Forrester Bank건을 성사시켰어. 3주 동안 밤낮없이 일한 결과야. 우리 팀은 정말 환상적인 팀이지. 나는 우리 팀이 다음 단계에 할 일에 대한 멋진 아이디어를 가지고 있었어. 더 큰 기회를 우리 것으로 만들 수 있는 아이디어 말이야. 아니 근데, 거래가 성사되자마자 양 사의 모든 부서장들이 휴가를 가버리는 거야. 그래서 추진하지 못했어. 아무튼 덕분에 내 능력을 인정받아서 보스턴 에디슨Boston Edison건 같이 좋은 프로젝트에 참여하게 되었지. 한 1주일 정도 푹 잔 다음 보스턴 에디슨 건에 집중했어. 마감시한이 아주 빡빡했거든. 알지, 스티브? 뭔가를 성취하려면 집중해야 돼."

'집중하라……. 그래 맞는 말이야. 하지만 어디에 집중해야 하지?'

데보라와 대화를 나눴던 과거에서 벗어나 스티브는 천천히 현실로 돌아왔다. 자오는 여전히 낙서를 하고 있었다. 이제는 다리를 그리는 모양이었다. 물 위에 놓인 다리, 골짜기 사이의 다리, 건물 사이에 놓인 다리 그리고 고속도로 위에 놓인 다리. 스티브는 그 그림에 쏙 빠졌다.

갑자기 자오가 고개를 들어 스티브를 쳐다봤다. 자오는 그림에 대해선 아무것도 묻지 말란 표정이었다.

"계속 말할 준비가 됐어, 스티브?"

"위험 감수, 기술, 끈기, 좋은 평판 얻기 그리고……."

"그리고?"

"그리고 '열린 문 증후군'을 떨쳐내야 합니다."

"열린 문 증후군이 뭐지?"

"음, 말하자면 몇 년 동안 열심히 일해서 드디어 기회를 잡을 수 있는 문을 열었지만 막상 문이 열리자 들어가지 않는다는 것을 뜻하죠."

"성공에 대한 공포감을 의미하는 말이야?"

"저도 어떻게 설명해야 할지 모르지만, 그런 일이 일어납니다."

스티브는 자오에게 친구 데보라의 이야기를 들려줬다. 사람들이 더 좋은 기회를 팽개치고 휴가를 떠나버린 이야기와 데보라도 더 이상 시도할 생각을 하지 않고 다른 일에 전념했던 이야기를 말이다.

"기회의 문이 열릴 때 바로 들어가는 사람들, 그러니까 열린 문 중 후군의 예외는 생각보다 많지 않아요."

자오가 껄껄거리며 웃었다.

"예외가 많지 않다고? 난 그런 예외를 수백 번 봐왔어. 기회를 잡아 실행에 옮기는 사람은 많아. 데보라는 전략적인 마인드가 별로 없는 사람일 것 같아. 더 잘할 기회가 있다는 것을 알면서도 포기해 버렸으니까."

"맞습니다. 그 친구가 일하는 회사는 더 심하죠."

"정말 놀랍군."

"네, 정말 그렇습니다."

"아니, 내 말은 그런 의미가 아니야."

자오가 고개를 강하게 가로저었다.

"그럼 뭘 말씀하시는 건데요?"

"다른 사람에게선 그런 잘못을 발견하는 게 아주 쉽다는 소리야."

스티브는 자오의 어조에서 뭔가를 감지했다.

"그러니까, 우리가 얼마나 자주 그런 잘못을 범하는지 자문해야 한다는 말씀이시군요."

자오가 고개를 끄덕였다.

"일본 회사의 간부들이 자주 하는 말이 있어. '누군가에게 손가락질을 할 때 나머지 손가락 3개는 자신을 가리키고 있다는 사실을 기억하라.' "

"제가 그렇게 행동해왔다고 생각하세요?"

"그건 나도 모르지. 난 그저 자네가 지난 1년을 성찰해 보길 바랄 뿐이야. 자네에게 기회의 문이 열렸는데 그 안으로 들어가지 않은 때가 있지 않았나, 하면서."

"앗, 그건 제 비유잖습니까?"

스티브가 웃으며 자오의 말을 받아쳤다.

"정말 멋진 비유야."

자오가 말하며 살짝 목례했다.

스티브는 자오의 질문에 답하려고 생각에 잠겼다. 그렇게 몇 분이 지나갔다. 시계가 똑딱거리는 소리, 사무실 밖에서 프랜시스가 컴퓨터 키보드를 가볍게 탁탁거리는 소리를 빼고는 아주 조용했다.

드디어 스티브가 말하기 시작했다.

"기억이 확실하진 않지만, 최소한 2번은 그랬습니다."

일종의 고백 같았다.

"그럼 데보라의 이야기는 잊어버려. 스티브, 자네가 겪었던 것만 생각해 봐. 왜 그렇게 행동했지?"

"데보라의 경우와 비슷한데, 저는 무지개송어rainbow trout(송어의 일종)처럼 굴었던 것 같습니다."

"무지개송어?"

"무지개송어는 은색으로 빛나는 미끼가 다가오면 주저하지 않고 덥석 무는 습성이 있습니다. 그러다 잡히고 말죠. 제가 딱 그랬습니다. 심리학적으로 인간은 무언가에 매혹되어 일시적으로 합리적인 판단이 마비되기 쉽습니다. 장기적인 이익, 전략적 관점, 이치에 맞는 행동들을 모두 망각하고 말죠. 마치 자기장 안에 갇혀 못쓰게 된 나침반처럼 말입니다."

"미끼라는 표현이 마음에 드는군."

자오가 말을 잘랐다.

"그 말을 들으니 '모래 위에 그려진 금'이라는 오래된 이야기 하나가 생각나."

"그게 뭔데요?"

"중국의 어떤 장군이 말했어. '내가 모래 위에 금을 그리면 적군은 그 금을 넘어오지 못할 것이다.'라고 말이야."

"어떻게 그럴 수 있죠? 일종의 교란 작전인가요?"

"부분적으로는 그렇고 이면에 깔린 의미는 훨씬 넓어. 모래 위에 그려진 금처럼 아무것도 아닌 것이 사람의 마음을 좌우할 수 있다는 뜻이 담겨있지."

"무지개송어처럼 작은 은빛 미끼 하나가 우리의 행동에 거의 절대적으로 영향을 미친다는 뜻이기도 하고요."

"행동이 아니라 생각이야. 행동은 그 다음에 따라오지."

자오가 스티브의 말을 정정했다.

"그런 일이 저에게 벌어졌던 거군요."

스티브는 후회하는 듯 애처로운 어조로 말했다.

"모두 과거의 일이잖아. 문제는 '앞으로 1년 간 자네에게 그런 일이 몇 번이나 일어날 것인가'야."

스티브가 활짝 웃으며 말했다.

"크, 제가 졌습니다. 아마 최소 두세 번은 일어날 겁니다."

"자네가 그런 행동을 하게 될 때 바로 그곳에 이익이 숨어있을 거야. 데보라도 잊고 자네가 이미 지나쳐간 기회의 문들도 다 잊어버려. 바로 다음에 올 문에만 집중해."

스티브는 이 말에 완전히 압도됐다. '정말 단순한 말이지만 실행할 수 있을까?' 스티브는 대화의 분위기를 바꾸고 싶었다.

"기회의 문을 지나치지 않고 곧장 걸어 들어간 사례는 없나요?"

"부동산 중개인인 내 친구 앨리스가 적합한 사례지."

"이야기 좀 들려주세요."

"앨리스는 정직한 중개업자였어. 나는 우리 가족이 집을 옮길 때마다 앨리스에게 소개 받았지. 나뿐만 아니라 많은 사람들이 그녀에게 중개를 의뢰하지만, 치열한 업계 경쟁에서 웬만큼 하지 않고서는 큰 이익을 낼 수 없었어. 그녀 역시 이익은 별로였지."

"지금은 어떤데요?"

"지금은 1년에 6~7채 정도만 중개해. 그 집들은 가격이 수백만 달러를 호가하는 저택들이라 중개 수수료를 6퍼센트만 잡아도 약 40만 달러가 떨어지지. 그 중 반을 앨리스가 차지하니까 전보다 훨씬 괜찮아졌어."

"앨리스가 좋은 방법을 찾았기 때문인가요?"

"내가 방법을 일러줬지."

자오가 미소 지었다.

"어떻게 해야 하는지 가르쳐췄다는 말씀인가요?"

"아니, 진짜 이익이 어디에 있고 어디에서 나올지를 알려줬어. 나머지는 앨리스가 알아냈고."

"큰 계약을 따내는 앨리스만의 비결이군요?"

"그녀는 수백만 달러짜리 저택을 살 만한 사람들에게 집중했어. 앨리스는 '이 사람들은 어떤 대접을 받고 싶어할까?' 스스로에게 질문하면서 자신이 할 일을 찾아냈지. 그녀는 절제할 줄 알았어. 고객들에게 주제넘은 짓도 하지 않았지. 그녀는 언제나 잠재고객들 주변에 머물면서 그들에게 유용한 정보를 제공하고 그들의 니즈를 채워줬어. 겉만 번지르르하게 고객을 대하는 다른 중개인들을 잘 봐두었다가 고객들에게 적절한 대안을 제공하기도 했지. 그녀는 다른 중개인들과 달리 공격적으로 영업을 하지 않았기 때문에 초기에는 실적이 높지 않았지만 나중에는 엄청나게 증가했어."

"그렇게 되기까지 얼마나 걸렸나요?"

"대략 7년 정도."

"긴 시간이군요."

"꼭 그렇지도 않아."

"선생님과 저는 시간에 대해 다른 개념을 가지고 있는 모양입니다."

스티브는 《아인슈타인의 꿈》을 생각하면서 말했다. 자오는 그럴 수도 있다는 듯 어깨를 으쓱거렸다.

"참 아이러니군요."

스티브가 덧붙였다.

"어째서?"

"좋은 관계를 맺어야만 큰 거래를 따낼 수 있으니까요."

자오가 노란 노트를 집어 드는 바람에 스티브는 말을 계속할 수 없었다.

자오가 그래프를 그리고 아래에 간단한 공식 하나를 써 넣었다.

'큰 거래 = 관계'

자오는 종이를 찢어서 스티브에게 건네줬다.

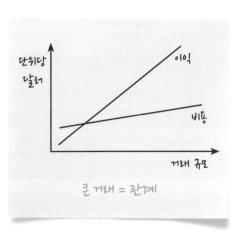

큰 거래 = 관계

"오늘은 여기까지야. 다음 주에 보자고."

"읽기 숙제는요?"

"이번 주엔 없어. 복습을 하거나 생각할 시간을 가져 봐. 지금까지 열심히 했으니 그럴 자격이 충분해."

"그럼 영화를 보든가 다트

게임을 해야겠어요. 선생님과 함께 공부한 이후로, 또 델모어가 내리막길을 걷기 시작한 이후로 다른 일은 아무것도 못했거든요."

"참, 델모어가 통신 사업부를 매각할 계획이라면서?"

"그 편이 나을지도 모르겠어요. 델모어가 가진 고객 기반과 공장 자체는 아직 가치가 충분하니 지금 매각하는게 좋겠죠. 우리가 현금이 필요하다는 걸 신께서도 잘 아시는지 빠르게 진행되고 있고요."

스티브는 고개를 흔들었다.

"하지만 내년엔 어디에서 돈을 구할지가 큰 문제죠."

"그 문제를 고민하는 사람이 자네 혼자는 아니잖아."

"가끔은 저 혼자인 것 같아 겁이 나요."

산업을 좌지우지하는
통제점을 차지하라
가치사슬 포지션 이익모델

2월 8일. 자오는 노란 노트에 이런저런 낙서를 하며 스티브를 기다리고 있었다.

"어서 와, 스티브 잘 지냈어? 이리 와서 앉아. 보여줄 게 있어."

자오는 낙서를 하고 있던 것이 아니었다. 그는 산, 강, 계곡, 숲 그리고 너른 평원이 있는 멋진 풍경을 노트에 그려놓았다. 숲과 폭포 사이에 인간들이 살고 있는 흔적들이 보였다. 노트 아래쪽에는 다리가 그려져 있고 다리 오른쪽으로 집들이 옹기종기 있었다.

스티브가 자오의 스케치를 열심히 관찰하는데 자오가 말을 꺼냈다.

"손자孫子가 이런 말을 했어 '산길을 차지한 사람은 천 명과 싸워도 쉽게 이길 수 있다.' 난 이 말의 의미를 종종 생각해. 더 중요한 순간이 있듯이 더 중요한 장소가 있다고 말이지."

자오는 그림의 여러 부분을 가리키며 말을 이었다.

"다른 장소보다 훨씬 중요한 장소가 있기 마련이야. 고지대, 강의 여울, 산길, 다리, 지협地峽(두 개의 육지를 연결하는 좁고 잘록한 땅)……. 그리고 지브롤터, 수에즈, 보스포러스와 같은 해협들 말이야.

지리적으로 요지가 있다는 사실을 통해 비즈니스를 진행하는 데에 뭔가 배울 점은 없을까? 풍경에 여러 장소가 있듯이 산업의 가치사슬value chain(기업활동에서 부가가치가 생성되는 과정)에도 이익, 힘, 통제의 관점에서 다른 것보다 10배나 더 가치 있는 장소가 있어. 이렇게 특별한 장소를 경영에서는 통제점control point라고 부르지. 크고 작은 지진과 홍수와 같은 자연재해가 일어날 때 지리적 요지들이 손상을 입듯이, 산업에서도 중대한 환경 변화가 일어나면 가치사슬 상의 통제점 위치가 변하기 마련이야. 내가 지금 무엇을 말하려는지 알겠어? 바로 '가치사슬 포지션 이익모델'을 이야기하려는 거야. 이 이익모델은 가치사슬 상의 통제점에 집중함으로써 큰 이익을 창출하는 모델이지.

자네가 한번 예를 들어봐. 가치사슬 상의 통제점에 힘과 이익이 응집된 사례로 뭐가 있을까?"

"음, 가장 대표적인 사례는 인텔과 MS입니다."

"좋아. PC조립업체가 가져가는 이익은 거의 없다고 해도 과언이 아니지만, 자네가 꼽은 인텔과 MS는 각각 칩과 운영체계의 공급업체라는 포지션을 취한 덕에 엄청난 가치를 창출해 왔지. 다시 말해 그들은 'PC산업 가치사슬'의 통제점을 차지한 기업이야. 다른 사례는 없을까?"

스티브는 연필을 물고 잠시 생각했다.

"나이키가 아닐까요?"

"좋은 사례야. 모든 힘이 마케팅 담당자와 디자이너에게 집중되어 있지. 또 어떤 회사가 있을까?"

스티브는 다시 생각에 잠겼다.

"그러한 포지션, 즉 통제점은 산업 특성에 따라 자동적으로 주어지는 건가요? 제 질문은 PC산업을 예로 들면, 애초에 PC산업이 태동할 때부터 쭉 MS 같은 운영체계 공급자가 통제점을 쥐게 됐냐 이거죠. MS가 의도하지 않아도 PC산업의 특성상 처음부터 자동적으로 그렇게 되는 것이냐는 말입니다."

"자네 생각은 어때?"

"전 통제점은 만들어지는 것이라고 생각합니다."

"그러한 사례가 있어?"

"1980년대와 1990년대 초에 걸쳐 오비츠가 한 일은 어떤가요?"

"나쁘지 않군. 오비츠는 힘과 이익을 근본적으로 재분배하는 방향으로 할리우드의 사업방식을 변화시켰어. 그것 말고 다른 사례는 없을까?"

스티브는 열심히 생각했지만 더 이상 생각나는 사례가 없었다.

"유통업이나 출판업을 생각해 봐. 자네라면 월마트의 공급업체가 되고 싶어, 아니면 월마트 자체가 되고 싶어? 아니면 톰 클랜시(소설가. 1984년 발표한 《붉은 10월》이 대표적임)가 좋아, 클랜시의 출판업자가 좋아?"

"그거야 쉽습니다. 유통업에서는 월마트, 홈디팟Home Depot(미국의 가정용 건축자재 유통 회사), 토이저러스Toys R Us(미국의 장난감전문 소매회사)가 되고 싶습니다. 하지만 출판업이라면 톰 클랜시나 스티븐 킹이 좋겠네요."

둘은 잠시 동안 조용히 있었다. 그러다 스티브가 질문을 던졌다.

"통제점이 만들어지는 사례 말고, 산업 특성에 따라 자동적으로 주어지고 변하지 않는 통제점 사례는 없나요?"

"좋은 질문이군. 그걸 이번 주 숙제로 하지."

"네, 알겠습니다. 혹시 다른 건 없나요?"

"받아 적어. 1번, 산업 특성상 자동적으로 주어지는 통제점 사례. 2번, 통제점이 가치사슬 상의 다른 곳으로 크게 이동한 사례. 3번, 지금은 아니지만 향후 2년 안에 새로운 통제점이 형성될 것으로 보이는 사례. 이 세 가지를 조사해 와."

"1번 숙제는 지금 해도 될까요?"

"물론이지."

"자동적으로 주어지는 통제점이란 없습니다. 통제점은 경우에 따라 달라지죠."

"재미있군. 어떤 경우에 그렇다는 말이지?"

"상대적 부가가치 곡선이 변동하는 경우에 그렇습니다."

"예를 들면?"

"MS는 PC조립업체가 가지고 있던 통제점을 자기 쪽으로 끌어 당겼습니다. 또 월마트는 막강한 유통 네트워크를 구축함으로 유통 산업 가치가슬의 통제점을 차지했죠. 전자는 상대적 부가가치 곡선 이 우상향에서 좌상향의 패턴으로, 후자는 좌상향에서 우상향으의 패턴으로 바뀌었죠. 따라서 산업 특성상 자동적으로 주어지는 통제 점은 없습니다."

스티브는 노란 노트에 2개의 그래프를 그려 자오에게 보여줬다.

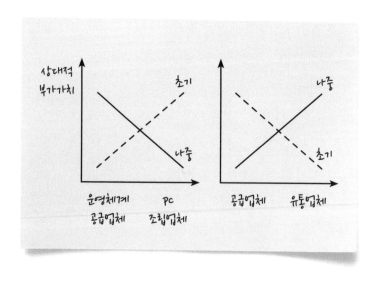

"아주 좋군. 자동적으로 주어지는 통제점이 없다고 말할 수 있는 경우는 또 뭐가 있을까?"

"의도적으로 자기네들이 제공하는 제품이나 서비스를 희소하게 만들어서 가치사슬의 다른 지점에 있던 통제점을 자기네로 끌어들이는 경우가 그렇습니다. 예를 들어 산유국들이 예전에 OPEC(석유 수출국기구)이라는 까르텔을 형성하고 원유 생산을 줄이거나 늘림으로써 유가를 통제하는 힘을 정유회사로부터 가져온 것처럼 말입니다. 또한, 가치 흐름의 병목Bottleneck(전체시스템의 성능이나 용량이 하나의 구성요소로 인해 제한받는 현상)을 찾아내서 병목을 해소시켜주는 제품이나 서비스를 고객에게 제공하면 통제점을 자기네 쪽으로 이동시킬 수 있죠. 그런 제품이나 서비스가 있다가 없어지면 고객들이 꽤 불편해할 테니 말입니다."

"다른 경우는 없을까?"

스티브는 잠시 생각했다.

"고객과의 연결이요."

"그게 무슨 뜻이야?"

"고객들과의 관계를 돈독히 함으로써 통제점을 차지하는 경우를 말하는 겁니다. PC산업을 예로 들면 MS가 PC조립업체를 제치고 고객의 이야기를 직접 들으며 밀접한 관계를 쌓았듯이 말입니다."

스티브는 자신이 대답을 잘한 것 같아 뿌듯한 느낌이 들었다.

"그러면 이익은 어떻게 발생하지?"

이번에는 스티브는 금방 대답했다.

"예측 가능성을 통해 이익이 발생합니다."

"예측 가능성이라고?"

"네. 통제점을 차지한 기업은 속도를 조절할 수 있습니다. 그 기업의 사업계획이 산업의 미래를 정의하죠. 가치사슬 상 다른 기업들은 언제나 한 발자국 뒤에서 반응하고요."

자오는 놀랐다. 지금껏 스티브가 한 말이 완벽한 것은 아니지만 요점을 정확하게 짚었기 때문이었다.

스티브가 말을 이었다.

"이제 2번 숙제를 하겠습니다. 통제점이 가치사슬 상의 다른 곳으로 크게 이동된 대표적인 사례는 세 가지가 있습니다. 모두 제너럴리스트 집단에서 스페셜리스트 집단에게 통제점이 넘어간 사례입니다. 바로 컴퓨터 산업, 운동화 그리고 할리우드가 그러하죠.

그리고 3번 숙제는 더 생각해봐야 알 것 같습니다."

스티브는 뒤로 물러앉으며 미소를 지었다. 스스로에게 만족스러운 듯 했다.

자오도 맹렬하게 달리던 스티브가 마침내 연료가 떨어진 것 같아 약간 안도했다.

"아주 잘했어. 3번 숙제는 더 생각해 보고 다음 주까지 세 가지 사례를 찾아와. 이유도 같이 설명해야 해. 또 그것이 얼마나 지속될지도 생각해 보고."

"읽기 숙제는요?"

"이번 주 읽기 숙제는 〈하버드 비즈니스 리뷰^{Harvard Business Review}〉에 나온 '컴퓨터 없는 컴퓨터 회사^{The Computerless Computer Company}'라는 기사야. 그 잡지에서 낸 기사 중 최고의 글이지. 기사엔 규칙이 변화하는 방식, 통제점이 전환되는 방식 등 여러 가지가 담겨 있어. 세 번 반복해서 읽도록 해. 그럴 만한 가치가 충분히 있어. 매번 읽을 때마다 서로 다른 종이에 읽고 느낀 요점을 각각 적어봐. 세 번 다 읽고 난 후에 3개의 메모를 비교해 보라고.

자, 오늘은 여기까지. 다음 주는 대통령의 날^{President's day}(2월 세 번째 월요일로 미국의 법정 공휴일)이 끼어 있으니 한 주 쉬도록 하지. 이틀 정도 아내와 힐튼 헤드^{Hilton Head}섬으로 낚시여행을 갈 계획이거든. 자 그럼 2주 후에 봐."

경기 사이클에 따른
차익을 노려라

사이클 이익모델

2월22일. 스티브가 사무실 문 안으로 들어서는 순간 자오는 노란 노트를 집어 들며 스티브에게 물었다.

"델모어의 사업 중에서 경기 사이클에 민감한 사업이 뭐지?"

"많습니다. 건축자재, 화학제품, 제지, 플라스틱, 항공기술 부분이 있죠. 이것들은 사실 델모어가 골머리를 앓던 난제 중 하나입니다. 경기 침체기 때 어떻게 해야 파산하지 않고 살아남느냐, 경기 상승기 때 어떻게 해야 경기 호황의 이점을 충분히 활용하여 앞서나갈 수 있느냐가 큰 문제죠."

"이 그림은 경기에 민감한 산업 종사자 대부분이 머릿속에 그리고 있는 그림이야."

자오는 직선 2개를 그리고 나서 구불구불한 곡선 하나를 그려 넣었다.

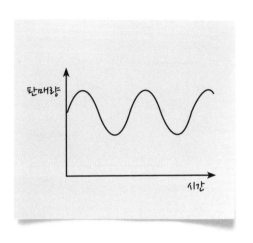

"유감스럽게 별로 좋은 그림은 아니야. 오로지 매출에만 집중하기 때문에 경기 사이클과 이익 사이의 관계는 모호해. 어떻게 이 그림을 바꿔야 할까?"

자오는 잠시 가만히 있었다. 스티브는 이제 이런 자오의 침묵을 즐기는 법을 터득했다.

작곡가가 곡을 만들 때 쉼표를 사용하듯 자오도 침묵을 사용하는 거라고 스티브는 생각했다. '선생님이 아무 이유 없이 침묵할 리가 없지.'

"이런 관점에서 시작해 보면 어떨까? 판매량이 늘면 비용에는 어떤 변화가 있을까?"

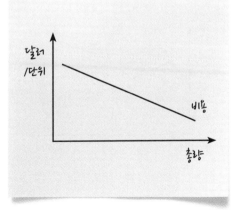

스티브가 대답을 하려는 순간 자오가 제지하며 말했다.

"아니, 말로 하지 말고 그림으로 그려봐."

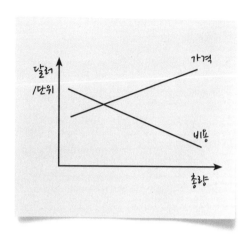

자오는 스티브에게 노트를 건네줬다.

스티브는 노트에 그래프를 그리고 짧게 무언가를 써넣었다.

"잘했어. 그럼 가격은 어떻게 될까?"

스티브가 다시 그림을 그렸다.

"좋아."

이제는 자오가 스티브의 그림에 알파벳 4개를 써 넣었다.

"D는 어떤 상황일까?"

"적자가 나죠."

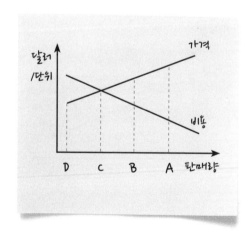

"C는?"

"손실도 없고 이익도 없는 손익분기점이네요."

"B에서는?"

"흑자가 나기 시작합니다."

"그렇다면 A에서는?"

스티브가 씨익 웃었다.

"엄청 많은 돈을 법니다."

"좋아. 그러면 판매량과 이익과의 관계를 그림으로 그려보면 어때?"

스티브는 노트를 다음 페이지로 넘기고 다시 그림을 그렸다.

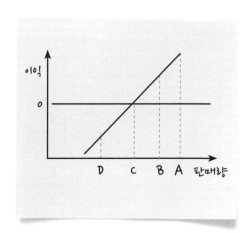

"잘했어. 이 그림 안에는 경기 사이클 변화에 잘 대응함으로써 이익을 창출한다는 '사이클 이익모델'이 함축되어 있어. '사이클 이익모델'로 성공을 거둔 대표적인 기업은 어디일까?"

"도요타요?"

"잘 골랐어. 도요타는 어떻게 이 이익모델을 구사할까?"

스티브는 월 스트리트 저널에 나온 도요타 관련 기사를 회사에서 읽은 적이 있다.

"손익분기점을 끌어내리는 방식 아닐까요?"

"맞았어. 그런데 그걸 어떻게 끌어내린다는 거지?"

"비용을 줄입니다. 특히 고정비용을 말이죠."

"정확해. 그걸 그림으로 나

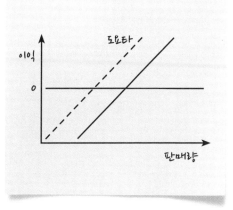

타낼 수 있어?"

스티브는 잠시 생각하다가 자신이 그린 그림에 점선을 그려 넣었다.

"이번에도 정확하게 짚었어. 그렇다면 도요타의 목표는 뭘까?"

"똑같은 판매량을 달성해도 도요타는 항상 경쟁사보다 더 이익을 냅니다. 타사가 겨우 손익분기점을 달성하면 도요타는 동일한 판매량을 가지고 이익을 벌어들이죠. 결국 도요타가 언제나 시장을 앞서 나갈 수 있습니다."

"설명을 아주 잘했어. 바로 그것이 도요타가 막대한 현금을 보유하게 된 원동력이지."

"현금이 얼마나 되나요?"

스티브는 궁금했다.

"추측해 봐."

"200억 달러 정도요?"

"그보다는 많아."

"300억 달러인가요?"

"더 많아. 내가 마지막으로 체크해본 게 작년이었는데 그때 약 500억 달러쯤 됐지."

자오는 다시 이야기의 고삐를 쥐었다.

"그게 바로 도요타야. 그럼, '사이클 이익모델'을 아주 잘 운용하는 다른 회사는 없을까?"

스티브는 얼굴을 찡그리며 탁자를 쳐다봤다.

"잘 모르겠습니다."

"유니버설 케미컬Universal Chemicals이라는 회사가 있지."

자오가 불쑥 말을 꺼냈다.

"한 때 그곳에서 스캇이라는 사람과 일을 한 적이 있어. 나는 스캇에게서 가격 결정의 마술을 배웠지. 가격 결정을 잘하려면 생산능력과 고객행동에 대한 정확한 데이터가 필요해. 엄청난 자신감도 있어야 하고. 그런 다음, 2분기 동안 가격을 주도적으로 인상하거나 내리는 거야. 자네가 이 말을 그림으로 한 번 그려봐."

그러면서 자오는 스티브에게 노트를 내밀었다.

스티브는 즉시 그림을 그렸다.

자오가 고개를 설레설레 흔들었다.

"틀렸어."

스티브는 다음 페이지에 다시 그림을 그렸다.

"그것도 틀렸어."

이번에는 자오가 노트를 받아 굵고 구불구불한 선으로 된 그래프 하나를 그렸다.

"이건 시장 가격이야."

그렇게 말하고 다시 그 굵

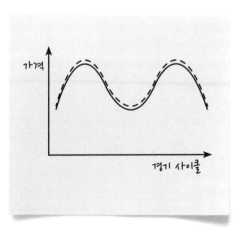

은 선에 닿을 정도로 가까이에 점선을 그렸다.

"이렇게 가격을 앞서 인상하고 가격 하락을 지연시키는 사소한 능력 차이가 엄청난 이익을 가져오지. 이런 것을 '차익 거래'라고 말해."

"세상에, 이렇게 간단한지 몰랐습니다."

스티브는 궁금했다. 그는 델켐DelChem(델모어의 화학사업부)에서 상무로 근무하는 친구 제리를 떠올렸다. 제리는 언제나 시장 변화 때문에 이중으로 손해를 본다고 불평하곤 했다. 델켐은 지난 5년 중 처음 3년간은 30퍼센트 이상의 이익을 내며 순항했지만 최근 2년 동안 두 자리 숫자의 손실을 기록했다. 내년에는 어떨지 불 보듯 뻔했다. 앞으로 2~3년 동안 그렇게 연달아 깨진다면 델모어 전체가 침몰할 수밖에 없을 터였다.

"간단하지만 동시에 아주 어려운 거지."

자오가 스티브의 말에 대답했다.

"스캇은 2년 전에 유니버설 케미컬에서 은퇴했어. 그 회사는 스캇의 은퇴 기념으로 순금시계를 선물했는데, 사실 스캇이 회사에 공헌한 걸 생각하면 순금 캐딜락을 줬어야 했어. 경기가 좋든 나쁘든 20년 동안 근무하면서 그가 회사에 안긴 이익만 해도 수억 달러에 이르니까 말이야. 아니 지난 5년간의 실적만 감안해도 그렇고."

"지난 5년간 실적이 어땠는데요?"

"스캇은 앞으로 가격 결정이 더욱 중요해지고 어려워진다는 것을 알고 있었어. 그래서 은퇴할 때쯤 자신의 가격 결정 비법을 가르치기 위해 회사 내에서 실력 있는 후배들을 찾아다녔지. 스캇은 가능한 모든 방법을 써서 그들을 모아 훈련시켰어. 물론 그들 중에 스캇만큼 탁월한 사람은 없었지만 함께 움직이면 엄청난 역량을 발휘한다고 하더군. 은퇴하기 전에 인재를 육성한다는 것, 그가 회사에 남긴 유산은 적어도 수억 달러의 가치가 있지.

그러고 보면 이익은 참 웃기는 거야. 판매자, 가격 결정자, 프로젝트 매니저, 아이디어 기획자 등 소수의 사람들이 이익 창출에 아주 결정적 역할을 하거든. 사실 이익을 창출할 수 있는 방법을 고민하면 할수록 핵심인재 몇 명에게 얼마나 많이 의존하는지 알게 돼. 예를 들어 MITRE(미국의 정보보안 연구기관), 머크, 보잉Boeing(미국 항공기 제조회사)같은 곳에서 일하는 프로젝트 매니저들을 보라고. 그들은 마치 기관차처럼 돌진해서 불가능하게 보이는 프로젝트들을 손쉽게 해결하는 인물들이야. 그밖에 광고회사에서 일하는 명석한 카피라이터, 크라이슬러Chrysler 엔지니어링 부문에서 일하는 천재적인 디자이너, 법률회사의 신사업 중 70%를 주도하는 레인메이커 Rainmaker(서비스 산업에서 탁월한 세일즈 실력을 보이는 존재). 바로 이들이 이익 창출에 결정적인 역할을 하는 사람들이야.

이익은 아주 규정된 경로로 만들어지고, 대부분 거대한 조직 내 몇몇 사람이 이익 창출의 진정한 촉매제 역할을 하지.

이렇게 생각할 수도 있어. 가격 결정과 프로젝트 진행에 능한 20

명의 핵심인재를 보유하고 있는 100억 달러 매출의 화학 회사가 있다고 가정해 봐. 그리고 매출 100억 달러짜리 회사를 머릿속에 또 하나 그려봐. 그 회사는 구조조정과 리엔지니어링에 실패하고 핵심인재관리도 제대로 하지 못하는 바람에 인재들 대다수가 회사를 떠나버렸다면……. 어때? 놀랄 만한 차이가 느껴져?"

자오가 노트를 집어 삼각형을 그리고 그 안에 20개의 작은 별을 그려 넣었다.

"이 별은 인재들을 의미하는 거야."

그렇게 말하고는 이 삼각형에 '이전'이라는 이름을 붙였다.

그리고 그 옆에는 대부분의 인재가 떠나버린 삼각형을 그리고 '이후'라는 이름을 붙였다.

스티브가 펜을 꺼내 '이전' 옆에 '주식 매수'라고 쓰고 '이후' 옆에는 '즉시 매도'라고 썼다. 자오와 스티브는 마주보며 미소를 지었다.

자오는 도저히 물어보지 않을 수 없었다.

"두 그림 중 어떤 것이 지금 델모어의 모습일까?"

스티브는 잠시 생각하다가 자오의 책상 위에 있는 필통으로 손을 뻗어 빨간 매직펜을 꺼냈다. 그리고는 '이후'를 가리키며 말했다.

"이겁니다. 하지만 선생님. 델모어는 지금 제가 일하는 곳이라는 걸 기억해 주십시오."

스티브는 빨간 매직펜으로 '이후' 삼각형 안에 별 하나를 그려 넣

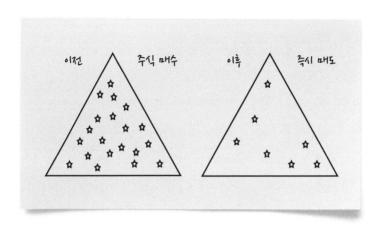

었다.

"변화가 생기기를 기대해 보자고."

자오가 씨익 웃었다.

"델모어 서플라이의 피라미드 구축 작업('피라미드 이익모델'의 실행)은 어떻게 됐어? 아직도 모양을 잡아가는 중이야?"

스티브는 고개를 끄덕이며 말했다.

"이제 거의 실행될 준비가 되었습니다. 최소한 저는 그렇게 생각하고 있어요."

"뭔가 마음에 걸리는 것이나 의심스러운 것은 없고?"

자오가 부드럽게 스티브를 압박했다. 스티브는 주저했다.

"제가 본 마케팅 자료가 최종 버전인지 확실하지 않은데요, 2주 전에 본 그 자료는 왠지 조금……. 저도 잘 모르겠어요."

"목표에서 벗어난 것 같아?"

"아마 그런 것 같습니다. 회사에서는 고급제품을 공격적으로 밀고 있어요. 그런데 방화벽 역할을 하는 저가제품은 좀 싸구려 같아 보입니다. 회사는 거기에서 방향을 놓친 것 같아요. 저가제품을 잘 만들어서 경쟁자가 시장을 장악하지 못하게 만들어야 하는데 말이죠."

"그게 바로 '피라미드 이익모델'의 핵심이야, 스티브."

"우리가 방심하는 사이 시장점유율을 뺏어갈 이름 없는 건축자재는 아주 많아요. 예를 들어 홈디포와 같은 대형 건축자재 매장에 들어가는 제품들이 그렇죠."

"음, 델모어 서플라이에서 잘못 판단한 것 같군."

"제가 우려하는 게 바로 그거에요. 제안해 주실 것 좀 없습니까?"

"혹시 자네의 판단을 지지할 만한 고객 분석 자료가 있어?"

"아마 있을 겁니다."

"그러면 들어가서 자네 생각을 주장해 봐. 물론 캐시가 지원해줘야겠지만."

"네, 그렇게 하겠습니다. 읽기 숙제는 뭡니까?"

"이제 워렌 버핏을 배울 시간이야. 아마 TV나 〈머니Money〉잡지에 나오는 간략한 기사나 설명만으로 버핏을 이해한다고 생각할지 모르지만 실은 그렇지 않아. 버핏이 쓴 에세이를 보는게 가장 좋지. 하지만 버크셔 헤서웨이Berkshire Hathaway(워렌 버핏이 회장으로 있는 투자회사)의 주주가 아니면 읽기가 쉽지 않아. 주주에게만 배포되는 연례

보고서에 그 에세이가 들어있거든. 일단 버핏에 대해 쓴 책 중 앤드류 킬패트릭의 《워렌 버핏 평전Of Permanent Value》[14]으로 시작하도록 해. 다음 힘들겠지만 버크셔의 연례보고서 복사본을 구해서 버핏의 에세이를 읽어보고."

"읽을 것이 많겠군요."

"당연하지!"

자오는 미안한 기색도 없이 무뚝뚝하게 말했다. 그러다 조금 부드러워진 어조로 덧붙였다.

"2주의 시간을 줄게. 그럴 가치가 충분하지."

"네. 그럼 2주 후에 뵙죠."

오늘 수업은 끝났다.

판매 후에 생길 이익을
놓치지 마라

판매 후 이익모델

3월 8일. "이번에 읽은 것들은 정말 환상적이었습니다."

스티브는 자오에게 인사로 이렇게 말했다.

"워렌 버핏의 에세이는 구하기가 어렵지 않았어요. 모두 버크셔 헤서웨이의 웹사이트에 올라와 있던데요."

자오는 미소를 지으며 말했다.

"잘했어."

자오는 이렇게만 말하고 아무 말도 하지 않았다.

스티브는 자오의 반응을 좀 더 기대했지만 그것으로 끝이었다.

이 날의 수업은 자오가 스티브에게 질문 공세를 퍼부으면서 시작 됐다.

"고객의 가격 민감도는 언제나 일정할까? 제품을 구매할 때마다 가격 민감도는 모두 같을까?"

스티브는 대답하기 어려워했다.

"아뇨. 일정하지 않습니다. 근데 확신할 수 없네요."

"많이 변할까? 아니면 거의 변하지 않을까?"

"적어도 조금은 변할 겁니다."

"커피 한 잔, 텔레비전, 항공여행, 자동차와 같은 걸 예로 든다면 어떨까?"

이제는 쉬워졌다.

"커피 한 잔의 가격 민감도는 매우 낮습니다. 그게 바로 스타벅스 사업의 기초죠. 한계비용(생산량이 한 단위 증가할 때 늘어나는 비용)은 5센트 정도밖에 안 되지만 사람들은 커피 한 잔에 2~3달러를 지불합니다.

텔레비전은 조금 다릅니다. 커피보다는 텔레비전을 살 때 사람들은 좀 더 가격에 민감해집니다. 가장 저렴한 가격에 텔레비전을 구입하기 위해 매장을 돌아다니며 20~30달러를 아낄 방법을 찾지요.

항공여행에 대한 가격 민감도는 더 높습니다. 사람들은 싼 티켓을 열심히 찾아다니고 몇 주 전에 미리 예약을 해둡니다."

"사람들이 그러는 이유는 뭘까?"

자오가 물었다.

"티켓 가격은 비싸지만 열심히 알아보면 싼 가격의 티켓을 구할 수 있습니다. 대가가 크다는 걸 사람들이 알고 있는 거죠. 티켓 가격은 다양하고 자주 변하기 때문에 잘만 하면 100달러에서 200달러를 절약할 수 있거든요."

"그러니까 티켓의 가격은 비싸고 동시에 가변성variability이 크다는 말이군."

"그렇죠."

"그럼 자동차의 경우는 어때?"

"자동차는 엄청나죠. 지금까지 이야기한 것 중 가격이 제일 비쌉니다. 동시에 가격의 가변성도 크고 가격 민감도도 아주 크죠. 소심하고 협상을 싫어하는 사람조차 자동차 대리점에 들어설 때는 성격이 바뀝니다. 끈질기게 가격을 협상하죠."

"그러지 않는 경우는?"

"그러지 않는 경우라니요?"

"고객이 대리점에서 요구하는 가격에 곧바로 동의할 경우를 말하는 거야."

스티브는 잠시 생각했다. 그는 예전에 돈 많은 친구 하나가 한창 인기가 높았던 포드 자동차의 엑스페디션Expedition(포드가 출시한 SUV)을 구입하기 위해 두 달이나 기다렸던 일을 떠올렸다.

"정말 사고 싶은 자동차이거나, 차를 인도받기까지 오래 기다려야 하는 경우라면 대리점에서 부르는 가격을 지불할 겁니다."

"일단 여기까지 정리해 볼까. 가격 민감도에 대한 일반적인 법칙이 뭐라고?"

스티브는 하나씩 거론했다.

"가격이 높을 때, 가격의 가변성이 클 때, 대안이 많을 때 가격 민감도가 가장 큽니다."

"거꾸로는?"

"가격이 낮을 때, 가격의 가변성이 작을 때, 대안이 적을 때 가격 민감도는 가장 작습니다."

자오는 가볍게 인사했다.

"고마워, 스티브. 자네는 지금 막 '판매 후後 이익모델'을 통해 높은 이익을 창출하는 기초를 설명한 거야. 컴퓨터, 자동차, 복사기, 산업장비 같은 하드웨어 제품들처럼 높은 가격에 판매가 이루어지는 사업은 많아.

자네가 말했듯이 이런 하드웨어 제품들은 고객이 느끼는 가격 민감도가 아주 높아. 고객은 최저 가격에 제품을 구입하려고 온갖 노력을 다 할 거야. 싼 제품을 찾겠다는 고객의 열정과 에너지가 가격을 하락시켜서 결국 이익이 줄어들게 만들지.

그런데 재미있는 일이 벌어져. 하드웨어 제품이 판매되면 고객들은 '판매 후 상품after-sale stuff'들을 필요로 하는 상황이 만들어지지. 엘리베이터, PC, 픽업 트럭을 구입하기 전까지는 애프터서비스 계약은 필요치 않아. 대체 부품이나 액세서리도 필요 없고 말이야.

구입하고 나서는 그런 것이 필요하게 돼. 완전히 새로운 '미니 마켓'이 기존 거래(고객에게 하드웨어 제품을 판매한 최초 거래)에 의해 생겨나지.

이 미니 마켓의 특징을 생각해 봐. 기존 거래와 가격 수준을 비교하면 10분의 1이나 100분의 1밖에는 안 되지만, '판매 후 상품'들은 반드시 구입할 수밖에 없는 것들이거든. 이것이 미니 마켓의 강점이지."

"이건 전에 배운 '설치기반 이익모델'의 변형 아닌가요?"

스티브는 궁금했다.

"그렇게 보여?"

자오는 대답 대신 질문을 던졌다.

"제가 보기엔 그렇습니다."

"물론 유사한 점이 있어. 그렇지만 생각해 봐. '설치기반 이익모델'에서는 누가 이익을 얻지?"

"당연히 자동차, PC, 가전제품 등 하드웨어를 만든 업체들이 이익을 얻죠."

"그럼 자동차 보험, 소프트웨어, 애프터서비스 계약을 판매하면 누가 이익을 얻어?"

"보험사와 보험설계사, 소프트웨어 업체, 가전제품 유통업체들이겠죠."

"바로 그거야."

자오가 고개를 끄덕였다.

"그렇다면 하드웨어 업체들이 '판매 후 상품'에서 이익을 얻지 못하는 이유는 뭡니까?"

"좋은 질문이야. 내가 볼 땐 그것 역시 비즈니스 세계에 항상 존재하는 아이러니인 것 같아. 고가의 하드웨어를 생산하는 업체는 자본 투자와 리스크 감수는 물론이고 여러 가지 종류의 손실과 감가상각에 전전긍긍하지. 그래서인지 그들은 높은 예측 가능성, 낮은 가격 민감도, 높은 이익률, 지속적인 매출, 끈끈한 고객 관계를 형성할 기회를 가진 '판매 후 상품' 아이디어를 누군가가 포착하도록 내버려 두는 경향이 있어. '판매 후 상품'들은 구매 빈도가 기존 거래보다 10배나 커서 상당히 매력적인데도 말이야.

나는 도통 알 수가 없어. 왜 컴퓨터 업체는 다른 기업이 확장용 메모리를 팔게 내버려 두는 걸까? 왜 자동차 생산업체는 다른 업체가 보험상품과 보증 연장 계약the extended warranty을 팔도록 내버려 두는 걸까?"

"전 알 것 같습니다."

스티브가 끼어들었다.

"그건 하드웨어 업체들의 비즈니스 디자인에 근본적인 결함이 있기 때문입니다. 보지 못하는 사각지대가 있다는 말이죠. 이 사각지대는 다른 업체들에게 엄청난 이익과 고객관계라는 기회의 문을 열어주고 맙니다."

"하드웨어 업체들이 어떻게 해야 방어할 수 있을까?"

스티브는 잠시 말을 멈추고 생각했다.

"시각을 넓혀서 '판매 후 상품'에 대한 총공세를 펼쳐야 합니다. '판매 후 상품'을 기존 하드웨어 제품에 맞춤으로써 고객이 '판매 후 상품'을 구매하도록 유도해야 합니다."

자오는 스티브에게 엄지손가락을 살짝 치켜 올렸다.

"그렇지. 바로 그거야."

스티브는 계속했다.

"또한 '판매 후 이익 모델'이 '설치기반 이익모델'로 변환되도록 노력해야 합니다."

"그렇게 하면 어떻게 되는데?"

"엄청난 이익을 벌어들일 기회가 생기지요."

"헌데 그런 엄청난 이익에도 불구하고 왜 하드웨어 업체가 '판매 후 상품'에 진출하는 경우가 많지 않은 걸까?"

스티브는 잠시 말을 멈췄다가 과감하게 말을 꺼냈다.

"심리적인 장벽 때문입니다."

"자세하게 이야기해 봐."

"업계에서의 매력과 명망은 가장 높은 시장점유율을 확보하고 고가제품을 가장 많이 파는 업체들이 얻기 마련입니다. '판매 후 상품'으로 진출하면 그런 매력과 명망이 감소하리라 생각하기 때문에 쉽사리 결정을 내리지 못하죠. 일종의 심리적인 장벽입니다."

"그럴까?"

자오가 의심스럽게 묻자 스티브는 말을 멈췄다. 정말 그럴까? 나역시 보지 못하는 사각지대가 있는 것은 아닐까. 스티브는 머릿속의 기억들을 되짚어보기 시작했다.

"하드웨어 제품과 '판매 후 상품'은 서로 완전히 다른 비즈니스 모델이기 때문입니다!"

스티브가 외쳤다.

"2개의 비즈니스는 다른 기술, 다른 인력, 다른 시스템, 다른 데이터베이스를 필요로 합니다. 고객의 입장에서 볼 때 '판매 후 상품'은 하드웨어 제품보다 심리적인 만족과 매력이 덜하고 시선을 끌어당기는 힘도 약합니다. 또 영업사원의 입장에서 볼 때 '오늘 자동차 보험 계약 10개를 따 냈어'라면 굉장한 실적이죠. '엘리베이터 보수 계약을 10개 땄어'라면 역시 대단한 실적이고요. 하지만 그렇다고 해서 신문에 대대적으로 기사가 실리거나 회사로부터 하와이 여행권을 선물로 받지는 못해요."

"그래. 그러지는 못해. 그저 이익을 많이 올릴 뿐이야."

"그래서 하드웨어 제품회사가 '판매 후 상품' 영역에 진출하려면 독립적이고 완전히 체질이 다른 조직과 시스템을 구축해야 합니다. 그런 다음 하드웨어 부문 조직과 연결할 방법을 찾아야 하죠. 하드웨어 부문 조직에서 '판매 후 상품'까지 같이 다루겠다고 단순하게 추진하면 안 됩니다."

"그렇게 하려면 문제가 아주 많을 것 같은데?"

자오가 지적했다.

"네, 아예 다른 조직과 시스템을 구축하는 일은 어렵고 그러는 와중에 문제도 많이 생길 겁니다. 사실 하드웨어 업체가 이런 어려움을 극복하지 않으려 하고 또 지레 겁을 먹기 때문에 다른 업체들이 '판매 후 상품' 사업을 하도록 방치하는 것이죠."

"맞아. 자네는 지금까지 하드웨어 업체들이 '판매 후 상품'에 진출하지 않은 이유로 두 가지를, 즉 '심리적인 장벽의 존재'와 '서로 다른 비즈니스 모델'이라는 점을 들었어. 그 밖에 다른 이유는 없어?"

스티브는 말문이 막혔다. 정신적인 에너지가 고갈된 것 같았다.

자오는 참을성 있게 기다렸다. 아무 대답도 나올 것 같지 않다고 판단되자 자오는 이렇게 질문했다.

"자동차, 컴퓨터, 복사기 등과 같은 하드웨어 업체에서 이익에 책임을 지고 그에 따라 보상을 받는 사람이 얼마나 된다고 생각해?"

스티브는 다시 본 궤도로 돌아왔다. 그의 머릿속에는 자동차 부품 사업부, 항공기술 사업부, 의약화학 사업부, 공작기계 사업부 등 델모어의 여러 사업부들이 섬광처럼 스쳐 지나갔다.

"거의 없습니다. 있어도 아주 소수네요."

"맞았어. 이제 이익에 따라 보너스를 받는 사람이 조직에 수백 명이 있다고 가정해 봐."

"그러면 '판매 후 이익 모델'을 구축할 때 많은 문제점과 장애가 생기더라도 그것을 극복하고야 말겠다는 마인드가 크게 형성될 겁니다."

"그럼 OEM(주문자 상표 부착 생산) 방식의 비즈니스를 하지 않는 자들 중에서 누가 '판매 후 상품'에 관심을 가질까?"

"글쎄요, 대부분 야심만만한 사업가이거나 개인기업이겠죠."

"이익에 대한 그들의 이해와 집중력은 어떨까?"

"아주 명백하면서도 치열합니다. 그들이 이익에 무관심한 조직을 맞아 싸움을 벌이면 그 결과는 불 보듯 뻔하죠. 바위로 계란을 치는 것처럼 그들은 매번 승리합니다."

"그런 편이지."

대화의 요점을 잡으려고 스티브는 열심히 필기했다. 자오가 침묵하는 동안 스티브는 필기를 멈추지 않았다. 얼마나 지났을까. 스티브가 고개를 드니 자오가 엷은 미소를 머금고 조용히 지켜보고 있었다.

"내가 방해가 된 건 아니겠지?"

"아, 선생님 절대 아닙니다."

스티브는 자신이 자오를 지켜봤던 일이 생각나서 조용히 웃었다.

"이번 주도 두 권이야."

자오가 대뜸 말했다.

"네? 아, 읽기 숙제 말이군요."

"첫 번째 책은 《패러다임Paradigms》[15]이야. 심리에 따라 현실이 어뗳게 바뀌는지에 관한 책이지. 두 번째는 《이익 패턴Profit Patterns》**16**이라는 책이야. 이 책은 이익모델과 거의 같은 아이디어를 담고 있어. 읽으려면 만만치 않을 테니 2주를 주지."

스티브는 책 제목을 받아 적었다.

"다른 숙제는 없습니까?"

"'판매 후 이익 모델'을 적용할 수 있는 굵직한 사례 다섯 가지를 알아 와. 친구에게 물어봐도 좋아. 하지만 물어볼 때는 자네가 무엇을 원하는지 잘 설명해야 할 거야."

스티브는 사무실을 나가다가 문가에서 멈춰 자오를 돌아봤다.

"사례로 찾아낸 기업들이 주식시장에 공개된 회사들이라면, 사람들이 투자해볼 만한 대상아닌가요?"

자오는 책상에 기대 뭔가를 쓰고 있다가 곁눈질을 하며 가만히 스티브를 올려다봤다. 그는 고개를 약간 까딱거릴지, 수수께끼 같은 미소를 지어야 할지, 아니면 뭐라고 대답을 해야 할지 모르는 듯했다.

"스티브, 난 자네가 그런 질문은 절대 하지 않을 거라 생각했는데 질문을 하는군. 자네가 행동하기로 결심했다면 실행할 때는 정말 신중해야 해. 알고 있지?"

"그럼요, 물론이죠."

"반드시 그래야 해!"

자오의 어조 속에서 무언가가 스티브에게 전달됐다.

"아이디어와 그것을 적용시키는 과정 사이에서 엄청난 돈이 사라질 수 있다는 점을 반드시 기억해. 중요한 것은 아이디어가 아니라 멋지게 적용시키는 거야. 그리고 하나 더…….

투자자가 될 생각이라면 반드시 고객과 이야기를 해야 해. 그건 경영자에게는 물론이고 투자자에게도 아주 중요한 거야. 하지만 사람들은 항상 고객의 말을 소홀히 여기지."

"왜 그런가요?"

"두 가지 이유가 있어. 첫째, 사람들은 늘 틀린 질문을 해. '내가 알아야 할 게 뭔가요?'라는 질문으로 대화를 시작하지."

"그럼 어떻게 질문해야 하죠?"

"'내가 알기 두려워하는 것은 뭐죠?'라고 물어봐야지. 그런 질문이 바로 우리의 비즈니스 모델이 구태의연한지, 아니면 투자 아이디어가 생각만큼 훌륭하지 않은지 알려주거든. 그런 이야기를 귀담아 들으려면 대단한 용기가 필요해.

둘째는 인식의 한계 때문이야. 사람들은 사물과 현상을 있는 그대로 보지 않고 자신의 입장에서 보는 습성이 있어. 《패러다임》을 읽을 때 이 점을 명심하도록 해. 자네도 사물과 현상을 자네의 입장에서 보는 것은 아닌지 다음번에 만나면 이야기해 줘. 그럼 2주 후에 보자고."

다음에 올 파도에
먼저 올라타라

신제품 이익모델

3월 22일. 스티브가 제시간에 왔는데도 자오는 보이지 않았다. '선생님이 늦은 적은 한 번도 없었는데…….' 스티브는 안절부절 못하면서 손가락으로 드럼을 치듯 책상을 계속해서 두드렸다.

자오는 늦은 게 아니었다. 그는 같은 층 반대편 사무실에서 반쯤 열려 있는 자신의 사무실을 쳐다보고 있었다. 자오는 호수에 떠 있는 작은 배가 거센 폭풍우에 어지럽게 흔들리는 것처럼 스티브가 초조해하는 모습을 지켜봤다. 어려운 수업을 시작하는 좋은 방법은 없을까 생각하면서 말이다.

자오가 조용히 사무실로 들어왔을 때 스티브는 창가에 서서 멀리 있는 자유의 여신상을 바라보며 오른손으로 머리를 긁적이고 있었다. 자오는 손을 뻗어 스티브의 어깨를 살짝 두드렸다. 스티브는 순간 깜짝 놀라 움찔하며 뒤를 돌아봤다.

"무슨 일인지 이야기해 봐."

"네? 무엇을 말입니까?"

스티브는 말을 하다 멈췄다. 자오에게는 아무것도 감출 수 없음을 깨달았다. 대신 웃으며 짧은 농담 한 마디를 던졌다.

"귀신을 속이는 게 낫겠군요. 선생님은 꼭 맥박 한 번에 병력을 모두 알아맞히는 한의사 같아요."

자오는 조용히 같은 말을 반복했다.

"무슨 일인지 이야기해 봐."

스티브는 한숨을 쉬었다.

"어제 한 프레젠테이션 때문입니다. 우리 팀은 항공기술 사업부 사람들과 함께 일을 하고 있습니다. 이 사업부는 테러분자나 침입자를 막을 조종실 차폐 프로젝트를 진행하는 중입니다. 우리는 이 프로젝트를 새로운 핵심사업으로 발전시키려고 노력 중이죠. 또한 우리는 델모어가 항공기 제조업체를 위해서 화물칸, 객실, 공항 검색대, 조종실 제어장치와 같은 것을 완전하게 통합한 보안 체계를 구축하자고 제안했습니다. 캐시와 제가 그 아이디어를 아주 빨리 진척시켜서 제가 프레젠테이션하게 됐죠.

전 제가 아주 잘했다고 생각했지만 결과는 좋지 않습니다. 아주 망쳐버렸어요. 마지막으로 받은 두 가지 질문에 저는 너무 놀라서 아무 말도 하지 못했습니다. 두서없이 주절거렸고 대답이 끝날 때쯤엔 듣고 있던 모든 사람들이 전혀 이해하지 못하겠다는 제스처를 취하더군요. 캐시가 나서서 수습해 보려고 했지만 그녀는 자세한 내용까지는 모르기 때문에 제대로 된 대답을 하지 못했죠. 정말 못 봐 줄 정도였어요. 그때 나를 보던 사람들의 얼굴을 생각하면…….”

스티브는 고개를 흔들었다.

자오도 공감한다는 듯 고개를 끄덕였다.

“뭐, 그럴 수도 있지. 그때 받은 질문을 다시 생각해 봤어?”

“속 터질 일입니다. 여기까지 지하철을 타고 오면서 생각해 보니 어떻게 대답해야 했는지 명확해졌으니 말입니다. 정말 어이가 없을 정도로 명확합니다.”

스티브는 자신을 혐오한다는 듯 자책하며 말했다. 20년 전 자오 역시 스티브가 겪은 좌절감을 겪은 적이 있었다. 그런 상황에서는 시간이 지나길 기다리는 것 외에는 달리 할 일이 없었다.

자오는 스티브 맞은 편에 앉아 책상서랍 속에서 종이 몇 장과 펜을 꺼내 스티브에게 건네줬다.

“어제 마지막에 받은 질문 두 가지를 여기에 적어봐.”

자오는 권유와 명령의 중간쯤 되는 어조로 말했다. 스티브는 군말하지 않고 두 개의 질문을 적었다. 자오는 그것을 빠르게 훑어본 후 이렇게 말했다.

“그럼 이제 지하철에서 생각해 냈다는 답을 적어 봐. 30분이면 되겠지? 시간이 다 되기 전에 돌아올게."

스티브는 빠른 속도로 답을 적어 나가기 시작했다. 자오는 시계를 벗어 스티브 앞에 놓고 사무실을 빠져 나갔다. 오전 8시 35분이었다.

9시가 되자 자오는 환한 미소와 함께 베이글과 오렌지 주스 그리고 커피포트가 놓인 쟁반을 들고 들어왔다.

"시간 나 됐어, 스티브."

스티브는 쓰던 것을 멈췄다.

"이거 꽤 괜찮은 답 같습니다."

쓰고 있던 노트를 가리키며 스티브가 말했다. 그 사이 3페이지를 빽빽하게 채웠다.

"그걸 나에게 줘 봐. 나는 보통 18시간을 생각하고 난 다음에야 글을 쓰기 시작하는 타입인데 읽어보고 그에 대한 평을 이메일로 보내 줄게."

"감사합니다. 그리고 이 답을 내일 아침 항공기술 사업부 사람들에게도 보내야겠습니다. '제기하신 문제에 대해 추가적으로 조사해서 이런이런 것들을 발견했습니다…….' 뭐 이렇게요. 그러면 상황을 돌려놓을 수 있지 않을까요?"

"그렇게 하는 것도 한 가지 방법이지."

자오도 동의했다.

"그건 그렇고 베이글 좀 먹어봐."

스티브는 배가 고팠는데 마침 베이글 접시와 주스가 자기 앞에 놓이자 근심이 잊혀지는 듯했다.

턱에 묻은 빵조각을 털어내며 자오가 말했다.

"자, '판매 후 이익 모델'을 적용할 만한 사례를 찾아왔어?"

스티브는 재킷 주머니에서 접힌 종이를 꺼내더니 구겨진 부분을 펴서 자오 앞에 놓았다. 자오의 눈엔 그렇게 구겨진 종이가 보기 좋았다.

"바흐는 자기가 쓴 악보에 점심을 싸서 다녔다고 해. 이걸 보니 자네도 바흐처럼 크게 성공할 수 있을 거란 생각이 드는군."

종이에는 5개의 사례가 적혀 있었다. 자오는 뒤의 3개 사례를 훑어 읽다가 불만스럽다는 듯 눈썹을 치켜 올렸다. 처음 두 가지는 너무 확실하고 명백했다. 하지만 뒤의 세 가지가 문제였다. 그 중 한 가지는 확실히 틀린 것이었다. 자오는 맥이 빠졌지만 티내지는 않았다. 스티브를 자극할 때가 아니라고 생각했기 때문이다. 자오는 종이를 접어 자신의 셔츠 주머니에 넣었다.

"바빴을 텐데 숙제를 잊지 않고 하다니, 고마워."

스티브는 자오의 말에 놀랐다. 자신이 당연히 할 일인데 자오가 '고맙다'는 반응을 보였기 때문이다. 전혀 예상하지 못했지만 기분은 좋았다.

"시간이 별로 없으니 이 목록에 대한 조언도 나중에 이메일로 보내 줄게.

오늘 이야기할 주제는 '신제품 이익모델'이야. 사실 조금 어려운

모델이야. 많은 사람들이 이 모델을 '시간 이익모델'이나 '전문제품 이익모델'과 헷갈리곤 해. 그림을 먼저 보여주지."

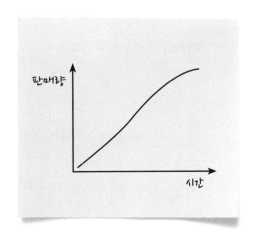

자오는 간단하게 그래프를 그렸다.

"이익이 폭발적으로 증가하는 현상은 골드러시gold rush(19세기 미국에서 금광이 발견된 지역으로 사람들이 몰려든 현상)가 있던 시절처럼 밑바닥에서부터 발생해. 이익률은 높고 판매량은 엄청나게 치솟지. 높은 이익률과 높은 판매량이 상승효과를 일으키면 그야말로 무궁무진한 '이익의 바다'가 펼쳐지는 거야. 이를 '이익 제로 지대profit zero zone'의 반대말인 '수퍼 이익지대super profit zone'라고 부르지. '신제품 이익모델'은 순전히 사람들의 심리와 관련되어 있어. 사람들은 신제품이라는 골드러시에 몰두하느라 향후 3년을 내다보려고 하지 않아. 포물선의 다른 한편에서 어떤 일이 발생할지 생각하기를 거부하지."

"포물선이요? S자 곡선을 이야기하는 게 아니었나요?"

"맞아. 하지만 S자 곡선에서 무엇이 처음 파생되는지 생각해 봐."

"처음 파생되는 것이라뇨?"

스티브는 어리둥절했다.

"S자 곡선은 판매량의 변화를 나타내는 곡선이야. 이제 산업의 총 이익이 시간에 따라 어떻게 변하는지 생각해 봐."

스티브는 움찔했다. 어제 프레젠테이션을 했던 회의실에 와 있는 것 같았다.

자오는 스티브가 긴장한다는 것을 감지했다. 그는 스티브의 손에서 펜을 가져다가 가볍게 흔들며 이제부터 옛날이야기를 시작한다는 신호를 보냈다.

"그건 지금 신경 쓰지 말고 이 이야기를 먼저 들어봐. 30년 전, 나는 어느 전자화학 회사에서 일하고 있었어. 회사에서 나를 싱가포르로 출장 보내서 그 곳에 있는 고객을 인터뷰하라고 했지. 싱가포르에는 조지 호킨스라는 마케팅 담당자가 있었는데 그 사람이 내 출장을 주관해줬어. 어느 날 특별한 저녁식사 자리에서 조지는 약간 취한 상태로 자신이 제일 좋아하는 주제라고 말하면서 마케팅 곡선을 이야기하더군."

"마케팅 곡선이요? 전혀 들어본 적이 없는데요."

"누가 들어도 생소할 거야. 조지가 이름을 완전히 잘못 지었거든. 하지만 그는 그 이름을 바꾸려 하지 않았어. 그는 되는대로 냅킨에 그래프를 그린 다음 설명하기 시작했지."

자오는 연필로 노란 노트 위에 재빨리 그래프를 그렸다.

"하지만 난 조지가 붙인 제복을 버리고 진짜 이름을 쓸 거야."

자오는 '이익 포물선'이라고 또박또박 적었다.

"조지는 이게 보편적 진실이라고 주장했어. 사람들이 이걸 믿지 않고 반대로 행동하기 때문에 많은 돈을 잃는다고도 했지.

'시장의 모든 참여자에 의해 만들어진 총이익은 상승하다가 최고점에 도달한 후

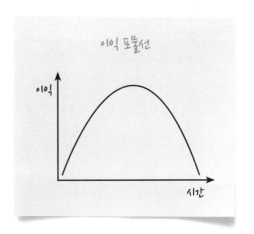

에는 하락하여 다시 제로가 된다.' 조지의 설명은 단순명쾌했어.

대부분의 사람들이 이 사실을 믿지 않는다는 건 사실이야. 나도 그런 사람들 중 하나였어. 조지가 말하는 것은 너무 회의적이고 절망적이잖아. 나는 그 자리에서 반대 의사를 분명히 했어. 솔직히 10년 동안 이익 포물선 따위는 거들떠보지도 않았지.

그렇지만 마음에서 완전히 털어내지도 못하겠더군. 이익 포물선은 계속해서 내 마음 위로 떠올랐어. 특히 제품 출시의 장기적인 로드맵을 구상할 때 말이야."

"예를 들면 어떤 것들이었죠?"

"쭉 열거해 볼게. 라디오, TV, VCR, 워크맨, 데스크탑, 노트북, 서버, 세단형 자동차, 미니밴, SUV, 팩스, 복합기 같은 것들이 그렇지. 이 모든 제품의 역사는 조지의 이익 포물선이 옳다는 걸 암시하고 있어."

자오의 말을 들으며 스티브는 지난 가을에 본 '초창기 컬러 TV 역사'에 관한 방송을 떠올렸다. 수백 개나 있던 TV 제조업체가 순식간에 10개 이내로 떨어졌단 이야기였다.

스티브는 노란 노트를 자기에게로 끌어당기며 말했다.

"써도 될까요?"

"얼마든지."

스티브는 연필을 쥐고 자오가 그린 그래프에 3개의 문구를 썼다. 포물선 왼쪽의 상향곡선에는 '골드러시', 꼭대기 부분엔 '파이크스 피크Pike's Peak(미국 로키산맥에 있는 봉우리. 여기서는 정상을 의미)', 포물선의 하향 곡선이 가로축과 만나는 곳에는 '이익 제로 지대'라고 썼다.

자오는 미소 지었다.

"잘했어. 또 뭐가 있을까?"

"큰 문제가 있습니다. 바로 왼쪽의 상향 곡선인 골드러시 부분입니다. 고객의 수요가 워낙 강해서 그다지 우수하지 않은 업체도 돈을 벌게 될 거라는 골드러시의 심리에 모두가 휩싸이면, 전략적으로 회사를 경영할 방법을 충분히 고민하지 못합니다. 회사 사람들 모두가 제품을 생산하느라 바쁘다 보니 큰 그림을 보고 경영할 시간이 없는 것이 문제죠."

"아주 정확하게 지적했어."

"그걸 내가 다 말해줄 수 있을지 모르겠어. 조지의 포물선을 설명하려면 조지의 속물스럽고 외설스러운 면을 그대로 반영해서 말해야 할 것 같거든."

"괜찮습니다. 설명해주세요."

"음, 조지의 제1원칙은 현실을 인정하라는 것이야. 그는 저 포물선이 실체이고 언제나 현실로 나타나는 것이라고 믿었어. 조지는 이 규칙을 믿는 것이 가장 힘든 일이라고 말했지. 마치 25살짜리 청년이 자신도 늙어서 언젠가 머리가 벗겨지고, 기억력이 쇠퇴하고, 관절염을 앓고, 무엇보다 그가 강조했듯이 발기부전이 될 것을 인정하는 것만큼이나 어려운 일이라고 했어."

스티브는 불편하다는 듯 어색한 표정을 지었다.

"그래. 조지는 원래 그런 사람이야. 항상 사람들을 불편하게 만들려고 했어. 그는 그렇게 해야 사람들에게 좋다고 생각했지.

그는 이익 포물선을 인정하기만 하면 사업에 안착할 수 있고 포물선의 2개 부분을 전략적으로 관리할 수 있다고 했어. 하나는 포물선 왼쪽에서 일어날 수 있는 '과잉투자'이고, 다른 하나는 포물선 오른쪽에서 나타날 수 있는 '투자부족'이야.

포물선 왼쪽에서는 무엇보다도 고객들의 마음을 사로잡기 위해 싸워야 해. 고객에게 새로운 분야의 리더로 보여야 하니까 말이야. 이를 위해 인정사정없이 제품을 생산하고 판촉에 열을 올려야 하지. 최대한 많은 곳에서 제품을 노출시키고, 가능한 빨리 공장을 세우고 하청계약도 맺어야 해.

그런 다음 파이크스 피크에 다가가고 있다는 단서를 찾아야 해. 연별 성장률과 분기별 성장률, 연별 가격 변화율과 분기별 가격 변화율을 꼼꼼하게 측정해야 하고 말이야. 고객만족지수와 불만지수도 꼼꼼하게 챙겨야 해."

"그렇게 하는 목적은 뭔가요?"

"파이크스 피크에 도달하기 전에 투자 비율을 역전시키기 위해서야. 그렇게 해야 현금흐름을 극대화시키고 포물선 맞은편, 즉 포물선의 오른쪽에서의 리스크를 최소화하여 시장에서 밀려나는 불상사를 막을 수 있지.

조지는 자신의 이론을 실행에 옮겼어. 그는 포물선의 하락을 대비하기 위해 제품 한 가지를 생산하는 공장보다는 여러 가지를 생산하는 공장을 짓기 시작했지. 동시에 시장에 참여하려는 후발주자에게는 제품 한 가지를 생산하는 공장을 매각하려고 노력했어. 남들에게 모범적인 기업인임을 과시하고픈 욕망 때문이기도 했지만, 어쨌든 불필요한 생산능력을 미리 없앰으로써 과잉투자가 일어나는 시점을 9~12개월 정도 지연시켰어. 가격도 견고하게 유지시킬 수 있었고.

중요한 점은 조지가 포물선이 하락하는 시기에도 계속 정점에 머물기를 원했다는 것이야. 고객의 마음을 사로잡기 위해 초기에 실시한 대대적인 판촉활동 덕에 대부분의 고객들은 그의 제품이 무엇인지 훤히 알았지. 나중에는 광고를 하지 않아도 됐을 만큼.

그는 공장 매각으로 작아진 생산능력을 효과적으로 활용할 줄도 알았어. 우수고객에게만 집중 서비스함으로써 수익성을 떨어뜨리는 불량고객을 털어냈거든. 그에게 배울 점은 언제나 다음 단계를 먼저 예상하고 대비했다는 거야. 비록 그것이 회사에서 1인자로 우뚝 서기 위한 속물적인 목적 때문일지라도 말이지."

"그래서 다른 업체의 이익률이 형편없는 상황에서도 조지 씨의 이익률은 높았던 건가요?"

"그랬어."

"조지 씨는 투박하고 속물적이긴 해도 상당히 영리한 분 같은데요."

"그렇다고 단기간에 모든 것을 이룬 건 아니야. 그 역시 수년간 실패를 거듭했어. 실패를 통해 여러 가지를 체득하면서 '신제품 이익모델'에서 1인자가 됐지. 적어도 내가 아는 사람들 중에서는 말이야. 조지는 지금도 이 이익모델에 매달려 있어."

"선생님과 함께 일했던 건 30년 전이라고 하셨는데……."

자오가 웃었다.

"그래. 당시 조지는 36살이었어. 30년의 세월만큼 현명해졌다는 것 말고는 지금도 여전해. 포물선을 다룰 때는 아주 냉정해지지. 다른 업체는 모두 갑작스런 시장 변화에 굴복할 때도 조지만은 절대 동요하지 않아.

조지는 또 변화의 신호를 빨리 감지하려고 업계 동향을 조사하는 데에 엄청난 시간을 투자해. 끊임없이 자료를 찾고 기록하지. 그는 자신이 하는 일을 대단히 자랑스럽게 여기는 사람이야. 심지어 자신의 위상을 S&P 500 지수(S&P 지수: 국제신용평가기관인 미국의 스탠더드앤푸어스가 작성한 주가지수. 지수 산정에 포함되는 종목 수가 다우지수의 300개보다 훨씬 많은 500개임)에 대비시키면서 '머니 매니저money manager'로서 그간 업계에서 발휘해 온 실력을 나타내는 그래프를 나에게 두 번이나 보냈는걸."

"'신제품 이익모델'은 '전문제품 이익모델'과는 아주 다른 것 같습니다."

"그래?"

"반면에 '신제품 이익모델'은 '시간 이익모델'과 비슷한 것 같아요."

"맞아. 하지만 똑같은 걸까?"

"저도 잘 모르겠습니다."

"한번 생각해 봐. 잠시 쉬었다가 9시 30분에 '시간 이익모델', '신제품 이익모델' 그리고 '전문제품 이익모델'의 차이점에 대해 이야기하지."

9시 30분이 됐다. 자오는 의자에 앉았지만, 스티브는 여전히 창가에서 서성이고 있었다. 하지만 초조하거나 불안해서 안절부절못하는 것은 아니었다. 오히려 활기 넘치는 모습이었다.

스티브는 이제 다른 방식의 게임을 하기로 결심했다. 아무 말 없이 책상에 앉아 노란 노트를 몸 쪽으로 당겨 놓았다. 그리고 펜을 꺼내 뚜껑을 열고 노트의 표면에 펜을 바짝 대고서 자오가 말을 하기를 기다렸다.

하지만 자오는 그 미끼를 물지 않았다.

'어쩔 수 없군.' 스티브는 속으로 말했다.

그는 종이에 시선을 고정시키고 꼿꼿이 앉아 있다가 뭔가를 빠르게 휘갈겨 쓰기 시작했다.

자오는 스티브가 무엇을 그릴지 기대하며 그를 지켜봤다. 자오는 스티브가 글씨를 쓰기 시작한 순간 무슨 내용인지 알아차렸다.

스티브는 펜 뚜껑을 닫은 후 자오를 보지 않고 책상만 비스듬히

	시간 이익모델	신제품 이익모델	전문제품 이익모델
주기	24개월	60개월	120개월
필요역량	속도	자원 이동	선택
비유	자동차 경주	파도타기	지진관측
모토	"백미러에 뒤차가 따라오는 것이 보이면 엑셀레이터를 밟아라."	"마지막 파도에서 내려와 다음에 오는 파도를 맨 처음 올라타라."	"오일이 가장 풍부한 곳을 찾아라. 고객의 니즈가 있는 곳, 기술적 가능성이 있는 곳, 경쟁이 없는 곳을 찾아라."
사례	컴퓨터 칩, 전자제품,금융상품	자동차, 복사기	특수 화학제품, 의약품

쳐다봤다. 둘 다 아무 말이 없었다.

"다 했습니다."

스티브는 미소를 짓고 싶었지만 참았다. 심호흡을 길게 한 번 하고 일어서서 자오를 바라봤다.

자오가 손을 뻗었고 둘은 악수했다.

"2주 후에 봐. 다음 주엔 딸 아이들이 부활절이라고 집으로 오기로 했어."

"네, 알겠습니다. 가기 전에 한 가지 말씀드릴 게 있어요. 이걸 드리고 가고 싶었습니다."

스티브는 가지런히 프린트된 목록 한 장을 책상에 내려놨다.

"제가 놓친 게 있으면 알려주세요. 그러면 4월 5일에 뵙겠습니다."

스티브가 나가고 문이 닫혔다. 자오는 스티브의 입가에 번진 미소를 볼 수 없었다. 목록에는 다음과 같이 적혀 있었다.

읽기 숙제에서 배운 기술

- 상식적인 방법으로 빠르게 숫자를 다루는 법
  《숫자에 약한 사람들을 위한 우아한 생존 매뉴얼》
- 반복으로 완전하게 습득하는 것
  《샘 월튼: 메이드 인 아메리카》

- 사례를 찾고 분류하면서 완전하게 이해하는 것
  '브랜드 구축 사례 모으기'
- 다양하고 개방적인 관점에서 사물과 현상을 보는 법
  《패러다임》
- 강력한 지식체계를 구축하는 법
  《손에 잡히는 아이디어》
- 새로운 질문과 의도로 재독서 하는 법
  《샘 월튼: 메이드 인 아메리카》《스타벅스, 커피 한 잔에 담긴 성공 신화》

자오는 웃음이 절로 났다. 이번 주 '읽기 숙제'를 잊었다는 것이 떠올랐기 때문이었다. 그러다 갑자기 그 목록 종이를 접기 시작했다. 처음에는 한쪽 끝을, 다음에는 다른 쪽을 반대 방향으로 접었다. 몇 분 후 멋진 독수리가 만들어졌다. 자오는 조심스럽게 그 독수리를 책장에 내려놨다.

'다음에는 스티브에게 종이접기를 알려줘야겠군.'

시장점유율을
점유하라

상대적 시장점유율 이익모델

4월 5일. 스티브는 한껏 신이 났다.

"지난번에 뵌 이후로 델모어에 많은 일들이 일어났습니다."

"방송을 통해 봤어."

"항공 보안 시스템에 관한 뉴스를 보신 모양이군요. 정말 멋지지 않습니까? 월 스트리트 저널에 나온 기사가 가장 압권이었어요. 델모어의 항공기술 사업부가 경쟁의 전면에 나선 것은 처음 있는 일입니다. 그 보잉사 직원의 논평은 정말 좋았어요. 뭐라고 했더라?"

"델모어가 이 원대한 프로그램을 성공으로 이끌어낸다면 더 이상 항공 보안 시스템에 대해 다른 대안을 찾을 필요가 없다."

자오가 신문 기사를 암송했다.

"맞습니다. 보셨군요!"

스티브는 기뻐서 소리쳤다.

"물론 모든 계획을 보잉사와 긴밀히 협조해서 이루어냈습니다. 아주 전형적인 '고객 솔루션' 접근 방식이죠."

"나도 그렇게 생각해. 물론 보잉사 직원이 말한 바대로 '~를 해낸다면'이 관건이긴 하지만."

"'델모어가 해낸다면'이라고 말씀하시는 거죠? 맞습니다. 그게 중요하죠. 솔직히 전 크게 걱정하지 않습니다. 핵심은 프로그램과 프로세스를 개발하는 것이라고 생각하기 때문입니다. 기술 그 자체는 그렇게까지 불가항력적인 건 아니거든요. 그리고 항공기술 사업부 사람들은 상당히 실력이 좋습니다. 사실 실력은 언제나 좋았죠. 그 사람들의 문제는 그동안 비행기 부품을 최저 가격에 만드는 데에만 초점을 맞춰 왔다는 겁니다. 이제 그들은 항공기 제조업체의 협력자로서 전체 시스템을 설계한다는 생각을 해야 합니다."

"존슨 컨트롤스Johnson Controls(미국의 자동차 부품회사)와 약간 비슷하군."

"네. 항공기 사업이라는 점만 다르죠. 델모어는 이제 존슨의 모델을 따르려고 합니다. 존슨이 1회성 부품만 만들다가 어떻게 계기판에서 좌석에 이르는 자동차 인테리어 전체를 생산하게 됐는지 배우는 중입니다. 보안 시스템을 필두로 델모어도 항공기술 사업에서 똑같은 일을 해낼 수 있을 겁니다."

"존슨 컨트롤스만큼 이익을 낼 수 있다면 델모어는 힘을 더 얻을 수 있을 거야."

"네. 그러면 주가에도 좋은 영향을 미치겠죠."

"또 어떤 일이 진행 중이지? 델모어에서 아주 많은 일들이 벌어지고 있다고 했잖아."

"음, 다른 뉴스는 그렇게까지 신나지는 않습니다. 캐시가 저에게 제지 사업을 위한 전략 프로그램 지휘를 맡긴 것 정도예요."

"제지 사업은 항공기 사업만큼 매력적이지는 않지."

"확실히 그렇긴 합니다. 성장이 느린 일상용품 사업이니까요. 여전히 오래된 기술을 가지고 가격으로만 경쟁하죠. 희망이 없어 보이긴 합니다."

스티브가 웃으며 말을 이었다.

"그래서 더 흥미가 갑니다. 제가 제지 사업을 위해 아주 획기적인 아이디어를 낸다면 그야말로 저는 천재가 되는 거니까요!"

"천천히 하나씩 하도록 해, 스티브."

스티브가 씨익 웃었다.

"'하나의 방 안에는 천재가 단 한 명만 있다.'는 말씀이시죠?"

"그렇지! 그리고 여긴 내 사무실이야!"

그러면서 둘은 웃음을 터뜨렸다.

"여기까지가 뉴스의 전부입니다. 이번 시간엔 무엇을 배우게 되나요? 제 계산으로는 아직 네 가지 이익모델을 더 배워야 하는 걸로 아는데요."

"오늘은 '상대적 시장점유율 이익모델'이야."

"'상대적 시장점유율 이익모델'이요? 어디서 많이 들어본 말인데……"

"들어봤을 거야. 하지만 대부분의 사람들은 일부만 알고 있지. 이 이익모델의 발견은 뉴턴의 중력 발견에 비견할 수 있을 정도야. 아주 많은 것을 설명하고 예측하게 주었거든."

자오는 노트에 뭔가 쓴 다음 스티브에게 보여줬다.

"그리고 1970년대에 완성된 연구 성과가 이를 뒷받침해 주었지."

"가장 중요한 것은 RMS$^{\text{Relative Market Share}}$(상대시장점유율)가 무엇을 해야 하는지 지시해줬다는 점이야. 투자를 통해 돈을 벌어들이는

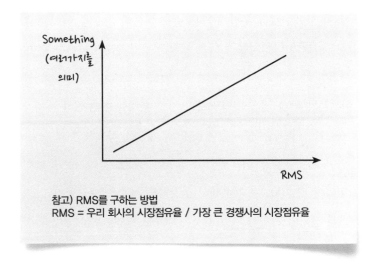

법, 경쟁사보다 앞서 나가는 법, 시도했다가 실패했을 때 손실을 줄이는 법, 또는 완전히 빠져나오는 법 등을 일러주지.

이 이익모델은 1960년대에 발견돼서 1970년대 초반에 완전하게 공식화되었어. 1980년대 초반 잭 웰치Jack Welch(GE 전 회장)가 실행하면서 정점에 도달했지. 알다시피 잭 웰치는 적극적이고 배포가 크면서도 생각이 깊은 기업가야.

브루스 핸더슨Bruce Henderson(사업 포트폴리오 매트릭스, 학습 곡선이론을 개발하여 전략을 경영컨설팅의 주류로 자리 잡게 한 인물)은 경영전략 분야에서 잘 알려지지 않은 혁신가지만 '경영전략의 뉴턴'이라 부를 만한 인물이야. RMS란 개념도 그가 창안했지. 하지만 자신이 시작한 연구를 완료하지 않고 생물학과 진화론 연구로 전향하고 말았어. 그게 좀 안타까워. 그가 마이클 포터Michael Porter(경영전략과 국가 경쟁력 연구의 권위자)보다 못한 평가를 받는 이유이기도 해. 핸더슨이 그리다만 그림의 나머지를 포터가 채워서 경영자들이 사용할 수 있는 전략기법으로 완성했어.

어쨌든 분명한 것은 경영전략의 지적 토대는 RMS였다는 사실이야. RMS는 마치 중력과 같아. RMS의 개념을 사용하면 왜 그런 일이 벌어지는지 설명할 수 있었고 상황이 제대로 돌아가는지 측정할 수 있었어. 또 RMS에 기초해서 생각하면 예측도 가능했지. 그러니 RMS가 전략의 기초가 되었던 것은 너무도 당연한 일이었어."

자오는 자신에게 제동을 걸었다. 자기 혼자만 말하고 있기 때문이었다. 그건 옳지 않았다. 이제 몇 주만 지나면 스티브와의 수업이 모두 끝나는데, 그는 스티브가 좀 더 말하도록 독려해야 했다.

"예전엔 왜 RMS가 전략의 토대였을까?"

자오가 스티브에게 물었다.

스티브는 침묵했다. 그는 재빨리 생각하는 중이었다.

자오가 다시 물었다.

"예전에 RMS가 전략의 토대였던 가장 중요한 이유는 무엇일까?"

계속 생각하던 스티브가 말문을 열었다.

"RMS가 생산에 있어서 '규모의 경제'와 관련이 크기 때문입니다. 예전에 규모의 경제는 비용을 파악하는 데에 가장 크게 고려할 요소였으니까요."

"또 다른 건?"

"RMS는 구매상의 이점과 관련이 있었습니다. RMS 1위 업체는 가장 낮은 가격으로 원부자재를 구매할 수 있었죠."

"구매 비용은 얼마나 중요했지? 내 말은 구매 비용이 전체 비용에서 얼마나 차지했었냐는 뜻이야."

스티브는 자오의 질문을 곰곰이 생각했다.

"제 생각엔 30퍼센트에서 최대 70퍼센트였습니다. 엄청났죠."

자오가 고개를 끄덕였다.

"또?"

"RMS 1위 업체는 마케팅과 광고에서도 유리한 입장에 있었습니다. 그들은 다른 업체보다 마케팅과 광고에 많은 돈을 투자하더라도 RMS가 컸기 때문에 제품 하나당 '최저의 마케팅 비용'과 '최저의 광고 비용'이라는 강점을 가질 수 있었죠. 생산뿐만 아니라 마케팅에서도 규모의 경제가 적용됐다는 겁니다."

"그게 전부였어?"

스티브는 이 주제에 열중하기 시작했다.

"아니요. RMS 1위 업체는 단위당 간접비용도 최저였습니다. 연구개발비도 마찬가지였고요. 그 이유는 생산 볼륨이 커서 경쟁사보다 간접비용과 연구개발비를 더 많이 분산시킬 수 있었기 때문입니다."

이렇게 말하고 스티브는 침묵했다. 일단 할 말은 다했다.

"그러니까, 아주 간단한 산수, '규모의 산수 arithmetic of scale'였군."

"네."

"그게 다였을까?"

"아마 그랬을 겁니다."

스티브는 과감하게 말했다.

"다른 건 진짜 없었을까?"

스티브는 좀 더 생각했다.

"산수 이상의 무언가가 있었을 텐데."

자오가 뭔가를 암시해 줬다.

스티브는 GM, IBM, GE General Electric(제너럴 일렉트릭)와 같이

RMS 1위 기업들을 생각했다.

"글쎄요, 연구개발비를 분산시킬 수 있었다는 이점뿐만 아니라, 최고의 연구 인력을 끌어모을 수 있다는 이점도 있었죠. 최고의 연구 인력들은 모두 최상의 실험실, 최상의 장비, 풍부한 예산이 있는 1등 기업에서 일하고 싶어 했으니까요. 최고의 인력을 확보함으로써 회사의 경쟁력은 더욱 강화됐습니다. 성공이 성공을 불렀던 거죠."

"그런 효과가 비단 연구개발 분야에만 국한됐을까?"

"아니요. 생각해 보면 시장점유율 면에서 선도적 위치에 있었던 기업들은 경영관리 인력을 끌어모으는 데에도 강력한 흡입력을 발휘할 수 있었습니다. 능력 있는 관리자들은 모두 U. S. 스틸(미국의 종합철강회사)이나 GM, IBM, 시어스Sears(세계적인 미국계 유통업체)에서 일하기를 원했지요."

"그렇다면 요즘엔 어때?"

"요즘은 주가 상승의 잠재력이 높은 기업에 가고 싶어 하죠."

"좋아. 예전의 상황으로 돌아가 보자고. 자네는 높은 RMS가 생산상의 규모의 경제, 구매 교섭력, 낮은 제조원가, 낮은 간접비용, 낮은 연구개발비라는 이점을 가져왔다고 말했어. 그리고 높은 RMS가 우수한 연구개발 인력과 경영관리 인력을 끌어모으는 자석이 되었다는 점도 이야기했고. 또 다른 건 없었을까?"

스티브는 얼굴을 찡그렸다.

'그 이상 또 뭐가 있었다고? 그 정도면 충분한 것 아닌가?'

그렇게 또 몇 분이 지나갔다.

"앗, 잠깐만요. 생각났습니다. RMS 1위 기업은 현금흐름이 막강해서 자금력이 중요한 영역에서 경쟁사보다 많은 돈을 쓸 수 있었기 때문에 경쟁사들을 가볍게 굴복시켰죠."

"그리고?"

"그리고……."

그때 갑자기 '이익 휘발성(불황이 이익에 영향을 미치는 정도)'에 대해 대학원 수업에서 들었던 이야기가 기억났다. 1970년대에 GM의 이익 휘발성은 가장 낮았고 포드는 적당한 수준이었지만 크라이슬러는 엄청나게 심했다. 불황일 때 GM은 비록 적은 이익을 냈지만 포드는 겨우 손익분기점에 턱걸이를 했고 크라이슬러는 엄청나게 많은 손실을 입었다.

"RMS 1위 기업의 이익 휘발성이 가장 낮았습니다!"

"맞았어. 그리고 리스크는 어땠지?"

"RMS 1위 기업의 리스크도 제일 작았어요. 그들은 시장을 계획할 수 있었기 때문에 주도권을 쥐었습니다. 다른 업체들은 그에 휘둘릴 수밖에 없었고요. 시장을 주도하기에 최고의 위치를 확보했던 겁니다."

"요즘에 그런 위치를 확보한 기업들은 어디지?"

"경우에 따라 다릅니다. 어떤 산업에서는 시장점유율이 1등인 기업이 아니라, 가치 사슬의 가장 중요한 부분에서 최강의 경제적 지위를 지닌 기업이 최고의 위치를 점합니다."

"좋아. 그리고 또?"

스티브는 아주 잠깐 동안 생각했다.

"'업계표준 이익모델'을 추구하는 기업이지요."

"정확하게 맞혔어. 요즘엔 '업계표준 이익모델'을 추구하는 기업들이 옛날에 시장점유율을 리드하던 기업이 행사했던 힘을 누릴 수 있지."

스티브는 완전히 매료됐다. 전에는 시장점유율에 대해서 이렇게까지 깊게 생각해 본 적이 없었다.

"그러니까 RMS는 여전히 중요하지만 그걸 어디에 어떻게 적용할지가 관건이군요."

스티브가 말했다.

"아무래도 그렇겠지?"

자오가 중간에 끼어들었다.

"네, 100퍼센트 동의합니다. 그래서 핸더슨이 뉴턴과 비슷하다고 하신 거군요."

스티브는 이제는 희미한 대학 때 물리학 수업의 기억을 더듬었다.

"뉴턴이 발견한 고전 물리학 법칙은 여전히 유효하지만 모든 곳에서 동일하게 작용하는 것은 아닙니다. 양자역학과 같은 최첨단 분야에서는 다른 종류의 힘과 규칙이 작용하니까 말입니다."

"맞았어."

"그러니까 이 세상은 우리가 생각하는 것보다 훨씬 더 복잡한 거 겠죠?"

자오는 고개를 끄덕이며 장난스러운 미소를 지으며 답했다.

"그렇지."

"특히 최첨단 분야에서는 더 복잡하죠."

"물론이야."

"그렇다면 새로운 법칙에 대한 간편하고 간결한 공식이 없을 까요?"

"좋은 질문이야, 스티브. 그런데 그에 대한 답은 '아직은 없다'야. 우린 지금 과도기에 있어. 때문에 우리는 다양한 이익모델들을 습득해야 하고 그것들을 생산적으로 적용하기 위해서 이익모델들 간의 차이점을 명확히 이해해야 해.

알다시피 뉴턴의 법칙은 간단해. 사실 천재만 발견할 수 있는 법칙은 아니었어. 물리학 시간에 배웠겠지만 중력은 질량과 거리의 제곱으로 결정되는 간단한 함수야. 이익에 관한 '고전적인 법칙'도 아주 간단했어. 이익은 RMS의 함수였지. RMS가 높을수록 이익도 높았으니까. 하지만 요즘에는 이익이 시간, 장소, 서비스, 특정 지역에서의 RMS 등 여러 가지 요인으로 결정되는 복잡한 함수야.

자네에게 하나로 통일된 공식을 알려주면 좋겠지만 안타깝게도 그럴 수는 없어. 우리는 마치 심장병 전문의, 신경 전문의, 물리학자,

생화학자의 역할을 모두 수행할 수 있는 사람처럼 되어야 해. 현실을 정확하게 해석해서 이익을 창출하려면 다양한 사실과 다양한 모델을 배워야 하지."

"그것도 결국에는 물리학과 마찬가지 아닌가요? 물리학자들은 모든 것에 적용되는 하나의 이론(이를 물리학에서 '대통일장 이론'이라고 부름)을 찾으려고 애쓰고 있으니까요."

스티브가 주장했다.

"그렇겠군."

자오도 인정했다. 그리고 잠시 기다리다 말을 이어갔다.

"하지만 수익성을 단순하게 모델이나 공식으로 인지하기보다는 일종의 사고방식으로 습득하는 게 중요해. 물리학은 우리에게 물리적인 에너지에 대해 말하지만, 수익성은 '재정적인 에너지'에 대해 이야기하지. 이익이 없다는 것은 에너지가 없고, 미래에 생존할 능력이 없고, 미래를 만들어 갈 힘도 없음을 의미하는 거야.

'어떻게 하면 높은 이익을 올릴 수 있을까?'라고 항상 질문하면서 '다르게 생각하는 것'이 바로 높은 이익을 이끄는 힘이야.

도요타의 오노 타이이치Ohno Taiichi 사장은 '왜? 라는 질문을 다섯 번 하라. 그러면 다섯 번째엔 해답에 한층 가까워져 있을 것이다'라고 항상 말하고 다녔어.

마찬가지로 '어떻게 이익을 내지?' 다섯 번 정도 스스로에게 질문을 던지고 나면 마지막 질문을 할 때쯤엔 해답이 보이기 시작할 거야."

스티브는 한숨을 쉬었다.

"정말 힘든 작업이군요."

"아니, 그걸 퍼즐이라고 생각하면 흥미진진할 거야. 허드렛일이라고 생각하면 자네 말대로 소모적이고 답답한 일이 되겠고."

"그러니까 놀이라고 생각하란 말씀이죠?"

"그래. 탐정이나 고고학자, 암호해독가나 과학자가 된 것처럼 말이야."

스티브는 기분이 가라앉았다. 그리고 피곤했다. 지난 2주간 델모어에서 맛본 들뜬 기분이 한 시간의 수업으로 모두 소진된 듯했다. 며칠 휴가라도 내야 할 것 같았다. 스펀지도 포화 상태에 도달하면 더 이상 물을 흡수할 수 없듯이 이렇게 많은 정보를 흡수해야 하니 정신적으로 과부하가 걸린 것 같았다.

자오가 스티브를 독려했다.

"스티브, 지금까지 20개 이익모델을 공부했으니까 이제 3개밖에 안 남았어."

"네. 하지만 23개의 모델로도 모든 사례를 설명하지 못한다고 말씀하셨잖아요."

"맞아. 시작할 때 내가 그렇게 말했었지. 하지만 다시 말하건대, 자네는 아직까지 다루지 않은 사례에 적용할 수 있는 원리, 산술법, 질문들을 모두 알게 될 거야."

"그럼 이제 뭐가 남은 거죠?"

"다음에 배울 모델은 '경험곡선 이익모델'이야. 경험곡선이 뭔지 알지?"

"네, 조금 알고 있습니다."

"잘 됐군. 아주 재미있겠어. 경험곡선은 요즘 경영대학원 과정에서 1퍼센트 정도만 다뤄지지만 1970년대엔 전략의 60퍼센트를 차지했던 개념이지."

"지금도 효과가 있나요?"

"그게 통하기만 한다면 거의 천하무적이야. 그건 다음 주에 얘기해 보자고."

스티브가 사무실 밖으로 한 걸음을 내디딜 때 자오가 그를 불러 세웠다.

"스티브, 잊을 뻔했는데 줄 게 있어."

자오는 대략 20장 정도의 종이가 꽂혀 있는 파랑색 폴더를 스티브에게 건넸다.

"여기에 숫자와 설명이 있어. 지시사항은 맨 위에 있고. 이걸 가지고 재미있게 놀아 봐."

스티브의 마음이 쿵 하고 가라앉았다.

"이번 주에 할 일은 이미 많이 주셨는걸요."

자오는 잠시 생각했다.

"그러면 2주의 시간을 줄게. 19일에 보자고."

스티브는 순순히 자오의 말에 따랐다. 약간이나마 마음이 놓였다.

자오는 스티브가 버거워한다는 것을 감지할 수 있었다. 그렇다고 폴더를 가져와야 할지 그대로 보내야 할지 갈피를 잡지 못했다. 이렇게 하는 것이 잘 하는 것일까.

결국 스티브를 그냥 보냈다. 그리고 자오는 한참동안 스티브를 걱정했다.

스물한 번째
수업

누적된 경험으로
이익을 극대화하라

경험곡선 이익모델

4월 19일. 스티브는 정확한 시간에 자오의 사무실에 도착했다. 눈은 흐릿하고 머리도 헝클어졌지만 태도만큼은 남달랐다. 그는 자오가 지난 시간에 내준 숙제를 다 끝냈다. 마치 암호를 해독해낸 듯 스티브의 마음엔 자신감이 차올랐다. 스티브는 자세를 바로하고 단정하고 품위 있게 의자에 앉았다. 자오 역시 잔뜩 기대감에 부풀어 있었지만 그것을 애써 감추며 스티브를 쳐다봤다.

"직접 인건비가 75퍼센트 선으로 하락합니다."

스티브가 말문을 열었다.

"그게 무슨 뜻이지?"

"제조 경험이 2배 누적될 때마다 직접 인건비는 25퍼센트 낮아진다는 의미입니다."

자오는 계속해서 스티브의 이야기를 듣고 싶었다.

"재료비는 그 정도는 아니지만 비슷한 절감률을 보입니다. 85퍼센트 선으로 하락하거든요. 에너지 비용도 이와 비슷하고요."

"다시 말하면?"

"제조 경험이 2배 누적될 때마다 재료비와 에너지 비용은 15퍼센트 절감됩니다."

"상당히 잘 운영되는 공장이군."

"맞습니다. 저도 그렇게 생각합니다. 몇 가지만 빼고는……."

"무슨 의미지?"

"간접비가 140퍼센트 선으로 상승하거든요."

"그렇다면?"

"제조 경험이 2배로 누적될 때마다 간접비는 40퍼센트 올라갑니다."

자오는 휘파람을 불었다.

"저는 두 번, 세 번, 네 번 계속 점검해 봤습니다. 제조 경험이 2배로 누적될 때마다 간접비가 40퍼센트나 상승하다니, 완전히 통제 불능이었습니다."

자오는 웃으려고 했지만 아직 때가 아니라고 생각했다. 그는 아무 말 없이 기다렸다.

"이것은 매출 2억 달러의 데님^{denim} 공장의 이야기입니다. 그 공장의 간접비는 매출의 약 15퍼센트를 차지합니다. 그러니 약 3,000만 달러가 되죠. 하지만 간접비가 2,200만 달러 이상이 돼서는 안 됩니다. 그 공장의 이익은 1,000천만 달러 정도인데, 간접비를 원래 계획한 대로만 묶으면 이익이 거의 2배가 됩니다."

그제야 자오는 미소를 지으며 말하기 시작했다.

"그 이야기는 실제로 일어났던 일이야. 이익이 진짜 2배가 되었지. 그렇게 되는데 18개월이 걸렸고 말이야. 공장 간부들은 간접비뿐만 아니라 재료비와 에너지 비용을 절감하는 방법 몇 가지를 찾아냈어. 변동이 별로 없는 시장이라서 매출은 2억 달러를 유지하는 수준이었지만 이익은 2,400만 달러로 껑충 뛰었지. 미국 섬유 업계에서는 그 정도면 엄청난 이익이야."

스티브도 웃었다. 그가 완전하게 숙제를 풀어냈기 때문이다.

하지만 작고 거슬리는 목소리가 자신의 내면에서 들려왔다.

"혹시 제가 놓친 건 없습니까?"

자오의 눈썹이 아치를 그렸다. 그는 '좋은 질문이야'라고 말하고 싶었지만 내색하지 않았다.

"자네 생각은 어떤데?"

스티브는 자신이 높은 고원에 도달했지만 고개를 들어 앞에 또 다른 산이 있는지 살펴야 할 때라는 느낌이 들었다. 그는 결심한 듯 말했다.

"그 공장이 분기별 자료 추적, 비용 절감 실적에 따른 인센티브 지급, 그리고 단기·중기·장기적인 비용 절감의 기회를 찾기 위한 중

장기적인 프로젝트 로드맵 구축에 신경 썼다는 증거를 찾을 수 없었습니다."

자오는 숨을 깊이 들이마셨다. 눈을 감고 그는 1978년을 회상했다.

"그 모든 것이 잘 이루어졌던 적이 있었지."

"결과는 어땠나요?"

"사업은 점진적으로 성장했어. 5년 후 그 공장의 매출은 2억 2천만 달러를 기록했지. 가격은 계속해서 떨어졌지만 이익률은 향상됐어. 1983년이 되자 이익률이 15퍼센트까지 상승해서 3,300만 달러의 이익을 올렸고."

"다른 건 없었습니까?"

"음, 두 개의 경쟁사가 업계에서 퇴출됐지. 당시 내 고객은 그 경쟁사의 공장을 완전 헐값에 사들였어. 요즘 세 군데 공장 모두 12퍼센트의 이익률을 내고 있어. 업계 환경은 엄청나게 나쁜데도 말이야. W. 에드워즈 데밍W. Edwards Deming(통계학자이자 품질 연구가. 품질관리의 중요성을 역설)은 '목적의 일관성'이라는 말을 했는데, 그게 바로 그 회사가 가진 강점이야. 제품과 서비스 향상을 위해 일관성 있는 목적을 만들어야 한다는 거지. 하지만 그 회사가 통찰력과 태도에 획기적인 전기를 처음 일어난 것은 경험 공선 아이디어를 적용했기 때문이었어."

"요즘은 경험곡선이란 말을 쓰는 곳은 별로 없는 것 같은데요."

스티브가 한마디 했다.

"맞아, 구식으로 보이니까."

"하지만 수많은 사업에서 경험곡선은 환상적인 도구입니다. 돈을 만드는 열쇠처럼."

"정확해."

자오가 동의했다.

"근데 왜 자주 사용되지 않는 걸까요?"

"자네는 이미 답을 알면서 나에게 묻는군."

"이것 역시 이익의 아이러니인 겁니까?"

"유감스럽게도 그래. 나도 설명은 못하고 들은 것만 전할 수 있는 정도야. 경험곡선이 환상적인 도구인 것은 맞지만 잠재적으론 아주 위험한 아이디어라는 걸 자네에게 일러줘야겠군."

"어떤 면에서 그렇죠?"

"그게 오늘의 숙제야. 다음 주에 나에게 알려줘."

"아이쿠, 알겠습니다. 그런데 잠깐, 한 가지가 마음에 걸리네요."

"딱 하나만?"

자오가 웃으며 말했다.

"네. 지금은 하나입니다."

스티브도 미소를 지었다.

"그게 뭐지?"

"'경험곡선 이익모델'과 '상대적 시장점유율 이익모델'의 차이점이 뭡니까? 둘 다 기업의 규모와 관련된 이익모델 아닌가요?"

자오는 놀랐다. 약간 언짢기까지 했지만 마음을 가다듬고 이렇게 생각했다.

'질문을 하지 않는 학생을 두는 것이 진짜 좋은 걸까? 기억하고 또 기억하자. 나쁜 학생은 없고 나쁜 선생만 있다는 것을.'

"그게 궁금했군. 잠시 그 점을 생각해 보자고. 사실 이 2개의 이익 모델은 모두 규모와 관련되어 있지만 알고 보면 서로 달라.

비용이 매출의 70퍼센트를 차지하는 장비 제조업체가 있다고 가정해 봐. 그 회사가 충분한 경험을 보유하고 있다면 비용을 경쟁사보다 빨리 끌어내릴 수 있어. 그러면 이기는 거지.

이번엔 사치품을 생산하는 회사가 있다고 가정해 봐. 이 회사는 비용이 매출의 20퍼센트야. 이 20퍼센트의 비용 절감을 위해 경험 곡선을 활용할 수 있겠지만 경쟁사를 이기기엔 충분하지 않아. 20퍼센트에서 더 줄일 만한 여지가 크지 않다는 뜻이지.

하지만 이 회사가 가장 큰 경쟁사보다 규모가 2배 크다면, 그땐 구매 교섭력 측면에서 이점을 누릴 수 있어. 상당히 많은 간접비를 분산시킬 수 있어서 제품 하나당 간접비가 작다는 이점도 있어. 광고비, 판매비, 마케팅 비용도 마찬가지야. 또한 군소 업체를 제압할 수 있는 가격 설정의 이점도 크고 말이야. 이 회사에선 모든 것이 규모와 관계가 있지 경험과 관계있는 것은 아니야.

"잘 알겠습니다. 하지만 여전히 '상대적 시장점유율 이익모델'과 '경험곡선 이익모델'이 겹친다는 생각이 드네요."

"회사가 클수록 이점이 크다는 점에서는 자네 생각이 맞아."

"하지만 이점을 갖게 되는 이유는 서로 다릅니다."

스티브의 말에 자오는 귀가 쫑긋해졌다.

"어째서 그렇지?"

"먼저, '경험곡선 이익모델'은 숙련 속도 때문에 이점이 생기고, '상대 시장점유율 이익모델'은 규모 때문에 이점이 생깁니다."

스티브는 자신이 정확하게 맞았는지 확신할 수 없었지만 정답에 근접했다는 것은 알았다.

자오가 미소 지으며 고개를 끄덕였다.

"고마워. 말은 간결함이 생명이지. 그럼, 다음 시간에 봐."

스티브가 일어서서 사무실 밖으로 반쯤 나가려고 할 때 자오가 그를 불러 세웠다.

"자네는 이번 주 읽기 숙제가 뭔지 묻지 않았어."

스티브는 힘이 빠졌다. 그는 델모어 일 때문에 푹 빠져 있는 상황이었다. 스티브는 몸을 움츠리며 자오가 봐주기를 바랐다.

이를 눈치 챈 자오는 봐주고 싶은 마음이 들었지만 숙제는 내줘야 한다고 생각했다.

"피터 드러커Peter Drucker가 〈하버드 비즈니스 리뷰Harvard Business Review〉에 기고한 글, '비즈니스의 이론The Theory of Business'를 읽어와. 바커가 《패러다임》에 쓴 것과 같은 현상을 다루고 있지.

참, 요즘 델모어는 아주 분주하게 돌아가는 것 같던데……."

자오의 억양은 단조로웠지만, 스티브는 자오가 자신을 동정하고 약간은 궁금해 한다는 것을 감지했다.

"델모어 서플라이는 어때?"

"피라미드를 말씀하시는 건가요?"

스티브가 대꾸했다.

"피라미드를 말하는 거야."

자오는 스티브의 말을 앵무새처럼 따라했다.

"그렇습니다. 선생님이 저에게 경고하신 대로 그 사업부 사람들은 제품 피라미드를 어떻게 만들어야 하는지 제대로 이해하지 못했습니다. 부분적으로는 제 탓이었습니다. 아마도 그들은 제 말을 듣고 제품 피라미드라는 게 가격을 올리고 이익률을 3배쯤 올리는 방법이라고 잘못 이해한 것 같아요. 그래서 그들이 신제품 라인업을 그런 식으로 다루는 모양입니다. 진짜 큰 문제죠."

"그렇게 속단해도 좋을까?"

"아직 속단은 이릅니다. 하지만 기본 제품의 판매가 이번 분기에 20퍼센트나 하락했고 고급 제품은 충분한 매출 상승이 일어나지 않아서 기본 제품의 매출 하락을 벌충하지도 못했죠. 우리에게는 아직 바비 인형 같은 진정한 방화벽이 없습니다. 그저 저렴하고 형편없게 보이도록 만든 저가격 제품만 있을 뿐이죠. 뭔가 방법을 찾아야 합니다."

"상황을 개선하기에 너무 늦은 건 아니야."

자오가 말했다.

"그렇죠. 올해 후반기에는 분명히 개선될 거라고 생각합니다. 기본 제품의 새로운 디자인이 이번 가을에 나오거든요. 제 생각으론 상당히 매력적이고 경쟁력이 있는 제품이 될 것 같습니다. 그러니 진짜 피라미드를 만들 기회는 아직 있지요. 아무튼 시도해 볼 거예요."

스티브의 목소리가 약간 밝아졌다.

"한편 다른 사업부들은 성과가 향상되고 있습니다."

"어떤 사업부지?"

"항공기술 사업부의 '항공기 시스템 전략'이 많은 주목을 받았습니다. 보잉사 말고 항공기 제조업체 세 곳이 우리의 계획에 동참하고 싶다는 의사를 보였죠. 정부는 델모어가 컨소시엄을 만들어 항공업계를 위해 통일된 보안 표준을 세우길 바라고 있습니다. 성사만된다면 델모어에겐 획기적인 돌파구가 될 수 있겠죠."

"'업계표준 이익모델'을 말하는 거야?"

스티브가 고개를 끄덕였다.

"네, 비슷한 거죠."

"제지 사업부에는 새로운 뉴스가 없어?"

"실은 제가 그것 때문에 오늘 아침에 이렇게 피곤한 겁니다."

"동정 받고 싶은 거로군. 그런데 번지수를 잘못 찾았어."

스티브는 눈알을 굴리며 불만을 표시했지만 자오는 단호했다.

"스티브, 고뇌하는 순교자 흉내를 내는 건 재미없어!"

"아이고, 알겠습니다. 제가 졌어요. 아무튼 제가 피곤한 이유는 제지 사업부 사람들과 함께 메릴랜드에 있는 인쇄공장에서 이틀 밤낮을 꼬박 샜기 때문입니다. 우리의 종이 제품이 어떻게 쓰이는지 살펴보기 위해서였죠. 제가 생각했던 것보다 훨씬 복잡했지만 재미도 있더군요."

"진짜로 개복치를 연구한 거야. 그렇지?"

자오가 소리 없이 웃으며 물었다. 스티브는 어리둥절하다가 자오를 따라 웃으며 말했다.

"아가씨의 명령을 따른 거죠. 저는 고객에게 단순하게 제품을 배달하는 것 이상의 무언가를 제공할 수 있다고 생각합니다. 우리가 고객에게 제공할 수 있는 서비스는 수십 가지나 되죠. 우리가 그걸 해낸다면 고객이 가장 먼저 찾는 공급업체가 반드시 될 수 있을 겁니다. 멋지지 않나요? 물론 일반적인 공급업체 이상의 비즈니스 파트너가 되려면 해야 할 일이 너무나 많지만 말이죠."

자오도 고개를 끄덕였다.

"그런 상황이었군. 나도 자네에게 더 이상 부담을 주긴 싫지만 숙제가 한 가지 더 줘야겠어."

'또 있다고?' 스티브는 숨이 막히는 듯했다. 그러다가 곧 마음을 다스렸다. 주눅 들 필요는 없다고 생각했기 때문이다.

자오는 계속해서 말을 이어나갔다.

"사업을 할 때 가장 힘들고 어려운 순간은 고객이 바뀌고 이익모델도 바뀌어서 처음부터 다시 시작해야 할 때야.

정말 끔찍한 일이지. 사업을 성공적으로 잘 꾸려왔기 때문에 마음속으로는 그런 변화를 피하고 싶을 거야. 하지만 변화는 반드시 필요해. 그렇지 않으면 정체되거나 파산하니까 말이야. 과거에 성공을 가져다 준 시스템에 깊이 집착할수록 미래의 시스템이 어떤지 알기가 더욱 어려운 법이지."

자오는 알록달록한 색깔로 양장된 책을 서가에서 꺼내 스티브에게 건넸다.

"《가치 이동Value Migration》[17]?"

"그래. 시장가치가 과거의 비즈니스 모델에서 새로운 비즈니스 모델로 전환되는 것을 이야기하는 책이야. 2장, 5장, 10장을 읽어봐. 2주 후에 내용과 문제점을 이야기해 주고. 알겠지?"

스티브는 한숨을 쉬며 미소를 지었다.

"알겠습니다."

"그럼 다음 시간에 만나지."

미래의 비즈니스 모델을
예상하고 빨리 전환하라

비즈니스 전환 이익모델

5월 3일. 자오는 환한 미소로 스티브를 맞이했다.

"어서 와, 스티브."

스티브는 늘 앉는 의자에 앉았다.

"기분이 아주 좋아 보이시는데요."

"내가 제일 좋아하는 델모어의 주식 가격이 드디어 올랐으니 당연히 기분이 좋지. 이번 주에 2.5포인트 올랐더군."

스티브는 슬쩍 목례했다.

"알아보셨군요. 감사합니다. 칭찬 받으니 기분 참 좋네요."

"그런 결과가 나오도록 한 사람이 바로 자네잖아."

자오가 장난스럽게 말했다.

"물론 한두 명 정도 다른 사람들이 일조했겠지만 말이야."

"아니, 무슨 말씀이세요? 데이비드 자오와 수익성을 공부하는 사람은 저 하나뿐입니다."

"아이쿠 알았어, 알았다고. 자, 이제 명석한 스티브가 지난번 숙제를 어떻게 했는지 들어볼까? 경험곡선의 위험을 알아냈어?"

"네, 그런 것 같습니다."

"그럼 말해 봐."

"예를 들어 경험곡선을 가지고 비용 관리에만 초점을 맞추는 회사가 있다고 가정해 보겠습니다. 그렇다면 그들은 비용의 모든 요소에 집중하고, 시간마다 제품 하나당 비용이 어떻게 변하는지, 경험이 누적됨에 따라 제품 하나당 비용이 어떻게 변하는지 등을 그래프로 관리할 겁니다.

그렇게 이 회사는 비용에 관해 세세한 부분을 철저하게 관리하겠죠. 하지만 그들은 자신들이 한계를 규정해버린 커다란 상자 안에 갇혀서 우물 안 개구리처럼 회사를 운영하는 오류를 범할 수 있습니다. 그들은 온전히 비용에만 집중하는 거죠. 보통 무언가에 집중한다는 것은 바람직한 일입니다. 다만……."

"다만?"

"주변부를 보는 능력을 완전히 잃어버리는 위험에 빠질 수 있죠. 그건 마치 몸에서 면역 체계를 없애버리는 것과 같습니다."

"음, 한곳에 집중하는 것과 주변부를 볼 줄 아는 것이라. 이 둘의 관계는 무엇이지?"

"저는 집중할 줄 아는 능력과 주변부를 볼 줄 아는 능력을 더하면 그 값이 100퍼센트가 된다고 생각합니다. 다시 말해서 하나가 강할수록 다른 하나는 약해지기 마련이죠."

자오와 스티브 모두 메모하면서 이야기를 이어갔다.

"현미경과 레이더를 하나의 기계로 합친 것처럼?"

"맞습니다. 한곳에 초점을 맞출 수 있으면서 주변부도 볼 수 있는 도구를 가졌더라도, 그 중 하나를 희생해야만 다른 하나를 더 잘 볼 수 있는 상황이 되면 문제가 발생하죠. 현미경을 고배율로 조정하면 레이더는 주변부에 대한 감지 기능을 상실하게 됩니다. 만일 현미경을 최고 배율로 두고 최대로 초점을 맞추면 레이더는 완전히 무용지물이 되죠. 이와 반대로 레이더망을 최대로 확대하면 현미경은 완전히 흐려져서 초점을 잃어버리고 맙니다."

"그렇다면 경험곡선의 위험은……?"

"현미경을 최고 배율로 조정한 것과 같은 상황, 즉 주변부에 대한 시각을 완전히 잃어버리는 위험이죠."

"그러면 레이더의 주변부에서는 무슨 일이 일어나지?"

"두 가지 상황이 벌어질 수 있습니다. 첫 번째는 누군가가 우리 회사를 가치 없는 존재로 만들어 버려서 시장에서 퇴출되는 상황입니다. 대단히 충격적인 일이지요. 맥주 캔을 만드는 것만 봐도 알 수 있습니다. 순식간에 알루미늄이 강철을 대체했어요. 강철로 맥주 캔을 만들던 회사는 갑자기 시장에서 퇴출됐고요. 이런 예는 수도 없이 많습니다."

"이 수업을 몇 주 더 한다면 자네에게 그런 예를 찾아 목록으로 만들라는 숙제를 냈겠지만, 지금은 그냥 이야기를 계속하지."

"두 번째 상황은 첫 번째보다는 덜 충격적입니다. 하지만 서서히 그리고 고통스럽게 끝나는 상황이죠. 20~30퍼센트 정도 낮은 비용으로 같은 효과를 내는 완전히 새로운 비즈니스 모델이 레이더의 주변부에서 종종 나타납니다. 누코Nucor(미국 철강업체), 사우스웨스트 항공Southwest Air, 델Dell, 포모사 플라스틱Formosa Plastics(플라스틱 및 석유화학 공급업체)을 그 예로 들 수 있죠. 이런 기업들은 꼼꼼하고 철저한 관리뿐만 아니라 고정관념과 기존 시스템의 틀을 탈피함으로써 획기적인 비용 절감을 이끌어냈습니다. 또한 누군가가 틀을 깬 아이디어를 갖고 나타나면 그것을 다음 시스템에 도입하죠."

"나쁘지 않군. 또 다른 예도 있어?"

"물론이죠. 월마트, 게이코Geico(미국 보험업체), 홈디포가 있습니다."

자오는 만족스러웠다.

"그래서 자네의 결론은 뭐지?"

"2개의 조직이 필요할지 모릅니다."

"또? '판매 후 이익모델'을 이야기할 때도 그렇게 말했잖아."

자오가 잔소리를 했다.

"제 말을 들어보세요. 비용 관리에 몰두하는 '경험곡선의 선두 조직'과, 기존 시스템의 틀을 깨뜨려 획기적인 '비즈니스 전환 이익모델'을 추구하는 '저돌적인 갱 조직'이 모두 필요합니다. 즉, 현재 보유 중인 것을 최대로 효율화하면서 동시에 미래를 대비하기 위한 보험을 들어놓는 거죠."

"알았어. 그럼 '비즈니스 전환 이익모델'은 시장점유율과 어떤 관계가 있지?"

"'비즈니스 전환 이익모델'에서는 이익 창출을 위해 반드시 시장점유율이 높아야 하는 건 아닙니다. 지속적으로 저비용 구조를 극적으로 유지한다면 이익을 크게 올릴 수 있기 때문이죠."

"그러면 시장점유율은 더 이상 중요하지 않다는 소리야?"

자오가 스티브의 의견에 의문을 제기했다.

"음, 여전히 중요하지만 시장점유율보다 중요한 것들이 있습니다. 뉴턴의 고전물리학 법칙은 여전히 거시 세계에 적용되지만 미시 세계에서는 적용되지 않는 것과 같은 이치죠."

자오는 기뻤다. 스티브가 그걸 깨달았으니 말이다. 하지만 아직 질문할 것이 남았다.

"스티브, '가치 이동'이 뭐라고 생각해?"

"성공의 법칙을 바꾸는 방법에 관한 것입니다. 5년마다 한 번씩 비즈니스 모델을 어떻게 변화시킬지에 관한 것이죠. 하지만……."

스티브가 말을 하다 주저했다.

"하지만 뭐지?"

"음, 여기서 좀 혼란스럽습니다. 예전에는 비즈니스 모델의 수명이 상당히 길었어요. 수명이 보통 10년, 20년 심지어 30년인 비즈니스 모델이 많았습니다."

"그런데?"

"그런데 요즘은 수명이 5~6년밖에 안 되는 것 같습니다."

"그렇지."

"그리고 비즈니스 모델을 바꾸려고 하면 조직 내 이런저런 의견 충돌이 생겨서 적어도 2년에서 3년 정도의 시간이 걸립니다."

자오도 고개를 약간 끄덕였다.

스티브는 자신의 손을 넓게 벌려 어쩔 수 없다는 제스처를 보였다.

"모델 전환이 그렇게 오래 걸린다면 '비즈니스 전환 이익모델'은 효과가 없습니다!"

자오가 잠시 조용히 있다가 한 마디를 던졌다.

"효과가 있으려면 어떻게 해야 할까?"

스티브도 자오의 반응을 익히 예상했다. 그는 펜으로 노란 노트를 톡톡 치며 말했다.

"그러려면……."

계속해서 펜으로 노트를 톡톡 치던 스티브의 머릿속에 불이 켜졌다.

"변화가 일어날 것임을 미리 감지해야 합니다. 변화를 예상하고 대비해야 하죠. 새로운 비즈니스 모델을 성공적으로 추진하기 위해 최소 2년 정도 준비기간을 가져야 합니다. 빨리 움직이기보다는 미리 준비해야 합니다."

"빨리 움직이고 동시에 미리 준비해야 하지 않을까?"

"물론 둘 다 하면 좋죠."

"그렇다면 미래를 예측predict(미래를 맞힘)하자는 이야기야?"

"아뇨. 미래를 예상anticipate(미래를 미리 그려봄)하자는 것입니다."

"미래를 예상하는 일, 그게 사람들에게 능숙한 스킬일까?"

"그렇지는 않아요."

"배울 수 있는 스킬이라고 생각해?"

스티브는 눈을 가늘게 뜨며 생각을 하다가 이렇게 대답했다.

"체스 선수들은 그런 스킬을 배우죠."

"또 누가 배울 수 있지?"

"풋볼의 라인배커Linebacker(미식축구에서 스크럼 라인의 후방을 지키는 선수)가 있습니다. 그들은 상대방 선수들이 어떤 행동을 할지 예측하지 못하지만 반응 시간을 줄이고 직관을 키울 수는 있습니다."

"그 밖에 또 누가 있을까?"

스티브는 난처했다.

"스티브, 빌 러셀Bill Russell이라고 들어봤어? 러셀은 1950~1960년대 보스턴 셀틱스Boston Celtics가 NBA 우승컵을 열한 번 들어 올릴 때 센터로 활약했던 선수야. 러셀은 게임의 방식과 상대팀의 전략을 정말 신물이 날 정도로 연구했지. 러셀은 어떤 누구보다 게임의 패턴을 잘 알고 있었어.

상대방 선수가 슛을 쏘기도 전에 리바운드된 공이 어디로 갈지 러셀은 언제나 알고 있었다고 말한 광고도 나올 정도였지. 광고니까 과장된 면이 있지만 완전히 허풍은 아니야. 러셀은 경기 상황에 따라, 공을 쏘는 선수가 누군지에 따라, 어떤 팀과 경기를 하는지에 따라 리바운드된 공을 잡기에 최적의 장소가 어딘지 그 누구보다 잘 알았으니까."

"그게 바로 '예상한다'는 뜻이군요."

스티브가 말했다.

"바로 그거야. 러셀은 농구에서 가장 예상을 잘하는 선수였어. 미식축구에서는 뉴욕 자이언츠New York Giants의 뛰어난 라인배커인 로렌스 테일러Lawrence Taylor가 있지. 테일러는 자기에게 레이더가 달려 있다고 너스레를 떨곤 했어. 아이스하키에는 웨인 그레츠키Wayne Gretzky라는 걸출한 선수가 러셀과 비견할 만해. 그레츠키는 자신의 성공을 이렇게 표현한 적이 있어. '나는 퍽이 있는 곳으로 가지 않는다. 퍽이 있을 곳에 먼저 가 있을 뿐이다.'라고 말이야. 야구에서는 중견수로 활약했던 조 디마지오Joe DiMaggio를 들 수 있어. 디마지오는 공을 잡기 위해 점프하거나 다이빙 캐치를 한 적이 거의 없었다고 해. 상대팀 타자를 잘 파악했기 때문에 대개 공이 올 곳을 미리 알고 그 곳에 가서 공을 기다렸지."

"그러면 비즈니스를 하는 사람들은 어떻게 해야 예상하는 법을 배울 수 있을까요? 배울 수 있긴 한 걸까요?"

"어떻게 생각해?"

"어렵지만 가능하다고 생각합니다."

"그래, 가능하지. 비즈니스에서는 반복되는 패턴이 20~30개 정도 있어. 그 패턴들을 익히고 자기만의 목록을 만들어 두면 비즈니스를 하면서 당황하거나 혼란스러워 하는 일들이 많이 줄어들 거야. 《이익 패턴》이란 책 기억하지?"

"물론이죠."

"그 책을 다시 읽어 봐. 그 책은 어떻게 변화가 일어나는지에 관한 백과사전 같은 책이니까. 그 책을 읽으면서 자네가 일하는 분야에 어떻게 적용할 수 있을지 꼭 생각해봐."

"그런데 정말 예상하는 법을 배울 수 있다고 생각하십니까? 빌 러셀의 직감은 그냥 타고난 게 아닐까요?"

"배울 수 있어. 물론 어려운 일이겠지만. 먼저 러셀의 책을 읽어 봐. 특히 리바운드에 관한 부분을."

자오는 몸을 돌려 자신의 서가로 가서 《러셀의 법칙Russell Rules》[18]이라는 얇은 책을 꺼내 스티브에게 건넸다.

"예상하는 법, 자신을 재창조하는 법을 배우고 싶을 땐 러셀만큼 좋은 선생을 찾을 수 없을 거야."

그는 잠시 멈췄다가 말을 이었다.

"여기, 이것도 같이 읽어봐."

자오는 게리 클라인Gary Klein의《힘의 근원Sources of Power》[19]이란 책을 스티브에게 내밀었다.

"다 읽을 필요는 없고, 색인에서 '패턴 인식'을 찾아 그 부분만 읽도록 해."

스티브는 책을 자신의 가방에 집어넣었다.

"그럼, 다음 주에 올까요?"

"아니, 2주 후에 만나자고."

말하지는 않았지만 두 사람 모두 같은 생각이었다.

'이제 마지막 수업만 남았군.'

디지털로 비즈니스를
전환하라
디지털 이익모델

5월 17일. 자오와 함께 했던 수업도 이제 마칠 때가 됐다. 스티브는 월 스트리트 44번지 건물의 로비로 들어서기 전에 잠시 멈춰 섰다. 그는 남쪽에 보이는 자유의 여신상을 한 번 쳐다보고 월 스트리트에서 탁 트인 바다로 펼쳐진 아름다운 봄날의 아침 풍경을 잠시 음미했다. 엘리베이터를 타니 만감이 교차했다. 자오가 허락만 한다면 스티브는 여름까지 수업을 계속하고 싶었다. 하지만 자오는 단호했다. 오늘이 마지막 수업이 될 터였다.

자오는 의자에 앉아 항구를 응시하고 있었다. 스티브는 여행용 가방을 내려놨다. 이날 수업이 끝나면 바로 햄프턴으로 떠날 예정이었다. 그는 자기 자리에 앉아 조용히 기다렸다.

"《이익 패턴》은 다 읽었어?"

의자를 돌리지 않은 채 자오가 물었다.

"네, 모두 다시 읽었습니다."

"다시 읽은 소감은?"

"그 책은 규제 완화, 합병, 기업 분할 등 전통적인 내용을 좀 더 할애했어야 한다는 생각이 들었습니다. 그런 일들은 자주 일어나서 든요."

자오는 미소를 지었다. 하지만 여전히 항구 쪽을 향하고 있었기 때문에 스티브는 자오의 표정을 보지 못했다.

"또 뭐가 있지?"

"기업은 10년 동안 상승하다 다음 10년 동안 하강하는 조울증적인 주기를 탄다는 것입니다. 터무니없을 정도로 활황을 누리다가 불황이라는 늪에 빠지는 격이죠."

"좀 더 자세하게 이야기해 봐."

자오가 스티브를 독려했다.

"불황의 기억은 시간이 지나면서 잊힙니다. 특히 다시 경기가 좋아지고 4~5년이 되는 시기에 그 기억은 완전히 사라지죠. 불황의 기억이 가장 필요할 때가 그때인데도 말입니다."

자오는 스티브 쪽으로 몸을 돌렸다.

"그 점이 놀라웠어?"

스티브가 씨익 웃었다.

"아니요. 이젠 놀랍지 않습니다. 비즈니스는 아이러니 투성이라서 매일 그런 일을 겪으니까요. 그저 또 다른 예일 뿐입니다. '어떤 일이 선명할수록 실천되기 어렵다'는 말과 같죠."

"2주 전에 예상하는 법을 배울 수 있을지 의심스러워했는데 지금도 그래?"

"그때보다는 배울 수 있을 거란 느낌이 듭니다."

"일반적인 관리자들이 이익 패턴을 얼마나 많이 알아야 한다고 생각하지?"

"저도 잘 모르겠습니다. 글쎄, 40개에서 50개 정도면 될까요?"

"그렇게나 많이?"

"어떤 면에서는 많다고 할 수 있겠죠. 하지만 대학교 때 한 학기 동안 풋볼 팀의 후보 선수와 같이 방을 쓴 적이 있었는데 그 친구는 그보다 많은 플레이를 공부해야 했는걸요."

자오는 눈을 가늘게 떴다. 그렇게 생각해 본 적은 없었지만, 스티브 덕에 기분이 좋아졌다. 그는 기업의 관리자들이 이익 패턴의 모두를 완전하게 습득할 수 있을지 예전부터 의심해 오던 터였다. 40세의 관리자가 이익 패턴을 공부하는 것보다 19세 대학생 풋볼 선수가 경기 패턴과 플레이북playbook(풋볼에서 팀의 공수 작전을 그림과 함께 기록한 책)을 더 많이 공부한다는 사실이 그에게는 놀라운 일이 아니었다. 일반적으로 풋볼 선수들은 게임에 아주 열중하니까.

"하지만 마지막 이익 패턴은……. 그게 절 괴롭혔습니다."

"어떤 거지? 전통적인 모델에서 '디지털 이익모델'로 바뀌는 패턴 말인가, 그게 왜?"

"다른 패턴들과 다르거든요. 너무 동떨어져 있습니다."

자오가 뭔가를 말하려 했지만 스티브가 한 발 앞섰다.

"그래서 제 나름대로 연구 좀 했습니다. 《디지털이다Being Digital》[20] 와 《초일류 기업의 디지털 비즈니스 디자인How Digital is Your Business》[21] 이란 책을 읽었죠."

"그런데?"

"디지털 기반 사업의 이익이 엄청나다는 사실을 믿을 수가 없었습니다. 10퍼센트 포인트 이상의 이익이 추가로 생긴다니 말입니다. 《초일류 기업의 디지털 비즈니스 디자인》에 나오지 않은 사례 몇 가지도 찾아냈어요. 바로 노키아와 오라클Oracle입니다."

자오는 궁금한 표정을 지었다.

"그게 어떻게 이루어지는 거지?"

"'디지털 이익모델'이 뭐냐고 말씀하시는 건가요?"

"그래. 그런 이익모델이 있다고 가정하면 말이야."

스티브는 잠시 가만히 있다가 이렇게 말했다.

"저도 그런 게 있는지 정확히 모르겠습니다. 하지만 전통적인 방식에서 디지털 방식으로 사업을 전환할 때 이익에 엄청난 영향을 끼친다는 사실은 압니다. 미스터리 같은 일이죠."

"어떻게 그런 일이 벌어지지?"

"음, 여러 가지 다른 차원에서 이루어집니다. 무엇보다 디지털화하면 생산성이 10배 정도 향상될 수 있어요. 무려 10배가요!"

자오의 눈이 커졌다.

"정말?"

"저도 믿을 수가 없었습니다. 몇 가지 사례가 있어요. 델의 재고회전율이 연간 6회에서 60회가 됐고, 시멕스^{Cemex}(세계 최대의 시멘트 회사)의 고객 주문에 대한 리드타임이 180분에서 20분으로 줄어들었습니다. 그리고 오라클의 고객관리 비용은 350달러에서 20달러로 떨어졌고요.

디지털 이익모델은 생산성이 10배 향상된다는 효과에서 그치지 않습니다. 그건 '새 발의 피'예요. 디지털로의 전환은 말 그대로 비즈니스 프로세스를 거꾸로 돌리는 겁니다. 밀어내는 것에서 끌어당기는 것으로, 추측하는 것에서 알아내는 것으로 바꾸죠."

"그게 무슨 소리지?"

스티브는 이제 일사천리로 말을 풀어가기 시작했다.

"항상은 아니지만 많은 경우에 사업을 디지털화하면 구매하고자 하는 제품이나 서비스를 고객들이 직접 디자인할 수 있습니다. 델 컴퓨터의 온라인 컨피규레이터^{configurator}(사양설정 프로그램)나 허먼밀러$^{Herman\ Miller}$(미국 가구 제조업체)의 Z-축 디자인 시스템(3차원 입체영상을 고객에게 제공) 또는 마텔의 마이 바비$^{My\ Barbie}$가 그 예입니다. 판매자는 초이스보드^{Choiceboard}라는 동적인 전자 메뉴를 만들어 고객 스스로 자신이 원하는 특징과 사양을 정확하게 섞어 자기만의 제품을 디자인할 수 있죠."

"멋지군. 그래서?"

"고객은 자신이 원하는 것에 대해서만 돈을 지불하면 됩니다. 원하지 않는 것에는 한 푼도 지불할 필요가 없고요."

자오는 뭔가 마음에 들지 않는 듯 불평조로 말했다.

"고객에게는 좋겠지만 수익성에는 좋다고 말할 수는 없을 것 같은데?"

"잠깐만요, 대부분의 생산이 어떻게 이뤄지는지 생각해 보세요. 업체는 만들어진 특정 제품을 고객들이 얼마나 구입할지 추측합니다. 그러고는 추측한 수치만큼 제품을 생산해서 유통시킵니다. 물론 제조업체는 생산한 제품 모두를 고객이 구입하길 바라겠죠.

하지만 실제로는 절대 그렇게 되지 않습니다. 재고를 처리하기 위해 할인판매를 하게 되지요. 처음엔 20퍼센트에서 시작해서 40퍼센트, 그 다음엔 50퍼센트, 또는 그 이상의 할인율로 '땡처리'를 할 수밖에 없습니다. 한마디로 이익을 송두리째 포기하는 꼴이죠."

"음, 그래서 10배나 높은 생산성과 '초이스보드'가 이익을 증폭시킨단 말이야? 얼마나?"

"잠깐만요. 더 있습니다. 고객은 자신의 제품을 스스로 디자인하는 것 이상을 원합니다. 그들에게 작은 기회만 줘도 제품을 대하는 태도는 수동적인 자세에서 적극적인 참여로 바뀝니다. 그들은 제품

정보, 가격, 주문 상태, 기술 서비스 문제에 대한 답을 스스로 찾아냅니다. 유지보수하고 소프트웨어를 다운로드 받는 등의 일을 스스로 알아서 하죠. 예전에는 모두 제품 공급자가 하던 것인데 사업을 디지털로 전환하면 같은 일을 고객이 직접 나서서 하는 겁니다. 그런 종류의 일이 20가지 이상 됩니다.

예를 하나 들어볼게요. 시스코^{Cisco}(네트워킹, 통신 기술과 서비스를 판매하고 설계하는 다국적 기업)는 FAQ(자주 묻는 질문)를 위해서 '기술 서비스 데이터베이스'를 구축했습니다. 그래서 요즘은 고객이 궁금해하는 질문의 85퍼센트를 고객 스스로 처리할 수 있죠. 덕분에 비용은 85퍼센트가 줄어들었고 고객만족도는 25퍼센트 상승했습니다. 이런 변화를 비즈니스에 적용한다면 수익성에 대한 효과가 눈에 띄게 증가하기 시작할 겁니다.

이제 고객이 아니라 다른 측면을 이야기해 볼까요? 실시간 정보를 생각해 보세요. 가령, 저는 전통적인 방식으로 비즈니스를 하고 선생님은 디지털화된 비즈니스를 한다고 가정하겠습니다. 제가 판매, 비용, 고객 동향, 원자재 가격, 시장 상황 등의 정보를 얻으려면 30일이 걸리는 반면, 선생님은 24시간이면 충분할 겁니다. 이러면 누가 더 빨리 문제를 포착해 낼까요? 그리고 누가 더 빨리 해결책을 내놓을 수 있을까요? 누가 인력이나 자원을 더 빨리 재배치할 수 있겠습니까? 이런 것들 모두 수익성에 커다란 영향을 미칠 수 있습니다."

"콴토?"

자오가 물었다.

스티브는 자신의 머리를 흔들었다.

"저처럼 외부인의 입장에서는 디지털화된 업체의 수익성을 정확하게 말하기 어렵습니다만 디지털화된 업체들은 경쟁사보다 이익률이 10퍼센트 포인트 높습니다. 그 이유는 부분적이긴 하지만 훌륭한 비즈니스 모델 덕분입니다. 어느 정도는 아까 제가 말씀드린 여러 가지 '디지털 이익모델'의 효과 때문이기도 하죠. 얼마나 되느냐고요? 그건 경우에 따라 다를 겁니다. 추측하건대 디지털화를 했느냐 안 했느냐에 따라 이익률이 최소 30퍼센트에서 최대 70퍼센트 정도 차이날 수 있습니다."

"세, 세상에"

자오가 더듬거렸다.

"이익을 내는 마술이군."

"그렇진 않습니다."

스티브가 반대 의견을 내놨다.

그러자 자오의 눈썹이 올라갔다.

"아니, 어째서?"

"디지털화한다고 해서 형편없는 비즈니스 모델까지 보장하지는 않기 때문이죠."

"그래, 그 말이 맞겠군. 기초가 건실한 비즈니스 모델이 아니라면 디지털화한다 해도 효과가 없겠지."

"그러니까 '디지털화'는 이익을 만드는 마술은 아닙니다. 하지만 마술에 가깝기는 하죠."

스티브는 자신감이 넘치고 한껏 흥이 난 듯했다.

자오는 침묵했다.

'이거 엄청난데? 스티브가 이렇게 여유를 부리면서도 집중하고 대화를 장악하는 모습을 본 적이 한 번도 없었는데…….'

자오는 스티브가 자랑스러웠다. 하지만 '그게 다일까' 하는 생각이 들었다.

스티브는 가만히 있었다. 자오는 참을성 있게 기다렸다. 잠시 후 놀랄 만한 일이 벌어졌다. 스티브가 질문을 하기 시작한 것이었다.

"제가 드리고 싶은 핵심 질문은 이것입니다. 수익성과 정보 사이의 관계는 무엇인가요?"

자오는 속으로 미소 지었다. '이건 정말 놀랍군.' 그는 자신이 가장 좋아하는 그레이엄과 더드(천재적인 투자 전략가)의 말을 떠올렸다.

'당신은 독립적으로 생각해야 한다. 그리고 정확하게 생각해야 한다.'

자오는 골똘히 생각에 잠긴 표정을 지으며 가만히 있다가 스티브의 질문에 대답했다.

"관계라고? 엄청나지."

"얼마나 말입니까?"

"미시적 수준에서, 아니면 거시적 수준에서?"

스티브는 미시적인 것에 대해서는 생각해 보지 않았다. '미시적 수준에서는 어떨까?' 하지만 그는 대화의 여세를 계속 몰아가고 싶었다.

"물론 거시적 수준에서죠."

질문과 대답이 오가는 속도가 빨라져 자오는 자신의 속도를 유지하기 쉽지 않았다. 이 문제를 전에 생각해 보지 않았다면 과연 대답을 제대로 할 수 있었을지 의문스러웠다.

"음, 거시적 수준에서 보면 많은 이익이 종종 잘못된 정보 때문에 생기지."

스티브는 똑바로 앉아 자오의 말에 동의한다는 의미에서 고개를 크게 끄덕였다.

"맞습니다! 고객이 알지 못하는 '모든 잘못된 정보' 때문이죠. 그러면 그렇게 잘못된 정보로 인해 생기는 이익은 얼마나 될까요?"

자오는 조금 더 극적인 효과를 위해 잠시 말을 멈췄다. 그는 스티브 쪽으로 가까이 몸을 기울여 음모를 꾸미는 듯한 목소리로 속삭였다.

"이익의 대부분이야!"

긴장감이 잔뜩 깃든 자오의 말이 공기 중에 팽팽하게 걸렸다.

그리고 둘은 신호를 받은 것처럼 동시에 와락 웃음을 터뜨렸다.

스티브는 따뜻한 공기가 자신을 감싸고 있는 듯한 느낌을 받았다.

그는 자오의 눈을 바라봤다. 이 순간이 좀 더 지속되기를 바랐지만 그럴 수는 없었다. 그는 자신의 말을 마무리해야 했다.

"제가 우려하는 부분이 바로 그겁니다. 니콜라스 네그로폰테 Nicolas Negroponte는《디지털이다》란 책에서 아주 중요한 것을 빠뜨렸어요."

"그게 뭔데?"

"그는 원자와 비트에 대한 이야기를 쓰면서 한 가지를 빼먹었어요."

"그게 무슨 말이지?"

"그는 손으로 만지고 눈으로 볼 수 있는 전통적인 원자경제와 인터넷을 기반으로 디지털화된 비트경제를 단순히 설명하기만 했습니다. 디지털화된 비즈니스 모델을 통해 어마어마한 이익을 얻을 수 있다는 점은 빼먹었더군요."

자오가 만족스레 웃었다.

"좋아. 마음에 쏙 들어. 그럼 이제 마지막으로 숙제를 하나 줄게. 두 가지야. 먼저, 이익 모델의 사촌들을 목록으로 만들어 봐."

"사촌이라니요?"

"자네도 알겠지만 이익모델은 서로 비슷하면서 똑같지는 않아. 그래서 '사촌'이라는 표현을 쓴 거지."

스티브는 펜을 들고 노란 노트에 뭔가를 열심히 쓰기 시작했다. 노트는 이제 너덜너덜할 정도로 접힌 곳이 많았고 딱 두 장이 남아 있었다. 잠시 후 스티브는 자오에게 목록을 건네줬다.

- 설치기반 이익모델, 업계표준 이익모델, 판매 후 이익모델
- 시간 이익모델, 신제품 이익모델, 전문제품 이익모델
- 상대적 시장점유율 이익모델, 지역확장 이익모델
- 블록버스터 이익모델, 거래 규모 이익모델
- 다중요소 이익모델, 배가증식 이익모델
- 경험곡선 이익모델, 전문가 이익모델

자오는 목록을 훑어보고는 고개를 끄덕였다.

"아주 잘했어. 우리가 이 수업을 계속한다면 아마 이 모델들의 차이점을 설명해 보라고 할 거야. 난 자네가 기한을 정해 놓고 어떤 방식으로든 스스로 해봤으면 좋겠어. '프로젝트에서 마감시한을 빼면 영(0)이다'란 말을 기억해. 오늘밤부터 당장 시작해 보면 어때? 재미있는 낱말 맞추기 퍼즐을 푼다고 생각하고 말이야.

이제 마지막 질문! 이 수업의 순서가 과연 무작위로 이루어졌을까?"

스티브는 순간적으로 멍해졌다. 그는 자신이 작성한 목록을 다시 살펴봤다.

"선생님은 전통적이면서 오래된 모델인 사이클 이익모델, S자 곡

선, RMS, 경험곡선으로 수업의 후반부를 채우셨습니다."

"맞아."

"하지만 RMS와 경험곡선 같은 전통적인 모델을 뒤엎는 새로운 모델들(비즈니스 전환 이익모델, 디지털 이익모델을 말함)로 마무리를 지었어요."

"정확히 맞았어."

"또한 거대한 규모가 아니더라도, 시장점유율이 1등이 아니더라도 얼마든지 크게 성공할 수 있다는 것을 보여주시면서 수업의 끝을 장식하셨습니다."

"그래, 맞아. 다른 게 또 있어?"

"이익모델의 사촌들을 연달아 수업하지 않으셨죠."

"내가 왜 그랬을까?"

"그렇게 하셨다면 제가 모델들의 차이점보다는 유사점만 파고들었을 테니까요."

"또 뭐가 있을까?"

"그 정도면 충분하지 않습니까?"

자오는 배가 아플 정도로 크게 웃었다. 사무실이 온통 웃음으로 가득할 정도였다. 자오는 스티브를 다시 보지 못한다는 것이 슬펐다.

"그래. 충분해. 아주 넘칠 정도로 말이야."

"하지만 한 가지를 더 말씀드려야겠어요, 데이비드."

스티브가 친근하게 자신의 이름을 부르자 자오가 미소 지었다.

"질문이 더 있다는 말이야?"

"실은 질문에 대한 대답도 이미 있습니다. 질문은 하나의 주제에 대해 왜 항상 두 권의 책을 읽으라고 하셨는지, 입니다. 항상 그러시진 않았지만 거의 두 권씩 읽기 숙제를 내주셨지요.《워렌 버핏 평전》과 버핏이 쓴 에세이,《패러다임》과《이익 패턴》,《메이드 인 아메리카》와《스타벅스, 커피 한 잔에 담긴 성공 신화》, 데이빗 오길비의 책 두 권,《이익 패턴》과《힘의 근원》……."

"거기까지! 그래, 스티브 자네가 이겼어. 그러면 답은 뭐지?"

"선생님은 제가 주제에 집중하되 관점, 이야기, 경험, 자료를 각각 두 가지씩 비교하고 대조하도록 하신 것 같습니다. 그래서 제가 '난 그 책을 읽었어. 다 아는 거야'라고 말하며 목록에서 그 책을 지워버리지 않게 하셨지요. '이 책에서 가장 좋은 아이디어는 뭐지? 이 멋진 아이디어 중에서 어떤 것을 내 비즈니스에 적용시켜야 할까?'를 고민하도록 이끄신 겁니다."

"고마워. 이야기 잘 들었어. 참, 어제 자네가 보낸 이메일 잘 받았어. 축하할 만한 일이더군."

스티브가 고개를 끄덕였다.

"감사합니다. 하지만 전 그 제안을 받아들이지 않기로 했어요."

자오가 미소 지었다.

"사실 그다지 놀라운 일은 아니군. 델모어 펄프&페이퍼(델모어의 제지 사업부)의 부사장 자리는 자네에게 어울린다고 생각하지 않았거든.”

“사람들은 정말 좋습니다. 전 사실 델모어 사람들 거의 모두를 좋아하죠. 사업적인 면에서 할 일이 많긴 하지만, 전 그들을 도와 실적을 개선시킨 다음 다른 일을 하고 싶습니다. 그러다 보면 나중에는 어떤 한 곳에 정착할 수도 있겠죠.”

스티브가 싱긋 웃었다.

“지금은 현장에서 뛰는 게 너무 재미있습니다.”

“지금 자네는 무지개송어처럼 행동하는 게 아니라 확신할 수 있어?”

스티브는 데보라 이야기를 자오가 기억한다는 사실에 놀라면서 한편으로는 기뻤다.

“다음 일에 마음을 뺏겨 집중력을 잃었는지 물으시는 건가요? 아니요, 절대 아닙니다. 걸어 들어가지 말아야 할 문도 있는 법인데, 전 부사장 자리가 그런 문 중 하나라고 확신합니다.”

자오가 동의한다는 의미로 고개를 끄덕였다.

“델모어 사람들은 자네의 생각을 이해하고 있어?”

“네, 저는 그렇게 생각합니다. 캐시는 분명 이해하고 있어요. 캐시는 제가 어떤 결정을 내리든 지지하겠다고 했거든요. 아마 그녀는 제가 앞으로 1, 2년간은 떠나지 않게 되서 기뻐하는 것 같습니다. 저도 캐시가 알아서 적절한 보상을 해주리라 생각하고요. 그래서 전 금전적인 부분에 대해서는 걱정하지 않습니다.”

자오도 이 말을 듣고 기뻐했다.

둘은 잠시 아무 말 없이 조용히 앉아 있었다. 그러다 자오가 말을 꺼냈다.

"친구가 언제 데리러 오기로 했지?"

"조금 있으면 올 겁니다. 출발하려고 하거든요. 롱아일랜드까지 갈 계획입니다."

"현명한 생각이야."

자오가 일어서 창문 쪽으로 걸어갔다. 그는 팔짱을 끼고 자유의 여신상을 바라봤다. 그는 스티브에게 자유의 여신상을 볼 때마다 독립적인 사고를 상기하라고 말해주고 싶었지만 자제했다.

자오는 스티브에게 손을 내밀었다.

"행운을 빌어, 스티브. 끝까지 성실하게 수업에 임해준 것 정말 고마워."

자오는 위험하다 싶게 감정적인 기분으로 흘러가는 것 같아 자신을 다잡았다.

"그리고 수업료로 빚진 돈이 많다는 것도 기억해. 몇 년이 걸릴지 모르지만 언젠가는 다 받아낼 거야."

자오가 웃었고 스티브 역시 따라 웃었다.

"감사합니다."

스티브는 그 말 외에 다른 것은 생각이 나지 않았다.

"천만에."

스티브는 몸을 돌려 사무실을 나갔다. 자오는 문을 닫고 창문가로 걸어갔다. 그는 팔짱을 끼고 다시 자유의 여신상을 바라봤다. 이제 상기시킬 무언가가 필요한 사람은 스티브가 아니라 자오 자신이라는 생각이 들었다.

스티브의 독서 목록

1 《**확실한 아담스**Obvious Adams: The Story of a Successful Business Man》
로버트 R. 업드그라프Robert R. Updegraff | Executive Press | 1972

2 《**파워 투 번**Power to Burn》
스티븐 싱귤러Stephen Singular | Birch Lane Press | 1996

3 《**숫자에 약한 사람들을 위한 우아한 생존 매뉴얼**Innumeracy: Mathematical
Illiteracy and Its Consequences》
존 앨런 파울로스John Allen Paulos | Vintage Books | 1990

4 《**손에 잡히는 아이디어**A Technique For Producing Ideas》
제임스 웹 영James Webb Young | NTC Business Books | 1994

5 《**아인슈타인의 꿈**Einstein's Dream》
앨런 라이트만Alan Lightman | Warner Books | 1993

6 《**천문학**Asimov on Astronomy》
아이작 아시모프Isaac Asimov | Anchor Press | 1975

7 《**샘 월튼: 메이드 인 아메리카**Sam Walton: Made in America》
샘 월튼Sam Walton, 존 휴이John Huey | Bantam Books | 1993

8 《**어느 광고인의 고백**Confession of an Advertising Man》
데이비드 오길비David Ogilvy | Atheneum | 1963

9 《오길비 언 애드버타이징Ogilvy on Advertising》

데이비드 오길비David Ogilvy | Vintage Books | 1985

10 《독서의 기초 ABC of Reading》

에즈라 파운드Ezra Pound | New Directions | 1960

11 《이익 지대 The Profit Zone》

에이드리언 슬라이워츠키, 데이비드 J. 모리슨, 밥 안델만Bob Andelman | Times Business | 1997

12 《손자병법 The Art of War》

사무엘 B. Griffith 번역본 손무孫武 | Oxford University Press | 1963

13 《스타벅스, 커피 한 잔에 담긴 성공 신화Pour Your Heart Into It》

하워드 슐츠Howard Schultz, 도리 존스 양Dori Jones Yang | Hyperion | 1997

14 《워렌 버핏 평전Of Permanent Value》

앤드류 킬패트릭Andrew Kilpatrick | McGraw-Hill | 2001

15 《패러다임Paradigms》

조엘 바커Joel Barker | Harper Business | 1993

16 《이익 패턴Profit Patterns》

에이드리언 슬라이워츠키, 데이비드 J. 모리슨David J. Morrison, Times Business, 1999

17 《가치 이동 Value Migration》

에이드리언 슬라이워츠키Adrian Slywotzky | Harvard Business School Press | 1996

18 《**러셀의 법칙**Russell Rules》

빌 러셀Bill Russell, 데이비드 포크너David Faulker | Dutton | 2001

19 《**힘의 근원**Sources of Power》

게리 클라인Gary Klein | MIT Press | 1999

20 《**디지털이다**Being Digital》

니콜라스 네그로폰테Nicolas Negroponte | Alfred A. Knopf | 1995

21 《**초일류 기업의 디지털 비즈니스 디자인** How Digital is Your Business?》

에이드리언 슬라이워츠키, 데이비드 J. 모리슨, 칼 웨버Karl Weber | Crown
Business | 2000

기사

〈하버드 비즈니스 리뷰Harvard Business Review〉

- '혁신의 비즈니스The Business of Innovation' | 폴 M. 쿡Paul M, Cook | 1990년 3~4월
- '비즈니스의 이론The Theory of Business' | 피터 F. 드러커 | 1994년 9~10월
- '컴퓨터 없는 컴퓨터 회사The Computerless Computer Company' | 앤드류 S. 라파포트Andrew S. Rappaport, 슈무엘 할레비Shmuel Halevi | 1991년 7~8월

〈The Economist〉

'이름 속에 무엇이 들어있을까?What's in a Name?' | 1996년 1월 6일자

국내 출간 도서

- 《워렌 버핏 평전》 앤드류 킬패트릭 저 | 안진환·김기준 공역 | 월북
- 《아인슈타인의 꿈: 당신은 어떤 시간에 살고 있나요》 앨런 라이트맨 저 | 권루시안 역 | 다산책방
- 《디지털이다》 니콜라스 네그로폰테 | 커뮤니케이션북스
- 《숫자에 약한 사람들을 위한 우아한 생존 매뉴얼》 존 앨런 파울로스 저 | 김종수 역 | 동아시아
- 《스타벅스, 커피 한 잔에 담긴 성공 신화》 하워드 슐츠 등저 | 김영사
- 《가치 이동》 에이드리언 J.슬라이워츠키 저 | 황건 역 | 세종서적
- 《수익 지대》 에이드리언 J.슬라이워츠키 저 | 이상욱 역 | 세종연구원
- 《손에 잡히는 IDEA》 제임스 웹 영 저 | 박종완 역 | 푸른솔
- 《천문학》 아이작 아시모프 | 웅진닷컴
- 《어느 광고인의 고백》 데이비드 오길비 저 | 서해문집
- 《초일류 기업의 디지털 비즈니스 디자인》 에이드리언 J.슬라이워츠키 등저 | 신동욱 역 | 세종서적

최고의 이익을 만드는 23가지 경영수업
프로핏 레슨

초판 1쇄 발행 2011년 4월 15일
초판 5쇄 발행 2022년 2월 18일

지은이 에이드리언 슬라이워츠키
옮긴이 조은경
감　수 유정식
펴낸이 김선식

경영총괄 김은영
콘텐츠사업1팀장 임보윤　**콘텐츠사업1팀** 윤유정, 한다혜, 성기병, 문주연
마케팅본부장 권장규　**마케팅2팀** 이고은, 김지우
미디어홍보본부장 정명찬
홍보팀 안지혜, 김민정, 이소영, 김은지, 박재연, 오수미　**뉴미디어팀** 허지호, 박지수, 임유나, 송희진, 홍수경
저작권팀 한승빈, 김재원　**편집관리팀** 조세현, 백설희
경영관리본부 하미선, 박상민, 윤이경, 김소영, 이소희, 안혜선, 김재경, 최완규, 이우철, 김혜진, 이지우, 오지영

펴낸곳 다산북스　**출판등록** 2005년 12월 23일 제313-2005-00277호
주소 경기도 파주시 회동길 490
전화 02-702-1724　**팩스** 02-703-2219　**이메일** dasanbooks@dasanbooks.com
홈페이지 www.dasan.group　**블로그** blog.naver.com/dasan_books
종이 (주)한솔피앤에스　**출력 · 제본** 갑우문화사

ISBN 978-89-6370-506-4 03320